[W

Weiterführend empfehlen wir:

Recruiting to go für Sozial- und Pflegeeinrichtungen
ISBN 978-3-8029-7586-8

Wie die Anwerbung von ausländischen Fachkräften gut gelingen kann
ISBN 978-3-8029-5476-4

Personalmanagement in Sozialunternehmen
ISBN 978-3-8029-5489-4

Personalentwicklung in Sozialunternehmen
ISBN 978-3-8029-5487-0

Roedenbeck Schäfer

Generation Z to go für Sozial- und Pflegeeinrichtungen

Sofort einsetzbare Ideen, Tipps und Tools zur Nachwuchsgewinnung und -bindung

WALHALLA

Bibliografische Information der Deutschen Nationalbibliothek
Die Deutsche Nationalbibliothek verzeichnet diese Publikation in der Deutschen Nationalbibliografie; detaillierte bibliografische Daten sind im Internet über http://dnb.dnb.de abrufbar.

Zitiervorschlag:
Roedenbeck Schäfer, Maja, Generation Z to go für Sozial- und Pflegeeinrichtungen
Walhalla Fachverlag, Regensburg 2020

Produktion: Walhalla Fachverlag, 93042 Regensburg
Printed in Germany
ISBN 978-3-8029-7576-9

Schnellübersicht

Einführung zum Buch

Warum eine Strategie zur Nachwuchsgewinnung nie „fertig" ist

Wer „Nachwuchs" sagt und dabei noch an die „Millennials" – die Jugend des neuen Jahrtausends – denkt, hat ein paar Jahre verschlafen, ebenso, wer mit den „Digital Natives" – den Ureinwohnern der digitalen Welt – hadert und sich dabei schlacksige, mit ihren Smartphones verwachsene Teenager vorstellt. Denn die Begriffe Millennials und Digital Natives, auch wenn sie derzeit etwas verschwimmen, wurden für die sogenannte Generation Y geprägt, die zum Jahrtausendwechsel bereits im Teenageralter war. Inzwischen ist sie Anfang bis Mitte 30 und läuft längst nicht mehr unter Jugendkultur. Einrichtungen des Sozial- und Gesundheitswesens müssen sich auf die nachfolgende Generation, die Generation Z, einstellen. Einiges können sie dabei, wenn vorhanden, aus ihren Strategien für die Vorgängergeneration herleiten – aber längst nicht alles.

Die Generation Y hat den Berufseinstieg geschafft und erste Aufstiegschancen genutzt, vielleicht sogar schon eine Familie gegründet oder außerhalb einer Ehe oder Partnerschaft Kinder gezeugt. Ihre Bedürfnisse sind flächendeckend in der Erwachsenenrealität angekommen. Sie beeinflusst die Arbeitswelt von heute bis in die Führungsebenen hinein. Denn die Generation Y hat beeindruckende Lebensläufe hervorgebracht. So gibt es in Sozial- und Pflegeeinrichtungen viele junge Menschen, die direkt nach der Ausbildung oder dem Studium per Trainee-Programm oder Weiterbildungsmarathon in zügigem Tempo einen, zwei oder drei Karriereschritte gegangen sind und schon in jungen Jahren viel erreicht haben. Das hat einerseits mit dem Nachwuchs-, Fach- und Führungskräftemangel im Sozial- und Gesundheitswesen zu tun, der die Branche dazu zwingt, jungen Talenten früh Verantwortung zu übertragen. Andererseits liegt es aber auch am Selbstbewusstsein der Millennials, die sehr leistungsbereit sind, wenn sie in ihrer Tätigkeit Sinn sehen und die gewünschten Rahmenbedingungen geboten bekommen: Wertschätzung, einen großen Handlungsspielraum, Möglichkeiten des Work-Life-Blendings (die Arbeit zwischen Familienaufgaben und Freizeitaktivitäten einplanen, wie es individuell am besten passt) und vieles mehr.

Für den Wirtschaftswissenschaftler und Generationenexperten Prof. Christian Scholz von der Universität des Saarlandes sind die Karrieren der Generation Y keine Überraschung, sind ihr doch – im Gegensatz zur Generation Z! – Beruf, Karriere und Wettbewerb sehr wichtig.

Beispiele für Karrieren der Generation Y im Sozial- und Gesundheitswesen

- Ann-Kathrin K. (27): Von der Hauptschülerin zur Heimleiterin (https://bit.ly/2vOLRMi)
- Karina W. (28): Führungskarriere per Trainee-Programm (https://bit.ly/2VUmMhQ)
- Sabine G. (28): Von der Praktikantin zur Kitaleiterin (https://bit.ly/2PZH2JE)
- Lars B. (30): Vom Zivildienstleistenden zum Geschäftsführer (https://bit.ly/2wCRMnk)
- Petra K. (34): Von der Islamwissenschaftlerin zur Einrichtungsleiterin (https://bit.ly/2JvWa03)

Die Generation Z auf dem Vormarsch

Doch nun rückt die Generation Z nach. Es handelt sich um je nach Quelle ab 1995 bzw. ab 1999 bis etwa 2010 geborene junge Menschen. Internationale Quellen fassen den Zeitraum auch von 1998 bis 2016. Im Jahr 2020 und darüber hinaus stecken die Zler gerade in der Phase des Schülerpraktikums, der Berufsorientierung oder Bewerbung, sind in die Ausbildung oder ins Studium eingestiegen oder haben ihre erste feste Stelle angetreten – und machen Arbeitgebern im Sozial- und Gesundheitswesen das Leben schwer. Die US-amerikanische Psychologin Jean Twenge nennt sie auch die iGeneration. Einerseits, weil sie mit der digitalen Welt und technischen Geräten wie iPhone und iPad groß geworden sind. Das i (= ich) steht aber gleichzeitig auch für den Egozentrismus und Opportunismus des Nachwuchses, der seine eigenen Bedürfnisse und Forderungen in den Mittelpunkt stellt, schon bevor er es sich durch Leistung verdient hat. So wie in der Vorgängergeneration das Y auch für „why", also für die wiederkehrende Frage nach dem „Warum müssen wir es so machen, wie es schon immer gemacht wurde?“ stand.

Man braucht bloß einmal in einer Personalerrunde das Schlagwort „Generation Z“ in den Raum zu werfen, schon beginnt das große Klagelied. Laut des azubi.reports 2018 der Ausbildungsplattform ausbildung.de (dahinter steckt die Employer Branding-Agentur Territory Embrace) bescheinigen ausbildende Unternehmen dem Nachwuchs gleichzeitig ein überbordendes Selbstbewusstsein und einen Mangel an Ausbildungsreife bzw. eine enorme Unselbstständigkeit. Schwierig für Arbeitgeber ist dabei vor allem, dass mit der neuen Generation scheinbar widersprüchliche Entwicklungen in die Arbeitswelt einziehen. Einerseits manifestieren und potenzieren sich Trends, die in der Vorgängergeneration begonnen haben. Andererseits kehren sich manche Bedürfnisse bereits wieder ins Gegenteil um. Wirtschaftswissenschaftler Scholz spricht in seinem Buch *Generation Z – Wie sie tickt, was sie verändert und warum sie uns alle ansteckt* (Wiley-VCH Verlag, 2014) von Pendel- versus Trendbewegungen. Demnach wechseln sich Werte wie Kollektivismus (Babyboomer, Generation Y) und Individualismus (Generation X und Z) zwischen den Generationen ab, genauso wie die Fokussierung auf eine globale Perspektive mit der Fokussierung auf die lokale Gemeinschaft. Zu den Trends, die sich im Laufe der Generationen in eine Richtung fortentwickeln und verstärken, zählt Scholz dagegen den permanenten Anstieg des Medienkonsums und die immer weiter zunehmende Bedeutung von Freizeit für die Lebensqualität.

Ein Beispiel für einen fortschreitenden Trend, der uns als Arbeitgeber besonders interessiert, ist die Digitalisierung: Während die Generation Y sich an eine Welt ohne Notebooks, Tablets und Smartphones, ohne Facebook, Instagram und WhatsApp schon kaum noch erinnern kann, übernehmen mit der Generation Z nun endgültig die neuen Technologien das Zepter. In immer jüngerem Alter besitzen Kinder eigene mobile Endgeräte und erschließen sich damit die Welt. Arbeitgeber kommen um Recruiting-Apps und Bewerberberatung per Messenger nicht mehr herum. Auch das Thema „Helikopter-Eltern“ bleibt erhalten: Genau wie die Generation Y wird die Generation Z von überbehütenden Müttern und Vätern geprägt, die kleine Prinzen und Prinzessinnen großziehen. Eigene Bedürfnisse zu benennen und deren Befriedigung einzufordern, ist für sie genauso normal wie sich noch bis weit ins Erwachsenenalter hinein von den Eltern oder anderen Erwachsenen unterstützen zu lassen. Soziologen sprechen auch von einer „verlängerten Jugend".

Ein Beispiel für einen Trend, der sich umkehrt, ist dagegen das wiederauflebende Sicherheitsbedürfnis (vor dem Hintergrund der vom Terrorismus gepeinigten Welt) der ganz Jungen, zu dem eine durch Streamingdienste wie Netflix geförderte neue Häuslichkeit gehört. Beides steht der weltumfassend-optimistischen Flexibilität der Generation Y gegenüber (vgl. die Studie „A generation without borders" der Unternehmensberatung OC&C Strategy Consultants). Dazu kommt die Abkehr vom sogenannten Work-Life-Blending, der Vermischung von Arbeit und Privatleben. Gerade haben sich Unternehmen und Organisationen an den Gedanken gewöhnt, dass Kickertische im Pausenraum, Angebote zum mobilen Arbeiten und Betriebskindertagesstätten gute Argumente für die Nachwuchsgewinnung seien. Da kommt der Generation Z-Experte Prof. Christian Scholz daher und sagt, dass die ganz jungen Leute gar keine Lust mehr hätten, Arbeit und Privatleben zu vermischen, wie es beim Homeoffice als Regelarbeitsplatz, der Kinderbetreuung am Arbeitsplatz und einer ausgeprägten Feierkultur in Start-ups häufig üblich ist. Auch Führungsverantwortung zu übernehmen, so wie Ann-Kathrin, Lars oder Petra (siehe oben) es beeindruckend früh getan haben, sei unattraktiv geworden. Die Jungen von heute wünschen sich zwar flache Hierarchien mit Mentoren statt chefiger Chefs und totale Freiheit in der Gestaltung ihres Arbeitsauftrags. Aber Konsequenzen tragen, sich eigenverantwortlich dem beruflichen Ernst des Lebens stellen, der auch das fröhlichste Start-up früher oder später ereilt – das möchten sie nicht. Sie wissen, was ein Burnout ist und dass sich großspurige Arbeitgeberversprechen oft sowieso nicht erfüllen. Darum achten sie lieber von Anfang an auf Freizeit, Freunde und Fun, anstatt ihr Leben allein am Beruf auszurichten. Demnach haben sich die Argumente, mit denen Arbeitgeber den Nachwuchs erreichen können, in den vergangenen Jahren geändert.

Wie soll man da als Arbeitgeber hinterherkommen? Mein Rat, bevor wir ins Detail gehen: Begreifen Sie die Veränderungen in der Arbeitswelt allgemein und konkret in Ihrem Unternehmen nicht als Zugeständnis an die Generation Z. Wenn Sie sich nur um ihretwillen anpassen und ständig den Generationen-Fähnlein im Wind hinterher schwingen, führt das nur zu Unruhe im Unternehmen und Unzufriedenheit in der Bestandsbelegschaft. Gehen Sie den Modernisierungs- und Innovationsprozess jedoch strategisch, flexibel, aber gelassen und aus eigenem Antrieb an, lassen sich von den Ideen des Nachwuchses inspirieren, aber nicht unter Druck setzen, dann machen Sie Ihr Unternehmen zukunftsfähig – und stellen die Generation Z beinahe als Nebeneffekt zufrieden. Eine sinnvolle Strategie zur Nachwuchsgewinnung besteht dabei aus dreierlei Zutaten: den passenden Kanälen, den passenden Methoden und Formaten sowie der passenden Unternehmenskultur.

Verhaltensbeispiele aus der Praxis

Zum Schluss dieses Vorworts als Diskussionsgrundlage noch einige Verhaltensbeispiele aus der Praxis, anhand derer Sie im Team überlegen können, wo charakterlich die Generation Y aufhört und die Generation Z anfängt, wo im Detail möglicherweise die Unterschiede liegen, welche Trends fortgeschrieben werden und welche nicht. Einige Beispiele stammen aus dem Fachbuch *Das Krankenhaus im demografischen Wandel: Theoretische und praktische Grundlagen zur Zukunftssicherung* von Wolfgang Hellmann und Hans-W. Hoefert (medhochzwei Verlag, 2012). Andere wurden mir von Seminarteilnehmern im Rahmen meiner Dozententätigkeit berichtet oder ich habe sie selbst erlebt.

So verhält sich der Nachwuchs in Sozial- und Pflegeeinrichtungen

- Ein Werkstudent erklärt der Leitung Unternehmenskommunikation eines sozialen Komplexträgers unverblümt, was sie auf dem Facebook-Unternehmensprofil alles falsch macht und warum die gerade neu designten Flyer trotz größter Bemühungen immer noch nicht modernen Ansprüchen genügen. Das Verhältnis zwischen den beiden ist seither stark unterkühlt. Weder gelingt es der Führungskraft, das wertvolle Feedback des jungen Mannes anzunehmen und dabei über seine jugendlich-selbstüberschätzende Attitüde hinwegzusehen, noch gibt sie ihm eine konstruktive Kritik dazu. Genauso wenig gelingt es dem jungen Mann, seine Verbesserungsvorschläge angemessen zu formulieren und Verständnis dafür zu entwickeln, dass die Modernisierung der Unternehmenskommunikation ein längerer, intensiver Prozess mit vielen Beteiligten ist, bei dem auch Zwischenschritte gewürdigt werden sollten.

- Eine junge Mitarbeiterin lädt den Chefarzt ganz selbstverständlich zum gemeinsamen Mountainbike-Fahren ein, nachdem man beim Small Talk festgestellt hat, dass man dieses Hobby teilt. Die früher übliche Zurückhaltung gegenüber höheren Hierarchieebenen oder das ungeschriebene Gesetz, nach dem man sich im Unternehmen unter seinesgleichen zu bewegen hat, ist ihr völlig fremd.
- Praktikanten in der stationären Jugendhilfe, die bislang recht unselbstständig waren und eher eine Belastung als eine Hilfe für das Team dargestellt haben, zeigen ab dem Tag Engagement, ab dem sie namentlich im Dienstplan erwähnt werden. Leistung sind sie nur bereit, im Austausch gegen Wertschätzung zu geben.
- Die Mutter eines Bewerbers ruft in der Personalabteilung des Arbeitgebers an und fordert, dass ihr Sohn nicht für Wochenendschichten eingeteilt werden möge, damit er an den sonntäglichen Familientreffen teilnehmen kann. Dem Nachwuchs scheint ein solches überbehütendes Verhalten nicht einmal peinlich zu sein. Es wird klar, wo die Jungen gelernt haben, egoistische und nahezu absurde Rahmenbedingungen für sich einzufordern.
- Passend dazu fordert ein angehender Assistenzarzt schon im Bewerbungsgespräch spontane Urlaubstage bei gutem Wetter, um surfen gehen zu können, schafft es dann allerdings auch, sich mit den Kollegen so gut zu stellen, dass er für seine Ausflüge immer eine willige Vertretung benennen kann.
- Eine Berufseinsteigerin bekommt nach der Erzieher-Ausbildung einen Zweijahresvertrag angeboten und zerreißt

ihn vor den Augen des Personalers, weil sie damit nicht zufrieden ist. Die Jungen wissen, dass sie begehrt und nicht auf den erstbesten Arbeitgeber angewiesen sind.

- Während der Vorlesung in einer Hochschule bestellen die Studierenden Klamotten bei Amazon oder spielen digitalen Fußball am Smartphone. Gleichzeitig nehmen sie aber motiviert an der Diskussion mit der Professorin teil. Das Nebeneinander der realen und der digitalen Welt ist eingeübt. Die reale Zeit wird durch das Füllen von Erlebnislücken und Wartephasen mit digitalen Beschäftigungen maximal ausgenutzt.
- Eine junge Mitarbeiterin sagt zur Einrichtungsleitung „Sie stören", als diese in die Übergabe platzt. Auch hier zeigt sich das Bedürfnis nach Begegnung auf Augenhöhe mit höheren Hierarchieebenen.
- Ein Assistenzarzt äußert nach einem Jahr Berufserfahrung im Mitarbeitergespräch, er wolle nun endlich zum Oberarzt befördert werden. Verschiedene „typische" Eigenschaften des Nachwuchses versammeln sich hier, allen voran das beeindruckende Selbstbewusstsein und die geringe Frustrationstoleranz bei einem Entwicklungsstillstand.
- Ein Nachwuchsteam in der Verwaltung einer Pflegeeinrichtung schlägt der Geschäftsführung vor, die Büros zu tauschen, sodass das Nachwuchsteam im schicken, geräumigen Geschäftsführungsbüro arbeiten kann, während die Geschäftsführung in die kleine Sekretariatskammer umziehen soll, in der die jungen Leute im Moment dicht gedrängt sitzen. Auch hier zeigt sich der Wunsch nach Gleichberechtigung und Gerechtigkeit. Dass ein großes Büro mit Führungsverantwortung und Status einhergeht, leuchtet nicht länger ein.
- Ein Assistenzarzt droht mit Kündigung, wenn er keinen Zugang zu den Patientendaten von unterwegs erhält, um administrative Tätigkeiten im Café erledigen zu können.
- Bewerber bringen zum Vorstellungsgespräch einen Fragenkatalog mit und nehmen den Arbeitgeber ins Kreuzverhör, anstatt umgekehrt.

- Nach zehn Minuten Vorstellungsgespräch, die er mehr schlecht als recht hinter sich gebracht hat, fragt ein junger Bewerber, wie kurzfristig nach Arbeitsantritt er denn damit rechnen könne, einmal drei Monate in der Unternehmenszweigstelle in Barcelona eingesetzt zu werden.
- Ein Berufseinsteiger, gerade erst wenige Jahre an Bord, möchte im Alter von 22 Jahren bereits ein Sabbatical (ein Jahr unbezahlten Urlaub mit Rückkehrgarantie) beantragen.
- Ein Jugendlicher hat die Hauptschule abgebrochen und schlägt doch jedes Beschäftigungsangebot aus. „Eine dreijährige Ausbildung sollte es schon sein", die man ihm bitte anbieten möge. Dass er dazu einen Schulabschluss benötigt, leuchtet ihm nicht ein, wo doch der Nachwuchsmangel in allen Medien beschworen wird.

Noch ein letzter Hinweis, bevor wir starten: Ausschließlich aus Gründen der besseren Lesbarkeit wird im Folgenden auf die gleichzeitige Verwendung männlicher und weiblicher Sprachformen verzichtet, ohne damit jedoch eine Diskriminierung zum Ausdruck bringen zu wollen. Selbstverständlich sind jederzeit alle Geschlechter angesprochen.

Maja Roedenbeck Schäfer

Wichtige Adressen im Netz: Nutzen Sie die Service-Seite

Dieses Buch beschäftigt sich ausführlich mit Anwendungen, Apps und Inhalten, die im Netz zu finden sind. Um den Lesefluss nicht zu stören, sind die Internetadressen meist verkürzt angegeben:

- Das übliche www. (für World Wide Web) wurde im Textfluss weggelassen. Moderne Browser setzen dies automatisch dazu, wenn man die „Hauptadresse" angibt.
- Sehr lange Internetadressen – URLs – dieser Websites werden meist „verkürzt" wiedergegeben. Zur Erstellung wurde ein URL-Shortener verwendet, der aus langen Webadressen eine „Abkürzung" macht.

Beispiel:

Aus https://bit.ly/2VFrFLH wird ungekürzt:

https://karriere.diakonie.de/fileadmin/user_upload/Diakonie/Karriereportal/PDFs/Unterrichtsmaterial_SOZIALE_BERUFE_Sek_1.pdf

Digitaler Werkzeugkasten auf WALHALLA.de/recruiting

Wir stellen Ihnen die im Buch behandelten Internetadressen thematisch geordnet und verlinkt auf www.WALHALLA.de/recruiting zur Verfügung. Speichern Sie diese Seite als Lesezeichen im Browser. So haben Sie stets Ihren digitalen Werkzeugkasten in Sachen „zeitgemäßes Recruiting" zur Hand.

Wichtige behandelte Begriffe

Advertorial	ein Text, der aussieht wie ein redaktioneller Inhalt, tatsächlich aber eine als Reportage getarnte Werbeanzeige ist
Augmented Reality	eine durch digitale Hilfsmittel erweiterte Realität. Beispiele: die Google Glass-Datenbrille, die weiterführende Informationen zum aktuellen Erleben am Rande des menschlichen Sichtfelds einblendet, oder die Pokémon Go-App, die virtuelle Comicfiguren in die reale Umgebung des Spielers einblendet
Babyboomer	die Nachkriegsgeneration, Geburtsjahre (je nach Quelle) ca. 1955 bis 1969
Big Data	hier die Auswertung großer Mengen an Nutzerverhaltensweisen in digitalen Kanälen
Blogger-Kampagne	mehrere Blogger veröffentlichen gleichzeitig bezahlte Beiträge über ein Unternehmen oder Produkt
Candidate Journey	der Weg, den ein Bewerber auf zum Weg zur neuen Anstellung in einem Unternehmen nimmt; die digitalen und analogen Kontaktpunkte, die er währenddessen mit dem Unternehmen hat
Chat Bot	Dialogsystem, bei dem eine Software mittels Textbausteinen und künstlicher Intelligenz Fragen, die ein Kunde oder ein Bewerber per Messaging Dienst stellt, automatisch beantwortet
Content-Marketing	Werbung, die nicht auf die klassische Anzeige als Medium setzt, sondern mithilfe von Ratgeberstücken, Advertorials und anderen längeren Inhaltsformen auf Produkte und Unternehmen aufmerksam macht
Corporate Influencer	geschulte Arbeitgebermarkenbotschafter; Mitarbeitende, die bei der Personalgewinnung mithelfen
Cyberbullying	Mobbing über die sozialen Netzwerke

Darknet	ein hochverschlüsselter Teil des Internets, in dem das Nutzerverhalten nicht so leicht zurückzuverfolgen ist wie auf den normal zugänglichen Seiten; das Darknet wird daher aus Sicherheitsgründen von Menschenrechtsorganisationen, aber auch für illegale Aktivitäten genutzt
Digital Natives	Ureinwohner der digitalen Welt; Menschen, die eine Welt ohne Internet und mobile Endgeräte nicht mehr kennengelernt haben
Digital Immigrants	Einwanderer in die digitale Welt; Menschen, die eine Welt ohne Internet und mobile Endgeräte noch kennengelernt und die Geburtsstunden der Digitalisierung miterlebt haben
DSGVO	Abkürzung für die Datenschutz-Grundverordnung der EU, die 2018 in Kraft getreten ist
Edutainment	unterhaltsame Aufbereitung von Bildungsangeboten
Empfehlungsmarketing	ein Instrument der Neukundengewinnung, die durch Mundpropaganda, Bewertungen und Referenzen von Kunden erfolgt
Facebook	weltweit größtes soziales Netzwerk
Gamification	Anwendung typischer Elemente aus PC-, Spielkonsolen- oder Handyspielen im artfremden Kontext, zum Beispiel in der Berufsorientierung oder in einer Business-Software
Gap Year	12-monatige Pause zwischen Schulabschluss und Ausbildung oder Studium
Generation Alpha	Menschen mit den Geburtsjahren (je nach Quelle) ab ca. 2010
Generation X	Menschen mit den Geburtsjahren (je nach Quelle) ab ca. 1965 oder 1969 bis 1980
Generation Y	Menschen mit den Geburtsjahren (je nach Quelle) ab ca. 1980 bis 1995
Generation Z	Menschen mit den Geburtsjahren (je nach Quelle) ab ca. 1995 bis 2010
Helikopter-Eltern	überbehütende Eltern
Holokratie	Organisationstheorie, bei der eine Organisation oder ein Unternehmen von den Mitarbeitenden selbst organisiert wird; Weiterentwicklung der Soziokratie

Influencer	bekannte Persönlichkeit in den sozialen Netzwerken, Meinungsführer im Internet
Influencer Takeover	eine bekannte Internetpersönlichkeit übernimmt und bespielt den Social Media-Kanal eines Unternehmens für einen bestimmten Zeitraum
Instagram	soziales Netzwerk zum Teilen von Fotos, Videos und Stories, die mit Filtern bearbeitet werden; gehört zu Facebook
Instant Feedback	regelmäßige schnelle, digitale Mitarbeitendenbefragungen
Kanban	agile Methode zur Steuerung von Produktionsprozessen, die aus der Softwareentwicklung stammt
Künstliche Intelligenz	selbst lernende Maschinen bzw. Computer
Let's play-Video	ein Video, in dem ein Spieler ein PC-Spiel vorführt und seine Aktionen im Spiel live kommentiert
Livestream	Videoaufnahme, die in Echtzeit ins Internet übertragen wird (z. B. auf YouTube oder Twitch)
Meme	Internet-Hype, Internetphänomen
Millennials	Menschen, die um die Jahrtausendwende im Jugendalter waren
Mobile Recruiting	die Bewerbung vom Smartphone oder Tablet aus ermöglichen; mobil optimierte Stellenanzeigen und Online-Bewerbungsformulare sind dazu notwendig
New Work	neue Unternehmens- und Organisationsformen, die durch die Einwirkung von Globalisierung und Digitalisierung auf die Arbeitswelt entstehen
Onboarding	Maßnahmen zur Mitarbeiterbindung neuer Kollegen bereits ab dem Tag der Zusage und in der Probezeit
Peer Recruiting	Personalgewinnung auf Augenhöhe, von Fachkraft zu Fachkraft
SCRUM	agile Projektmanagement-Methode, die aus der Softwareentwicklung stammt
Servant Leadership	Führungsstil, bei dem sich die Führungskraft als Coach oder Unterstützer anstatt als Beherrscher ihrer Mitarbeitenden versteht

Sharenting	Wenn Eltern ungefragt Videos und Fotos von ihren Kindern in den sozialen Netzwerken posten
Social Media-Manager	Position in der Unternehmenskommunikation mit der Zuständigkeit für die Bespielung eines oder mehrerer Social Media-Kanäle
Social Recruiting	passive Bewerber über soziale Netzwerke zur Bewerbung zu bewegen
Soziokratie	Organisationstheorie, nach der eine Organisation oder ein Unternehmen von den Mitarbeitenden selbst organisiert wird
Suchmaschinenoptimierung (SEO)	technische und inhaltliche Überarbeitung einer Webseite nach den Gütekriterien von Google, die dazu führt, dass die Webseite auf Google weiter oben gelistet wird
Tik Tok (ehe. Musical.ly)	Videoplattform für Playback-Videos
Virtual Reality	eine computergenerierte zweite Realität, in der sich der Nutzer mittels einer Datenbrille interaktiv und in Echtzeit bewegen und verhalten kann
WhatsApp	2009 gegründeter Instant Messenger-Dienst, der seit 2014 zu Facebook gehört
Working Out Loud	Selbstlernprogramm, in dem eine interdisziplinäre Kleingruppe sich mittels vorgegebener Übungen in einem 12-wöchigen Zyklus mit einem Thema auseinandersetzt
Work-Life-Balance	Vereinbarkeit von Arbeits- und Privatleben
Work-Life-Blending	Vermischung von Arbeits- und Privatleben

Hintergründe aus Wirtschaftswissenschaft und Marktforschung

Die Generation Z in Zahlen

1 Wir wollen uns nicht allzu lange in der Vergangenheit und im theoretischen Überbau der Generationenforschung aufhalten, denn allein darüber kann man ganze Bücher und Studien schreiben, was andere auch bereits getan haben. Zum Teil etwas verfrüht, muss man kritisch sagen, denn seit es mit der Generation X in Mode gekommen ist, demografische Kohorten zu analysieren, und seit das Online-Marketing ständig aktuelles quantitatives Wissen über Zielgruppen verlangt, scheinen sich die Medien, Marketingberater und Soziologen in der Disziplin gegenseitig zu überbieten. Es wird kaum mehr beobachtet und abgewartet, bis eine Generation eine Lebensphase tatsächlich durchlaufen hat, um dann rückblickend einzuordnen, sondern synchron gelebt und beschrieben – was dann auch mal zu vorschnellen Schlüssen führen kann. Oder dazu, dass die Digitalisierung dem Nachwuchs einfach vorschreibt, was ihm zu gefallen hat: Der Algorithmus rechnet aus, was er aufgrund von Big Data-Analysen [hier: Auswertung großer Mengen an Nutzerverhaltensweisen in digitalen Kanälen] für den nächsten großen Trend hält und befeuert die jungen Leute über die digitalen Kanäle derart penetrant mit entsprechenden Inhalten, dass sich der Trend tatsächlich realisiert. Generation Z-Experte Prof. Christian Scholz, der eine Beschäftigung mit der Generation Z seit 2008 in den USA, seit 2010 in Australien und seit 2014 in Europa beobachtet, formuliert es so:

> „Spricht man […] jemandem wegen seines Geburtsdatums die Fähigkeit zur Eigeninitiative ab, so kann man mit dieser Beurteilung nicht nur falsch liegen […], man kann letztlich sogar eine etwaig vorhandene Eigeninitiative im Keim ersticken und damit die Wirklichkeit schaffen, die man selber (fälschlicherweise) ‚gesehen' hat."

Es handelt sich um eine neue, beängstigende Form der sich selbsterfüllenden Prophezeiung.

Ich wage einmal die These, dass aufgrund der Digitalisierung Journalismus, Soziologie, Marktforschung und Marketing als Disziplinen verschwimmen. Die Journalistin muss nicht mehr abwarten, bis der Soziologe seine Kohortenanalyse sorgfältig ausgewertet hat, bevor sie darüber berichten kann, sondern kann sich mit digitalen Marktforschungstools wie civey.com oder Online-Umfragedienstleistern wie surveymonkey.de selbst schnell mal zu einem Thema umhören. Das ist in manchen Fällen (civey.com) laut Anbieter sogar repräsentativ und ergibt allemal genug Futter für einen schönen Online-Bericht. Auch kann die Journalistin in Rekordzeit Studienergebnisse aus der ganzen Welt online zusammensuchen. Marktforschung übernehmen nicht länger nur erfahrene Institute, sondern Kommunikationsagenturen, die ihre Erkenntnisse praktischerweise gleich in der Beratung an ihre Kunden verkaufen können. Der Soziologe gerät unter Druck, seinerseits immer früher Ergebnisse anzubieten. Der Marketingexperte – ich sage es mal überspitzt – fühlt sich dank allwissendem Google- oder Facebook-Algorithmus ohnehin dem Journalismus, der Marktforschung und der Soziologie überlegen, was die Beschreibung von Zielgruppen angeht. Und dann kommt noch eine große Gruppe mehr oder weniger professioneller Blogger und selbsternannter Generation Z-Experten hinzu, die ihre eigenen Erkenntnisse beisteuern, bis das Ganze ziemlich verwässert. Prof. Scholz warnt gar vor falschen Stereotypen über die Generation Z, die nicht dadurch wahr würden, dass sie in seriösen wie unseriösen Kanälen permanent kolportiert werden: So schwächt er das Argument der angeblichen Übermacht der Generation Z auf dem Arbeitsmarkt, die durch den demografischen Wandel entsteht, durchaus ab. Nur in wenigen Ausnahmen wie – ausgerechnet – den Pflegeberufen hätte die Generation Z aufgrund ihrer zahlenmäßigen Unterlegenheit eine wirklich gute Verhandlungsposition. In anderen Berufen kämen ausländische Arbeitskräfte oder die Möglichkeit für Unternehmen hinzu, Dienstleistungen digital aus einem weltweiten Netzwerk einzukaufen, die den Demografie-Effekt ausglichen. In Ländern wie den USA, Australien oder England, so Scholz, habe es sich schon herumgesprochen, dass die gegenwärtige Jugend sogar teilweise erstaunlich schlechte Karten auf dem Arbeitsmarkt habe. Egal wie klein die Alterskohorte – es sei einfach eine unrealistische Annahme, dass eine ganze Generation ausschließlich aus High Potentials (Leistungsträgern) und Premium-Mitarbeitern bestehen könne.

Generationendefinitionen sollte man also immer kritisch hinterfragen. In einer Session (Arbeitsgruppe) zum Thema Generation Z beim HR Barcamp 2019 in Berlin erlebte ich eine junge Teilnehmerin, die einzige Anwesende im entsprechenden Alter, die sich nach einiger Zeit den schimpfenden Personalern zu sagen traute, sie fände es schon „etwas brutal", wie man über ihre Generation urteile und alle Gleichaltrigen über einen Kamm schere.

Prof. Christian Scholz betont die Grenzen der Generationenforschung: Nicht jeder Vertreter einer Alterskohorte benehme sich wie der Durchschnitt, die Grenze zwischen den Generationen verlaufe ohnehin fließend. Im Laufe seines Lebens und mit mehr Erfahrung in der Arbeitswelt ändere der junge Mensch durchaus seine Einstellungen und ohnehin schimpfe man schon seit Sokrates auf die schlechten Manieren der Jugend. Trotzdem gebe es klare Unterschiede zwischen den Mittelwerten der verschiedenen Generationen. Und darum habe die Generationenforschung ihren Sinn. Sie zwinge uns zu einer differenzierteren Zielgruppenbetrachtung und helfe bei der Erklärung von Spannungen wie auch Innovationen.

Ich sehe das genauso: Generationendefinitionen können uns als Arbeitgeber dabei unterstützen, mehr Reichweite für unsere Personalmarketing-Maßnahmen zu erzielen oder Konflikte in Teams zu durchschauen. Zahlen, Daten und Fakten machen es uns auch leichter, Vorstände für ein Thema wie den Umgang mit der Generation Z und notwendige Veränderungen im Unternehmen zu sensibilisieren. Und eine kritisch-strategische Herangehensweise, basierend auf erhobenem Zielgruppenwissen, ist allemal besser als ein Herumstochern im Dunkeln nach Bauchgefühl. Verzichten können wir auf die Generationenforschung also nicht.

Generationenbeschreibungen von den 1940ern bis heute

- **Babyboomer (je nach Quelle geboren in den 1950ern und 1960ern, teils wird bereits ab 1946 gerechnet)**

  Nachkriegsgeneration, zahlenmäßig dominant. Lebt, um zu arbeiten. Definiert sich über beruflichen Erfolg und Statussymbole wie Haus und Auto. Ist leistungsorientiert und unflexibel. Hat eine hohe Arbeitgeberbindung, bleibt also häufig das ganze Arbeitsleben beim selben Unternehmen. Ist wenig technikaffin, was digitale Endgeräte und Kanäle angeht, oder hat zumindest Mühe, sich in die rasanten technologischen Entwicklungen hineinzudenken.

- **Generation X (je nach Quelle geboren zwischen den späten 1960ern und frühen 1980ern)**

  Arbeitet, um zu leben. Beschreibt erstmals eine Work-Life-Balance, also die Vereinbarkeit von Beruf und Privatleben, als Bedürfnis. Versteht sich im Berufsleben vorwiegend als Einzelkämpfer. Ist strebsam und hat hohe Ansprüche an sich selbst. Will Selbstverwirklichung statt Statussymbole erreichen. Kennt die Welt noch ohne Internet und digitale Endgeräte. Passt sich zwar an die technologischen Veränderungen an, bleibt ihnen gegenüber aber kritisch („Digital Immigrants“, also „Einwanderer in die digitale Welt“). Auch Generation Golf oder Generation Praktikum genannt.

- **Generation Y (je nach Quelle geboren in den 1980ern und 1990ern, Teenager um die Jahrtausendwende)**

  Andere Bezeichnungen: „Millennials“ (etwa: „Die Kinder des neuen Jahrtausends“), „Digital Natives“ („Ureinwohner der digitalen Welt“). Formuliert erstmals das Bedürfnis nach Spaß bei der Arbeit, ist aber gleichzeitig karrierebewusst. Versteht sich als Teamworker, wünscht die Begegnung auf Augenhöhe statt Hierarchien. Möchte keine Trennung mehr zwischen Arbeit und Freizeit, sondern nach individuellem Stundenplan zu jeder Tages- und Nachtzeit arbeiten oder Freunde treffen (Work-Life-Blending). Ist optimistisch, selbstbewusst und stellt alles infrage (daher auch „Generation Why“). Kam sehr früh mit dem Internet und digitalen Endgeräten in Berührung. Versteht die virtuelle Welt als zweite, gleichberechtigte Welt neben der Realität.

- **Generation Z (je nach Quelle geboren ab Mitte/Ende der 1990er-Jahre bis 2010, manche Quellen rechnen bis 2016)**

  Kleine Alterskohorte, auf dem Arbeitsmarkt stark umworben. Andere Bezeichnung: iGeneration. Kennt eine Welt ohne Internet und digitale Endgeräte nicht mehr, benutzt und besitzt sehr früh eigene Smartphones und Tablets. Denkt und lebt in virtuellen Kanälen, deren Grenzen zur Realität verschwimmen („Virtual Reality", „Augmented Reality", „Künstliche Intelligenz"). Hat eine niedrige Frustrationstoleranz und eine kurze Konzentrationsspanne. Keine ausgeprägte Bindung und Loyalität gegenüber Arbeitgebern. Lernt audiovisuell und interaktiv. Geht intuitiv mit großen Informationsmengen um. Ähnelt in manchen Charakterzügen der Generation Y, entwickelt sich in anderen Bereichen jedoch wieder zurück zu eher traditionellen Werten.

- **Generation Alpha (je nach Quelle geboren ab etwa 2010)**

  Die erste Generation, die komplett im 21. Jahrhundert aufwächst. Wird in Cartoons gern mit einem Smartphone an der Nabelschnur dargestellt. Die erste Generation, die mit technologieaffinen Eltern aufwächst, die einerseits über die Risiken und Gefahren der virtuellen Realität Bescheid wissen, andererseits Lebensentwürfe jenseits der „always on"-Mentalität („immer online") kaum noch vermitteln können.

Der typische Azubi und was wir von ihm lernen können

Um aus einer allgemeinen Generationendefinition konkrete Erkenntnisse für die Gewinnung und Bindung des Nachwuchses in der Arbeitswelt abzuleiten, gehen wir nun mehr ins Detail und versetzen uns in unseren typischen Azubi, Studi oder Berufseinsteiger.

Der azubi.report 2018 von ausbildung.de, der hier nur als beispielhafte Auswertung vielerlei ähnlicher Studien dienen soll, charakterisiert den deutschen Durchschnitts-Azubi wie folgt: Er verdient 651 bis 850 Euro im Monat und wird von seiner Familie finanziell unterstützt (26 Prozent) oder hat einen Nebenjob (11 Prozent). Er hat 21 Bewerbungen geschrieben, war bei vier Vorstellungsgesprächen und hat zehn Absagen sowie fünf Zusagen erhalten. Seinen Ausbildungsplatz hat er nach einem mittleren Schulabschluss online gefunden. Ansonsten fand er das Schülerpraktikum zur Berufsorientierung hilfreich (52 Prozent).

Wie können Arbeitgeber aus solchen Zahlen lernen? Nun, wenn der Azubi fünf Zusagen bekommen hat, leuchtet es ein, dass er nicht vor Glück und Dankbarkeit auf die Knie fällt, wenn wir ihm einen sechsten Ausbildungsplatz anbieten. Jeder von uns wäre genauso selbstbewusst, wenn er merkte, dass er auf dem Arbeitsmarkt gefragt ist. Wenn wir lesen, dass der Azubi aber auch zehn Absagen bekommen hat, sollten wir uns fragen: Welches Unternehmen konnte es sich erlauben, in Zeiten des Nachwuchs- und Fachkräftemangels Absagen zu erteilen? Es ist erfahrungsgemäß nicht davon auszugehen, dass diese Absagen an junge Menschen gingen, die von den Qualifikationen oder ihrem Charakter her wirklich absolut gar nicht auf den Ausbildungsplatz gepasst haben. Viel wahrscheinlicher basierten die Absagen auf veralteten Auswahlkriterien, die irgendwann einmal festgehalten und seither nicht mehr hinterfragt wurden. Schreibt unser eigenes Unternehmen vielleicht ebenfalls zu viele Absagen, einfach weil wir mit unserem Bewerbungsprozess noch nicht in der Gegenwart angekommen sind?

Im azubi.report merken 46 Prozent der jungen Leute an, dass sie die Anforderungen der Unternehmen an ihre Schulnoten zu hoch finden. Sind gute Schulnoten wirklich so furchtbar aussagekräftig bezüglich der Motivation eines zukünftigen Azubis? Gerade in einer Zeit, in der Bildungsexperten Land auf, Land ab kritisieren, dass die Lehrpläne an deutschen Schulen dringend überarbeitungsbedürftig sind? Lässt der Hinweis in der Stellenanzeige, dass gute Schulnoten von Vorteil sind, junge Leute mit soliden Dreier-Abschlüssen womöglich davor zurückschrecken, sich bei uns zu bewerben? Wäre es vielleicht besser, den Hinweis zu streichen? Ein Fazit der Autoren des azubi.reports lautet: „Schreiben Sie in die Stellenanzeigen nur die unbedingt notwendigen Voraussetzungen. Geben Sie auch Bewerbern mit schlechteren Schulnoten oder weniger Skills eine Chance, Sie im Gespräch zu überzeugen."

Wenn 58 Prozent der Schüler angeben, in der Schule das Bewerbungsschreiben per Post zu üben, und sich deshalb 47 Prozent der Schüler auch per Post bewerben, obwohl 66 Prozent der Personaler die Online-Bewerbung und 31 Prozent die E-Mail-Bewerbung bevorzugen würden, müssen wir wohl einmal mit den Lehrern der örtlichen weiterführenden Schulen sprechen. Wir sollten ihnen erklären, dass es hilfreich wäre, wenn sie mit ihren Schülern Karriereportale und Online-Bewerbungsformulare durchgingen statt Bewerbungsmappen aus Papier zu basteln. „Es gibt an meiner Schule Berufskundeunterricht", erzählt Justus (16), der mich 2019 einige Tage als Praktikant begleitet hat. „Dort haben wir einen kleinen Kurs in PowerPoint bekommen und reden über unsere Praktika. Manchmal schauen wir uns Berufeportale im Internet an. Das leitet unser Tutor an, der – wie er selber sagt – eigentlich auch keine Ahnung von Berufskunde hat. Deshalb bin ich mir bei der Effektivität dieses Fachs nicht so sicher." Bestimmt wäre der Tutor dankbar für ein paar Tipps, was Unternehmen wirklich hilft. Oder noch besser: interaktives, multimediales Unterrichtsmaterial, das Sie ihm kostenlos zur Verfügung stellen. Ein Beispiel finden Sie hier: https://bit.ly/2VFrFLH

Eine weitere wichtige Quelle für die Berufsorientierung sind für junge Menschen ihre Eltern (kein Wunder, wenn wir uns das Stichwort Helikopter-Eltern ins Gedächtnis rufen). Auf die Frage, wer oder was ihnen bei der Suche nach einem Ausbildungsplatz geholfen hat, nannten im azubi.report 68 Prozent Freunde und Familie (meistgenannte Quelle). 53 Prozent nannten das Schülerpraktikum, 41 Prozent Karriereseiten von Unternehmen, 34 Prozent Jobmessen und 28 Prozent den Berufskundeunterricht in der Schule. Auch mein Praktikant Justus (16) bestätigt: „Ich spreche mit meiner Familie und Freunden über meine Berufswünsche – mit Lehrern eher nur oberflächlich. Auch den Kontakt zu meinen Praktikumsstellen habe ich durch Verwandte und Bekannte bekommen." Die wenigsten Jugendlichen sind so selbstbewusst wie ein weiterer Praktikant von mir, Frederik (14). Der sagt: „Wenn ich eine gute Idee habe, welchen Beruf ich machen kann, würde ich mich auch gegen den Rat meiner Eltern dafür entscheiden."

Es ist ein Trend, der auch für die Generation Y bereits beschrieben wurde und sich in der Generation Z offenbar fortsetzt: Den allermeisten jungen Menschen ist es wichtig, dass ihre Eltern ihren Berufswunsch unterstützen. Während frühere Generationen eher dafür bekannt waren, genau das Gegenteil von dem zu werden (Künstler), was Mutter und Vater vorgeschlagen hatten (Lehrer), vertraut die Jugend von heute bereitwillig auf ihre Helikopter-Eltern. Für uns als Arbeitgeber folgen daraus zwei Dinge:

1. Lasst uns die Eltern mit einbeziehen. Mit dem Ausbildungsmarketing per Instagram erreichen wir zwar die Jugendlichen direkt, aber eine zusätzliche Stellenanzeige in der Onlineausgabe der Regionalzeitung oder bei Facebook, wo ihre Mütter und Väter unterwegs sind, kann rund um die Bewerbungsphase für die Ausbildung genauso wichtig sein.

2. Lasst uns auf den Schneeballeffekt setzen. Wenn Familienangehörige sich untereinander Berufe und Arbeitgeber empfehlen, sind Personalmarketing-Aktionen, bei denen Mitarbeitende animiert werden, Arbeitgeberbeiträge in ihren persönlichen Netzwerken zu teilen, oder Prämien für die Empfehlung von Azubis wesentlich sinnvoller als Plakatkampagnen nach dem Gießkannenprinzip.

Und weiter geht's: Wenn laut azubi.report Auszubildende im Durchschnitt erst nach drei Monaten die endgültige Zusage für ihren Ausbildungsplatz erhalten, 34 Prozent die Bewerbung laut eigener Aussage zwischenzeitlich zurückziehen oder innerlich abschreiben, weil es ihnen zu lange dauert, bzw. sogar 64 Prozent der Personaler Abbrüche im laufenden Verfahren beklagen, sollte man sich doch schnellstens einmal mit der Beschleunigung des Bewerbungsprozesses befassen. „Lassen Sie den Bewerber nicht zu lange warten und digitalisieren Sie Ihr Auswahlverfahren. Lernen Sie Ihre Bewerber so früh wie möglich persönlich kennen", empfehlen die Autoren des azubi.reports. Zwar rühmen sich die in der Studie befragten Unternehmen, in weniger als zwei Wochen eine erste Rückmeldung zur Bewerbung zu geben. Aber wenn es sich dabei bloß um eine sachliche, standardisierte Eingangsbestätigung handelt, ist damit nichts, aber auch wirklich gar nichts gewonnen. Innerhalb von zwei Wochen sollte mindestens ein persönlicher Kontakt (telefonisch oder eine individuell formulierte E-Mail oder WhatsApp-Nachricht) stattgefunden haben und ein Vorstellungsgespräch vereinbart sein. Im Rahmen eines Recruiting-Tool-Tests hat einer unserer diakonischen Träger sogar einmal einen kompletten Bewerbungsprozess mit Sichtung der Unterlagen, Vorstellungsgespräch, Hospitation und Zusage innerhalb von fünf Tagen durchgeführt. Mehr zum Thema „Beschleunigung des Bewerbungsprozesses" später.

Die zentralen Erkenntnisse der Studie „A generation without borders" über die Generation Z

- Umfangreiches Wissen über aktuelle Ereignisse durch Internet und Social Media
- Stark orientiert an Meinungsführern und (Arbeitgeber-) Marken im Internet
- Hohe Ansprüche an Unternehmen, die ihnen Produkte (oder Arbeitsplätze) schmackhaft machen wollen
- Bedürfnis nach Individualität in der Masse
- Sehnsucht nach Abenteuern und Erlebnissen, auch mit Arbeitgebern und Unternehmen
- Interesse an gesellschaftlicher Verantwortung
- Junge Menschen dieser Generation ähneln sich weltweit mehr als jede andere Generation zuvor.

Auch das Trendence Institut beschäftigt sich umfangreich mit der Lebenswelt von Schülern in Deutschland. Über zehntausend von ihnen werden jährlich zu den beliebtesten Arbeitgebern Deutschlands befragt und die Antworten zu einem Ranking (Bestenliste) zusammengefasst. Dazu gibt es inhaltliche Ergebnisse wie den Trend Report „Das fordern Schüler_innen" von 2019. Demnach ist die allerwichtigste Anforderung von Schülern (insbesondere von denen, die eine Berufsausbildung anstreben) an den zukünftigen Arbeitgeber, dass es dort nette Kollegen gibt. Das sagen 60 Prozent. Themen wie ein hohes Ausbildungsgehalt (24 Prozent) oder ein attraktiver Standort (24 Prozent) sind viel weniger wichtig. Für uns als Arbeitgeber heißt das, dass es gar nicht genug Mitarbeitendenportraits auf unseren Karrierewebseiten und in unseren Social Media-Kanälen geben kann. Und zwar echte, authentische Portraits, in denen Mitarbeitenden keine gestelzten Lobeshymnen auf das Unternehmen in den Mund gelegt werden, sondern in denen sie ausführlich und frei von der Seele sprechen dürfen, was sie bewegt – innerhalb, aber auch außerhalb ihres Berufs.

58 Prozent der Schüler ist ein fairer Bewerbungsprozess wichtig (zweitwichtigster Faktor). Das deckt sich mit den Ergebnissen des azubi.reports weiter oben. Wenn jemand das Gefühl hat, er werde nur wegen einer schlechteren Note in Mathe gleich aussortiert, kann das nach hinten losgehen. Die Generation Z ist in diesem Punkt sehr sensibel und Arbeitgeber sollten das ernst nehmen. Denn wenn der Eindruck entsteht, ob zu Recht oder nicht, dass nach oberflächlichen oder sinnfreien Kriterien bewertet wird oder dass Menschen wegen einer ausländischen Herkunft oder einer bunten Frisur diskriminiert werden, spricht sich das herum. Und der digital orientierte Nachwuchs vertraut auf nichts so sehr wie eine positive Empfehlung oder eine negative Bewertung aus der Online-Community.

Die Generation Z in der Ausbildungs- und Arbeitswelt laut Wirtschaftswissenschaftler Prof. Christian Scholz

- Bringt aufgrund gescheiterter Bildungsexperimente Bildungsdefizite mit, sieht aber darin kein eigenes Problem, sondern eines der Gesellschaft oder der Führungsebenen. Schämt sich nicht zu sagen, dass sie etwas nicht kann oder schafft, sondern delegiert die Aufgabe zurück an die Führungsebene.
- Möchte nichts zu einem guten Betriebsklima beitragen, weil sie glaubt, es einfordern zu dürfen. Verschlechtert das Betriebsklima sogar, indem sie sich als „Kuschelkohorte" gegenüber anderen Generationen abgrenzt.
- Scheut sich davor, Verantwortung zu übernehmen. Damit ist Führungsverantwortung gemeint, aber auch die Verantwortung für die Auswirkung des eigenen egoistischen und opportunistischen Handelns auf die Kollegen.
- Fühlt keine Loyalität zum Arbeitgeber. Die Karriere besteht aus einer Aneinanderreihung von Kurzzeitbindungen. Ist bereit, aufgrund eines kritischen Feedbacks der Chefin, eines etwas langweiligen Auftrags oder einer fachlichen Überforderung sofort zu kündigen. Lässt sich auch durch Benefits und Führungsstiloptimierungen nicht daran hindern.
- Kennt sich zwar geradezu im Schlaf mit modernen, leicht zu bedienenden digitalen Anwendungen (schlichten, selbsterklärenden, sich selbst aktualisierenden Apps) aus, fühlt sich aber mit komplexerer Software wie den klassischen Multimodul-Lösungen schnell überfordert.
- Präferiert konservative Arbeitszeit- und Arbeitsplatzmodelle, abgesehen von dem gelegentlichen, selbstbestimmten Homeoffice-Tag, wenn die Handwerker kommen.
- Sucht Kontakt zu Betriebsrat und Gewerkschaften, um sich über ihre Rechte zu informieren und sie durchzusetzen.

Geschichten von der Quarterlife Crisis

Wenn man den Babyboomern so zuhört, während sie über die Generation Z schimpfen, könnte man den Eindruck gewinnen, die jungen Leute machten ihnen mit voller Absicht das Leben schwer. Wie wär's einmal mit einem Perspektivenwechsel? Versuchen wir doch einmal, uns in den Nachwuchs hineinzuversetzen. Es treibt ihn nämlich nicht der Trotz, sondern eher eine gewisse Verzweiflung.

Es ist kein Zuckerschlecken, um das Jahr 2020 in der Phase der Berufsorientierung, Ausbildung oder des Berufseinstiegs zu stecken. Es gibt einfach zu viele Möglichkeiten! Laut einem Tweet des Bundesministeriums für Arbeit und Soziales gab es im Jahr 2019 in Deutschland 327 anerkannte Ausbildungsberufe. Dazu kommen laut dem Statistikportal Statista (Zahlen für das Wintersemester 2018/2019) rund 19.600 Studiengänge. Und nicht zuletzt ungezählte Anbieter von Aupair-, Austausch- und Freiwilligendienstprogrammen, Work and Travel-Visa und anderen Gap Year-Ideen. Was will man da wählen?

Definition: Gap Year

Als Gap Year bezeichnet man die zwölfmonatige Pause zwischen Schulabschluss und Ausbildung oder Studium, die sich junge Menschen heute flächendeckend nehmen. Die Eifrigen füllen sie mit Jobs, Bildungsreisen und Freiwilligendiensten, andere betreiben eher Partytourismus und Playstation-Marathons im Hotel Mama.

Mein Praktikant Justus (16) – dank G8 nicht mehr weit vom Abitur entfernt – weiß jedenfalls noch nicht so recht, was er danach mit seinem Leben anstellen soll:

> „Ich habe kein konkretes Berufsziel. Geld verdienen ist immer gut, aber nicht das Wichtigste. Andere Städte oder Länder zu besuchen gefällt mir, also fände ich es gut, wenn mein Job international wäre. Ansonsten ist es mir auf jeden Fall wichtig, dass ich meine Arbeit gern mache."

Mein Praktikant Frederik (14), der noch ein bisschen mehr Zeit hat, sagt:

1

> „Ich habe noch keinen konkreten Berufswunsch. Der Beruf soll mir Spaß machen, denn man macht ihn ja viele Jahre lang. Ich werde jetzt erstmal Abitur machen und dann vielleicht ein Jahr ins Ausland gehen und danach studieren."

Wie ein Mantra betonen alle Jugendlichen, die man fragt, dass sie einen Beruf wählen möchten, der Spaß macht. Der Wunsch nach Freude bei der Arbeit scheint das einzige zu sein, worauf man sich einigen kann. Je mehr Auswahlmöglichkeiten, desto besser? Das trifft eher nicht zu.

Ich selbst gehöre zur Generation X und damit zu denjenigen, die sich wünschen, es hätte Mitte der 1990er-Jahre bereits das Internet im heutigen Umfang gegeben, mit all den spannenden Informationen über Freiwilligendienste und Erasmus-Semester im Ausland, internationale Unternehmen und Studiengänge, von denen man noch nie gehört hat. Freiwillige Soziale Jahre kannte ich nur als Zivildienst für Jungs, eine Bewerbung an der Londoner Universität scheiterte kläglich, weil ich nicht wusste, wo ich Hilfe beim Ausfüllen der per Post zugesandten Formulare hätte bekommen können. Und doch, trotz der im Vergleich zu heute recht beschränkten Entfaltungsmöglichkeiten, hatte schon meine Generation rund um den Schulabschluss vor mehr als 20 Jahren das Problem mit einem Phänomen, über das die US-Autorinnen Abby Wilner und Alexandra Robbins im Jahr 2001 den Bestseller *Quarterlife Crisis: Die Sinnkrise der Mittzwanziger* verfassten. Sie beschrieben darin eine von Frustration, Selbstzweifeln oder gar Depressionen geprägte Lebensphase, die üblicherweise in die Zeit der Berufsorientierung und des Berufseinstiegs fällt, wenn etwa das erste Viertel des Lebens vorüber ist. Der Grund: Zukunftsängste, Überforderung im sogenannten „Meer der Möglichkeiten" und Selbstoptimierungswahn. Die Quarterlife Crisis war dabei keinesfalls ein Nischenphänomen, sondern betraf einen Großteil der Generation X – in stärkerer oder schwächerer Ausprägung. Nicht nur in den USA, sondern auch in Deutschland, wie ich mit meinem Sachbuch *Geschichten von der Quarterlife Crisis* (Schwarzkopf & Schwarzkopf Verlag, 2003) bewies. Es wurde sogar eigens ein Magazin gegründet, der Stern-Ableger *NEON*, der das Lebensgefühl der Krisengeschüttelten aus immer neuen Blickwinkeln sezierte.

Die Überforderung in der Phase rund um Schulabschluss und Berufseinstieg hat sich für die Generation Y und die Generation Z weiter verschärft. Denn zu den oben bereits genannten beruflichen Möglichkeiten kommen nun noch die neuen, coolen Lebensentwürfe der Digitalen Nomaden und Influencer hinzu.

Definitionen: Digitale Nomaden und Influencer

Digitale Nomaden sind Menschen, die ihre Arbeit am Laptop von überall in der Welt erledigen können und dies auch tun – teils Freiberufler oder Online-Business-Gründer, teils Angestellte mit der Erlaubnis zum permanenten mobilen Arbeiten. Viele ziehen von einem sogenannten Co-Working-Space zum nächsten. Ein Co-Working-Space ist ein Gemeinschaftsbüro, das nicht nur auf die Vermietung von Schreibtischen, sondern auf die Bildung einer Lebens- und Arbeitsgemeinschaft auf Zeit ausgelegt ist.

Influencer sind im Internet weithin bekannte Persönlichkeiten, die Online-Inhalte wie YouTube-Videos, Soundcloud-Podcasts, Instagram-Stories oder Blogartikel produzieren, über ihre großen Fangemeinden in den sozialen Netzwerken sehr viele Menschen erreichen und damit Geld verdienen. Ein Influencer verbreitet nicht nur Informationen wie etwa ein Journalist, sondern es kommt die Komponente der persönlichen Empfehlung hinzu. Unternehmen entdecken sie daher als ideale Markenbotschafter und Werbepartner.

Der Druck, etwas Cooles mit seinem Leben anzustellen, anstatt etwas Solides wie Architektur zu studieren und den neuen Kindergarten im Heimatdorf zu bauen, wächst. Verunsicherung macht sich breit, so wie bei Frederik (14):

„Das Thema Berufswahl macht mir ein bisschen Angst, weil ich noch keinen Plan habe und weil es so eine wichtige Entscheidung für das ganze Leben ist. Unsere Lehrerin hat auch eher Angst verbreitet: dass die Bewerbung perfekt sein muss, dass der erste Eindruck zählt."

In der Sozialarbeit ist, weil dieses Problem so gravierend ist, ein völlig neues Arbeitsfeld entstanden: die Berufseinstiegsbegleitung. In digitalen Zeiten, in denen man sich als junger Mensch nirgendwo mehr verstecken kann, weil Schulkameraden ihre Lebenswege gegenseitig online mitverfolgen, wächst der Druck noch weiter. Manche zerbrechen daran, so wie der schwedische Musiker und DJ Avicii, der sich mit 28 Jahren das Leben nahm. Vom zurückhaltenden „World of Warcraft"-Spieler war er laut einer „Spurensuche" in *Der Spiegel 17/2019* eher aus Versehen zum Internetstar geworden. Ihm folgten 19 Millionen bei Facebook und 8 Millionen bei Instagram, obwohl er eigentlich nur seine Ruhe haben wollte. Andere junge Menschen verfallen angesichts der Überforderung in eine Lethargie. Es ist eine Art Vogel-Strauß-Taktik: Solange ich verdrängen kann, dass ich mich entscheiden muss, ist alles gut. *Der Spiegel 15/2019* schrieb unter dem Titel *Kein Plan – nirgends* über Jugendliche, die nach dem Abitur oder anderen Schulabschluss wie gelähmt sind und nicht wissen, was sie mit ihrem Leben anfangen sollen. Nichts ist mehr zu spüren von der Freude, endlich erwachsen zu sein, hinaus in die Welt zu ziehen und alles anders als die Eltern zu machen, wie sie bei den Babyboomern und der Generation Y noch weit verbreitet waren. Stattdessen nennt es der 19-jährige Interviewpartner mit dem Pseudonym Ben ein „Freiwilliges Asoziales Jahr", was er macht: nämlich nichts. Eineinhalb Jahre nach dem Abitur lebt er noch bei seinen Eltern, vertrödelt den Tag im Fitnessstudio und bei Netflix.

Laut der Publikation *Geht heute wirklich alles schneller? Übergänge von der Schule in Ausbildung und Studium im Kohortenvergleich* des Deutschen Jugendinstituts München von 2015 benötigen junge Menschen, die heutzutage die Schule verlassen, tendenziell mehr Zeit, um eine Berufsausbildung oder ein Studium zu beginnen, als frühere Schulabgangskohorten. Nach einer Pressemeldung des Deutschen Zentrums für Hochschul- und Wissenschaftsforschung (DZHW) von 2017 brechen 29 Prozent der Bachelorstudenten ihr Studium ab. Die jungen Leute hören allerdings nicht auf, weil sie zu wenig Durchhaltevermögen hätten, wie viele Ausbildungsbeauftragte in deutschen Unternehmen zu glauben scheinen. Sie brauchen nicht so lange für die Berufswahl, weil sie zu faul oder zu dumm dafür wären, sondern weil sie überfordert sind und keine Hilfe bekommen. Weil sie von den Lifestyle- und Hipster-Medien mit ihren Selbstverwirklichungsartikeln, von ihren Helikopter-Eltern, die alles Böse von ihrem Nachwuchs fernhalten wollen, und von Berufskundelehrern, die nicht wissen, was sie tun, ein falsches Bild von Arbeit und Broterwerb eingeimpft bekommen. „Arbeiten ist für viele heute viel mehr als die Notwendigkeit und Möglichkeit, Geld zu verdienen", sagt Bildungsforscher Klaus Hurrelmann im Magazin *Der Spiegel*. Ein Beruf solle Identität stiften, sinnvoll und ethisch einwandfrei sein, die Arbeit solle sich flexibel einteilen lassen und möglichst keine Härten wie Nachtschichten oder Überstunden beinhalten. „So wird die Liste der Wünsche immer länger, und die passt nicht mit der harten Realität zusammen", so Hurrelmann. Insbesondere Abiturienten hätten oft eine „verklärte Vorstellung von der Arbeitswelt" und hohe Ansprüche an Unternehmen. Und so kommt es, dass junge Leute und Unternehmen einfach nicht zusammenfinden.

Spannend, was der 19-jährige Ben dazu sagt, wenn alle ihn ständig fragen, was er denn mal werden will. Ihn nervt nicht etwa vorrangig, dass man ihn unter Druck setzt und zu einer Entscheidung drängt, sondern etwas ganz Anderes: dass eine Entscheidung für einen Beruf keinen Raum mehr offenlässt, sich zu entwickeln:

> „Nach dem Beruf wird man beurteilt. Wer Handwerker wird, gilt schnell als mäßig intelligenter Grobmotoriker, der Finanzbeamte als Langweiler. Man wird sofort in eine Schublade gesteckt."

Hier zeigt sich der Wunsch danach, wirklich gesehen zu werden, Zeit zur unbeobachteten Persönlichkeitsentwicklung zu bekommen, wie sie in einer Welt der sozialen Netzwerke kaum noch zu finden ist. Wie ich oben schon schrieb: Die Jugend wird heute permanent überwacht und in Echtzeit analysiert, per Shell-Jugendstudie, McDonald's-Ausbildungsstudie und wie sie alle heißen. Das Gefühl, wie gelähmt zu sein, ist eine Reaktion darauf.

Die Geschichte im Magazin *Der Spiegel* geht denn auch traurig zu Ende. „Ich dachte ja, irgendwann kommt dieser Geistesblitz, und dann weiß ich genau, was ich machen will. Aber der kommt einfach nicht", merkt Ben. Er ist einsam, ihm ist langweilig. „Irgendwie verrottet man da nach einer Weile. Ich habe ein Jahr meines Lebens verloren." – Klingt nicht nach einem rebellischen Jugendlichen, der den Erwachsenen und Arbeitgebern das Leben absichtlich schwer machen will.

Die Lehre, die wir aus solchen Lebensbeichten ziehen können, lautet, dass wir den Selbstzweifeln und Ängsten der jungen Generation begegnen müssen, um sie für uns zu gewinnen. Personalmarketing-Kampagnen mit folgenden Botschaften könnten ein vielversprechender Weg sein:

- „327 Ausbildungen in Deutschland und du kannst dich nicht entscheiden? Mach was Sinnvolles: Werde Erzieher*in."
- „20.000 Studiengänge mit seltsamen Namen in Deutschland und du kannst dich nicht entscheiden? Wähle den, von dem du weißt, was drinsteckt: den Bachelor Pflege."
- „Ein Studium in Tübingen ist dir genau 123 km zu weit weg von zu Hause? Lerne Heilerziehungspfleger*in gleich hier im Ort."

Online zu Hause: Die Generation Z tickt digital

Ben vertrödelt sein „Freiwilliges Asoziales Jahr" bei Netflix und die deutsche Netflix-Serie *How to sell drugs online (Fast)* von 2019 zeigt denn auch wunderbar anschaulich, wie seine Generation tickt – insbesondere digital. Protagonist Moritz, der – in Anlehnung an einen wahren Fall – in Leipzig aus seinem Kinderzimmer heraus einen internationalen Drogenhandel aufzieht, sagt in der ersten Folge der Serie: „Das hier ist meine Generation, die Generation Z. Jeder von uns hat das gesamte Wissen der Menschheit in der Hosentasche, könnte mit einem Klick berühmt werden, von seinem Kinderzimmer aus die Welt verändern. Unbegrenzte technologische Möglichkeiten. Und was machen wir damit? Face Swap [Austausch von zwei Gesichtern auf einem Foto per App]. Keiner versucht mehr, was Besonderes zu sein. Warum auch? Man kann ja im Internet einfach so tun, als hätte man das aufregendste Leben der Welt."

Zum Beispiel, indem man sich im Darknet herumtreibt, jenem hochverschlüsselten und anonymen Teil des Internets, in dem Menschenrechtsorganisationen kommunizieren, in dem aber auch illegaler Handel getrieben wird. Oder indem man neben der Schule ein eigenes Online-Business gründet und damit schon so viel Geld verdient (oder zumindest gefühlt viel, im Vergleich zum Taschengeld viel), dass man sich fragt, wozu man überhaupt noch einen Beruf lernen soll. Das Magazin *Der Spiegel* berichtete im Juli 2019 von einem 15-jährigen Gymnasiasten, der (wegen seiner Minderjährigkeit) gemeinsam mit seiner Oma eine Agentur für Webdesign gegründet und bereits im ersten Geschäftsjahr 18.000 Euro Umsatz gemacht hat (https://bit.ly/2K7BCLf). Mehr als mancher langjährige Freiberufler und so viel, dass die Agentur schon nicht mehr unter die Kleinunternehmerregelung fällt.

Wenn ein Junge in *How to sell drugs online* an einem Mädchen interessiert ist, findet er in Sekundenschnelle über ihre Profile in den sozialen Netzwerken heraus, wo sie schon im Urlaub war, was ihre Eltern beruflich machen, welche Haustiere, Hobbies und Lieblingsspeisen sie hat. Wenn gerade keine Hand zur Verfügung steht, wird der Touchscreen am Smartphone kurzerhand mit der Nase bedient. Zum Geburtstag verschenkt man den gemeinsamen WhatsApp-Chatverlauf ausgedruckt als Buch. Dienstleister wie zapptales.com oder chatprint.de machen es möglich – und wäre das nicht auch ein schönes Antrittsgeschenk für Ihren neuen Azubi: der Berufsberatungschat, den Sie mit ihm via WhatsApp geführt haben, als kleines Pixi-Buch oder, wenn er kurz war, zum Aufhängen in einem schönen Rahmen verewigt?

Wenn die Frage lautet, wo ein Mitschüler seine Drogen kauft, hilft *How to sell drugs online*-Protagonist Moritz ein Blick auf die Joggingroute des Kameraden, die dieser mittels einer Fitness-App online postet. An einem bestimmten Wochentag verläuft sie anders als an allen anderen Wochentagen. Verdächtig! Der Zwischenstopp in einer Pizzeria entlang der Strecke erscheint unnötig, weil es – wie Google Maps weiß – viel näher an der Wohnung des Mitschülers eine andere Pizzeria gibt, die auf einer Restaurantbewertungs-App viel bessere Kritiken bekommen hat. Warum sollte der Jugendliche einen weiteren Weg zu einer schlechteren Pizzeria auf sich nehmen? Das kann nur eins bedeuten: Sie muss der Drogenumschlagplatz sein! Und das hat Moritz alles in Sekundenschnelle online herausgefunden.

Die Studie „A generation without borders" betont, dass die Generation Z, obwohl sie in einer Zeit politischen und ökonomischen Aufruhrs geboren wurde, nicht unbedingt davon am meisten geprägt wurde. Zwar werden die zunehmende Häuslichkeit und das berufliche Sicherheitsbedürfnis auf die gesellschaftlichen und politischen Einschläge zurückgeführt, aber es handelt sich dabei nicht um die stärksten Einflussfaktoren.

Politische und gesellschaftliche Ereignisse, die die Generation Z geprägt haben

- Finanzkrise, Europakrise, Flüchtlingskrise, Klimakrise
- Terrorismus
- Chinas Aufschwung, Arabischer Frühling
- Populismus, Trump, Brexit
- Legalisierung der Homosexuellen-Ehe, #metoo
- Bildungsexperimente wie G8, Bologna-Reform, Schreiben lernen nach Gehör und jahrgangsübergreifendes Lernen

„Diese Gruppe lässt sich sicher besser anhand des Zeitalters der unvorhersehbaren technologischen Veränderungen definieren, die stattgefunden haben", heißt es in der Studie. Die Digitalisierung sei der wichtigste und alles andere überschattende Trend. Schaut man sich den Zeitstrahl an, beginnend mit der Gründung von Google 1998, ab 2003 dann Schlag auf Schlag gefolgt von Skype (2003), Facebook (2004), YouTube (2005), Twitter (2006), Spotify (2008), Airbnb (2008), WhatsApp (2009), Instagram (2010), Snaptchat (2011), Tinder (2012) usw., weiß man, warum.

Während es uns Erwachsenen immer schwerer fällt, den Überblick über die digitalen Entwicklungen zu behalten, haben Jugendliche laut „A generation without borders" und meiner eigenen

Erfahrungen als Mutter heute nicht mehr nur ein Profil in (fast) jedem dieser Kanäle, sondern gleich mehrere. Ein geheimes für die engen Freunde aus dem echten Leben und ein öffentliches zur Beruhigung und/oder Irreführung der Eltern – und leider auch der werbetreibenden Unternehmen und Arbeitgeber. Der Trendreport „Das fordern Schüler_innen" bezeichnet junge Menschen dann als „Digitals", wenn sie mindestens fünf der folgenden Kriterien erfüllen. Sie benutzen Clouddienste (Dropbox, Google Drive, iCloud), besitzen ein Wearable (Smartwatch, Activity Tracker), betreiben einen eigenen Blog, haben bereits ein Online-Tutorial zur Unterrichtsvorbereitung genutzt, haben bereits ein Video digital bearbeitet, haben bereits eine Webseite erstellt, können Geräte wie Drucker oder Scanner installieren, pflegen eine öffentliche Facebook-Seite (z. B. die eines Sportvereins) und/oder pflegen einen Videokanal. „War … für die Generation Y Technik noch faszinierend und wurde noch jeder technologische Gimmick entsprechend bestaunt, gilt … für die Generation Z die absolute Dominanz der Simplizität", schreibt Generation Z-Experte Prof. Scholz. „Die Technologie ist lediglich Mittel zum Zweck und soll helfen, Probleme zu lösen und das Leben einfacher zu machen." Digitalisierung bedeute für die jungen Menschen multiple und gleichzeitige Kommunikation über eine Vielfalt zur Verfügung stehender Endgeräte und Kanäle, eine Online-Verbindung zu Freunden, aber auch zu Unternehmen rund um die Uhr (Connectivity). Außerdem eine Gemeinschaft mit anderen Personen in derselben Lebenssituation oder mit derselben Frage, die sich online stets schnell zusammenfindet (Collaboration), sowie eine ungeheuerliche Bequemlichkeit bei der Aneignung von Produkten, Kontakten und Wissen (Convenience). Auf all diese Trends müssen wir als Arbeitgeber im Sozial- und Gesundheitswesen reagieren.

1

Negative Auswirkungen der Digitalisierung auf die Generation Z
▪ **Cyberbullying:** Mobbing über die sozialen Netzwerke. Wichtig für Arbeitgeber: Solche Fälle können auch in Ihren Ausbildungsklassen eintreten. Legen Sie in Ihren Social Media-Guidelines Regeln zum Umgangston in sozialen Netzwerken fest und verankern Sie Projekttage zum Thema Medienkompetenz einschließlich Umgang mit Cyberbullying im Curriculum! ▪ **Sharenting:** Immer mehr Vertreter der Generation Z begehren dagegen auf, dass ihre Eltern ohne zu fragen Videos und Fotos von den Kindern und Jugendlichen in den sozialen Netzwerken posten. Siehe dazu dieses Video der New York Times: https://nyti.ms/2Tdw3xS. Für Arbeitgeber bedeutet das: Holen Sie sich unbedingt das Einverständnis der jungen Leute, wenn Sie zum Beispiel ein Foto Ihrer Ausbildungsklasse posten möchten. Schriftliche Einverständniserklärungen findet die Generation Z umständlich, aber sie möchte gefragt werden und die Gelegenheit bekommen, rechtzeitig aus dem Bild zu gehen. ▪ **Gläserne Bürger/Datenschutz-Problematik:** Wenige Vertreter der Generation Z haben ein Problem damit, durch die Datensammlung bei Amazon, Google, Facebook & Co. in ihren Kauf- und Bewegungsaktivitäten überwacht zu werden. Auf die neue Datenschutz-Grundverordnung der Europäischen Union (DSGVO) reagierten sie verständnislos, weil sie die beliebten YouTube-Stars in der Videoproduktion einschränkt. Als Arbeitgeber können Sie angesichts dieser Sorglosigkeit beruhigt mit Bewerbermanagementsystemen und Talentpools arbeiten (die natürlich DSGVO-konform sein sollten). Auch die Ergebnisse eines Mitarbeitergesprächs möchte die Generation Z lieber transparent festhalten oder das Gespräch gleich als 360-Grad-Feedback im Team durchführen als ohne Protokoll und damit teils zu ihrem Nachteil unter vier Augen mit einer Führungskraft zu sprechen.

- **Ständige Erreichbarkeit durch den Ausbilder oder Arbeitgeber:** Diese ist zwar durch mobile Endgeräte und eine Vielzahl von Kommunikationskanälen technisch und theoretisch gegeben, wird aber von der Generation Z abgelehnt. Nur wenn sie selbst das Bedürfnis verspürt, möchte sie die neuen Technologien in Anspruch nehmen, um jederzeit mit Unternehmen zu kommunizieren – umgekehrt aber nicht von ihrem Arbeitgeber in der Freizeit gestört werden.

Eben haben wir von einer Netflix-Serie gesprochen, doch in der Realität finden Jugendliche mit derselben beeindruckenden Geschwindigkeit und mithilfe dieser digitalen Kanäle jedes Detail zu jedem Thema – positiv wie negativ – heraus, wenn sie möchten. Und zwar auch jedes Detail über Ihre Ausbildungsstätte! Beschwerden Ihrer Bewerber bei kununu.com über unprofessionelle Vorstellungsgespräche? Hat Ihr neuer Ausbildungsanwärter sicher schon gelesen. Vor 15 Jahren hatten Sie Probleme mit Gewaltvorfällen auf einer Ihrer Stationen? Natürlich haben Sie dem betreffenden Mitarbeiter längst gekündigt, aber der Vorfall ist bestimmt noch im Netz recherchierbar – und die Generation Z findet ihn dort. Sie planen größere Veränderungen in Ihrer Einrichtung und wollen die Mitarbeitenden demnächst auf einer Vollversammlung informieren? Sehr wahrscheinlich sind vorher schon Informationen durchgesickert und werden in irgendeiner Facebook- oder WhatsApp-Gruppe eifrig diskutiert.

Nicht nur die Recherche, sondern auch die Kommunikation verlagert sich in digitale Kanäle. Hat es sich ein Junge in *How to sell drugs online* mit einem Mädchen verscherzt, spricht er sie nicht persönlich an, um sich zu entschuldigen, sondern schickt eine WhatsApp-Nachricht. SRY steht dort für „sorry" – „Entschuldigung". Genauso läuft es in der Kommunikation mit potenziellen Arbeitgebern: Vorstellungsgespräch verschlafen? SRY! Die jungen Menschen kennen es nicht anders. Besonders problematisch ist das, wenn auch „Krisenkommunikation" nicht im privaten WhatsApp-Chat stattfindet, sondern auf einem öffentlich einsehbaren Kanal wie YouTube, einem Karrierenetzwerk oder einem Arbeitgeberbewertungsportal.

Sie haben vielleicht den Aufruhr um YouTuber Rezo mitbekommen, der mit seinem Video „Die Zerstörung der CDU“ im Mai 2019 die Partei ins Schwitzen brachte. Fast 16 Millionen Nutzer haben es angesehen. Die Europawahl stand vor der Tür und Rezo wollte laut eigener Aussage herausfinden, „ob CDU, SPD oder AfD gute Parteien sind, die im Einklang mit Wissenschaft und Logik stehen“. Es folgten 55 Filmminuten, in denen der junge Mann mit der blauen Haartolle der Partei anhand zahlreicher Studien, Grafiken, Statistiken und Zitate bescheinigte, dass ihre „Leute lügen“, ihnen „grundsätzliche Kompetenzen für ihren Job fehlen“, dass „sie gegen deutliche Expertenmeinungen Politik machen“ und „Unwahrheiten gegen die junge Generation einsetzen“. Seine Kernbotschaft ist dabei löblich: „Geht wählen am nächsten Wochenende. Sonst entscheiden Rentner über eure Zukunft und geil ist das nicht.“ Mehrere Medien haben im Anschluss einen Faktencheck durchgeführt und Rezo bescheinigt, dass er ein „einigermaßen gelungenes Referat zur politischen Bildung“ vorgelegt habe, auch wenn es durchaus Fehler und Manipulationen enthalte („Die Schwarzen getroffen?“, Spiegel Online, 24.05.19). Wie auch immer: Seine Botschaft, die CDU sei inkompetent, ist unwiderruflich in der Welt.

Seien Sie sicher: Die junge Generation schaut Ihnen auf die Finger. Ein passendes Beispiel aus meinem Arbeitsalltag, das nicht annähernd so hohe Wellen geschlagen hat wie Rezos CDU-Video, aber einem Unternehmen dennoch einen Imageschaden einbringen kann: Ein Bewerber beschwert sich bei mir öffentlich über Twitter, dass er schon drei Monate vergeblich auf den von einer Ausbildungsstätte meines Verbands zugesagten Ausbildungsvertrag warte.

Tut er das, weil er meinen Verband damit unter Druck setzen will? Traut er sich einfach nicht, persönlich anzurufen? Oder hat er wie so viele junge Leute gar keine E-Mail-Adresse mehr und weiß nicht, wie er mich sonst erreichen soll? Am Ende spielt das keine Rolle, denn die Welt hat mitgelesen und glaubt aus diesem Einzelfall schließen zu können, wie träge wir grundsätzlich im Umgang mit unseren Azubis sind. Da hilft nur: Sich öffentlich entschuldigen, am besten gleich mit einem Geschenk. Das Problem ganz, ganz schnell lösen und nochmal in einem öffentlichen Post darauf hinweisen, dass jetzt alles geregelt ist. Und dafür sorgen, dass so etwas nie, nie wieder vorkommt.

[redacted] @[redacted] · 29. Mai 2019
Antwort an @MajaRoedenbeck @diakonie
Warte trotz Zusage seit über 3 Monaten auf meinen Ausbildungsvertrag. Der Pflegemangel is wohl den Personalern zu verdanken 😐

Maja Roedenbeck
@MajaRoedenbeck

Hallo [redacted], ich werde gleich Montag sehen, was ich für dich tun kann! Bitte schreib mir an maja.schaefer@diakonie.de, bei welcher unserer Ausbildungsstätten du dich beworben hattest. Ansprechpartner helfen auch. Viele Grüße, Maja

17:53 - 31. Mai 2019

Weitere Tweets von Maja Roedenbeck ansehen

Du hast retweetet
[redacted] @[redacted] · 4. Aug.
@MajaRoedenbeck Hallo Maja,
Ich hab jetzt endlich alle Verträge und kann ab Oktober meine Ausbildung in der Altenpflege beginnen. Bis dahin bin ich sogar noch zusätzlich als Helfer eingestellt.
Ich bedanke mich für ihren Einsatz 👍 genau so Leute brauchen wir ❤️
1 1 5

Maja Roedenbeck @MajaRoedenbeck · 5. Aug.
Antwort an @[redacted]
Das freut mich riesig! Einen guten Start wünsche ich dir!
1 1

Abbildungen: Öffentlicher Tweet eines verärgerten Bewerbers, Screenshot aus dem Twitter-Profil der Autorin

Von Google Jobs bis zur Recruiting-App: Kanäle für die Gewinnung der Generation Z

Grundlage: Auffallen mit Website & Co.

Nun haben wir uns also hineingefühlt, wie die Generation Z tickt, und versucht zu verstehen, warum das so ist. Nun wollen wir sie als Arbeitgeber auf uns aufmerksam machen und für eine Ausbildung in unserem Hause gewinnen. Das ist eine große Herausforderung. Denn immer mehr Arbeitgeber aller Branchen wenden zu Rekrutierungszwecken aggressives Marketing an. Ob neue Limonaden verkauft oder Auszubildende gefunden werden sollen, die Methoden – und die Budgets – sind zumindest in der Wirtschaft die gleichen. Mithalten reicht da schon längst nicht mehr – im Grunde muss man sogar stets ein bisschen schriller sein als die Konkurrenz, um aufzufallen.

Tipp meines Praktikanten Frederik (14): Bloß keine Langeweile aufkommen lassen!

„In Spandau habe ich ein Plakat von einem Arbeitgeber gesehen, es wurden medizinische Fachkräfte gesucht. Das war langweilig, es war einfach nur weiß und es stand drauf, dass Fachkräfte gesucht werden. Ein Plakat sollte sich abheben und ins Auge fallen. Ich mag coole Sprüche mit Wortspielen, die vielleicht noch ein bisschen lustig sind."

Für einen Employer Branding-Film auf YouTube – vor einigen Jahren noch der letzte Schrei – hat der Nachwuchs heute nur noch ein müdes Lächeln übrig. Es ist wichtig, ihn als Säule der Arbeitgebermarke anzubieten, aber die Arbeit ist damit nicht getan. Auch eine interaktive, multimediale, moderne Webseite mit eigener umfangreicher Nachwuchsrubrik und ein Azubi-Blog gehören zu den absoluten Standards, die ich in meinen Fachratgebern *Recruiting to go für Sozial- und Pflegeeinrichtungen* (Walhalla Verlag, 2017) und *Personalgewinnung in der Pflege* (Elsevier Verlag, 2014) bereits ausführlich besprochen habe. Wer kein großes Budget dafür hat, kann sich an den Förderverein für regionale Entwicklung e. V. wenden: Er bietet kostenlose Webseiten-Programmierung durch Auszubildende und Studierende der Fachrichtungen Web-Design, Programmierung und Büromanagement im Rahmen eines Unterrichtsprojekts: https://bit.ly/2lLRw4j. Die zeitgemäße Recruiting-Strategie für den Nachwuchs baut dann auf dieser Säule auf.

„Google, was will ich werden?“ – Ausbildungsplatzsuche per Suchmaschine

Laut der Studie „Azubi Recruiting Trends 2019“ von u-form Testsysteme, einem Anbieter von Eignungstests, nutzen 84 Prozent der jungen Bewerber sehr oft oder oft die beliebteste Suchmaschine für die Ausbildungsplatzsuche. Zwar lautet die Suchanfrage noch nicht „Google, was will ich werden?“, aber weit davon entfernt sind wir auch nicht mehr. Bei Google geben die jungen Leute im schlimmsten Fall nur ein Suchwort wie „Ausbildungsplatz“ oder „Duales Studium“ ein, im besten Fall den gewünschten Ort und den gewünschten Ausbildungsberuf („Pflegeausbildung Köln“). Dass ein konkretes Unternehmen eingegeben wird („Ausbildungsplatz Adidas“), davon dürfen nur die beliebtesten Arbeitgeber Deutschlands träumen. Laut Trendforschungsinstitut Trendence sind das im August 2019 in den Augen deutscher Schüler die Polizei, Adidas, die Bundeswehr, Daimler, BMW und Audi (vgl. www.arbeitgeber-ranking.de). Man könnte denken, ein junger Mensch würde erst einmal Fragen stellen wie: „Welche Ausbildungen gibt es eigentlich in Deutschland?“ oder „Welche Unternehmen kenne ich und welche interessieren mich?“ und sich damit einer Karriereentscheidung nähern. Doch die Mühe machen sich wenige. Es muss einfach schnell ein Ausbildungsplatz her. Da die Generation Z ohnehin keine Loyalität zum Arbeitgeber kennt, ist es auch nicht so wichtig, ihn sorgfältig auszusuchen. Wenn es nicht passt, kann man immer noch wechseln.

Ihr Ziel muss es also sein, für eine Suchanfrage wie „Ausbildungsplatz Köln“ oder „Ausbildungsplatz Logopäde Köln“ mit Ihrer Ausbildungsstätte auf der ersten Seite der Google-Ergebnisse zu erscheinen. Dabei spielt es keine Rolle, ob Ihre Einrichtungswebseite gelistet wird, Ihr Facebook-Profil oder Ihre Stellenanzeige auf einer Ausbildungsplattform. Hauptsache, Ihre Ausbildungsplätze kommen bei Google vor. Schwierig ist das Thema Google für Ausbildungsstätten deshalb, weil man nur mit größten Bemühungen im Bereich Suchmaschinenoptimierung überhaupt noch eine

Chance hat, ohne Werbung zu schalten auf der ersten Google-Ergebnisseite angezeigt zu werden. Seit 2019 nimmt einen Großteil des Platzes dort nämlich das Google Jobs-Fenster ein (der Kasten mit dem blauen Titelbalken).

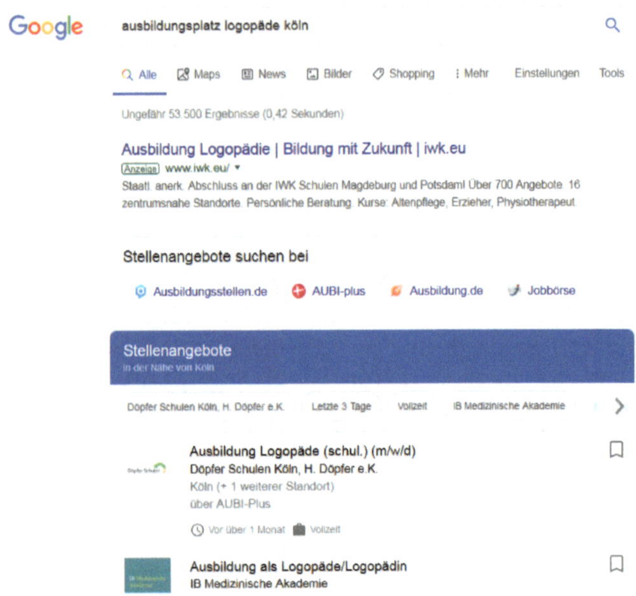

Abbildung: Beispielhaftes Google Jobs-Fenster (siehe blauer Balken) für eine Suchanfrage „Ausbildungsplatz Logopäde Köln“

Google Jobs (auch Google4Jobs, Google for Jobs oder Google Job Search Experience genannt) ist eine Funktion von Google, die das Internet nach Stellenanzeigen durchforstet und die Treffer in einem eigenen Ergebnisfenster zusammenstellt, das dem Nutzer direkt unterhalb der bezahlten Werbeanzeigen gezeigt wird. Nutzer müssen also gar nicht mehr die einschlägigen Stellenbörsen wie Stepstone besuchen.

Ganz oben auf die Google-Ergebnisseite gelangen Sie, wenn Sie Ihre Stellenanzeige mit einer Google-Werbeanzeige bewerben. Dabei können Anbieter wie persomatch.de oder talentbait.de helfen. In das Google Jobs-Fenster direkt unterhalb der Werbeanzeigen gelangen Sie, indem Sie es Google so einfach wie möglich machen, Ihre Stellenanzeigen für Ausbildungsplätze zu finden. Und das geht so (SRY, jetzt wird es etwas technisch):

1. Formulieren Sie Ihre Ausbildungsplatzbeschreibungen überhaupt erstmal wie echte, strukturierte Stellenanzeigen. Viele Unternehmen im Sozial- und Gesundheitswesen tun das gar nicht. Sie beschränken sich auf Informationsseiten rund um die Ausbildung, veröffentlichen aber keine Stellenanzeigen für Ausbildungsplätze. Von Google Jobs können Sie so nicht gefunden werden.

2. Machen Sie unbedingt Angaben in den drei Bereichen Aufgaben, Anforderungen/Voraussetzungen und Benefits/Arbeitgebervorteile. Pluspunkte gibt Google auch für die Nennung des konkreten Gehalts in Zahlen und der Beschäftigungsart (Vollzeit, Teilzeit, befristet, unbefristet – auch bei Ausbildungsplätzen). Halten Sie Ihre Stellenanzeigen so aktuell wie möglich (veraltete Ausschreibungen löschen, Bewerbungsfristen aktualisieren), sorgen Sie für sprechende URLs sowie eine eigene URL für jede einzelne Anzeige (keine Sammelseiten mit mehreren Anzeigen). Eine sprechende URL sieht zum Beispiel so aus: unternehmen-xy.de/stellenboerse/ausbildungsplatz-erzieher statt so: unternehmen-xy.de/jobangebot-12345

3. Veröffentlichen Sie Ihre Stellenanzeigen für Ausbildungsplätze idealerweise in einem Bewerbermanagementsystem oder auf einer Stellenbörse, die bereits an Google Jobs angebunden ist.

4. Alternativ können Sie Ihre Webagentur bitten, die Anbindung an Google Jobs für die Stellenanzeigen auf Ihrer Webseite zu übernehmen. Dazu müssen strukturierte JobPosting-Daten (nach den Struktur-Vorgaben von Google) auf die Detailseiten der einzelnen Stellenanzeigen integriert werden. Es handelt sich um einen Block mit sogenannten JSON-Daten, der von Google ausgewertet und von normalen Browsern ignoriert wird.

5. Nicht zwingend notwendig, aber hilfreich ist es, wenn die unternehmenseigene Stellenbörse die Indexing API von Google anspricht, um den Google Bot auf neue Stellenanzeigen auf-

merksam zu machen. Auch das kann Ihre Webagentur für Sie einrichten. Ein Test auf dem Diakonie Karriereportal ergab, nachdem die technischen Voraussetzungen geschaffen waren: Neue Anzeige um 9.14 Uhr eingestellt, um 9.19 Uhr bekam die Anzeige Besuch vom Google Crawling Bot, um 10.45 Uhr war die Anzeige im Google Jobs-Fenster zu sehen.

Das Stellenanzeigen-Design spielt bei Google Jobs übrigens keine Rolle. Es wird nur der Text extrahiert. Wenn Ihre Anzeige in mehreren Kanälen wortgleich auftaucht, führt Google sie zu einer einzigen Anzeige zusammen.

Unterhalb des Google Jobs-Fensters ist nur noch wenig Platz, um als sogenanntes „organisches" (also normales, unbezahltes) Suchergebnis auf der ersten Seite angezeigt zu werden. Wenn Sie es trotzdem versuchen möchten, dorthin zu gelangen, sollten Sie sich mit dem Thema Suchmaschinenoptimierung auseinandersetzen. Das bedeutet, dass Sie Ihre Webseite technisch und inhaltlich so gestalten, dass Google sie leicht finden kann. Die Einzelheiten zur Suchmaschinenoptimierung würden hier zu weit führen. Kurz gesagt geht es um leicht lesbare Texte, die die wichtigsten Suchwörter, nach denen gegoogelt wird, wiederholt enthalten. Fachchinesisch wird ebenso abgestraft wie Bandwurmsätze. Der Versuch vieler Sozial- und Pflegeeinrichtungen, auf ihren Webseiten das Ausbildungscurriculum hochkorrekt und vollständig bis ins Detail zu beschreiben, führt in die völlig falsche Richtung. Suchmaschinenoptimierung bedeutet, nicht mehr absenderorientiert zu denken (Was wollen wir der Welt mitteilen?), sondern nutzerorientiert (Welche Informationen brauchen Bewerber, um sich für uns zu entscheiden?). Auch wenn die Bewerber aus Ihrer Sicht vielleicht die falschen Aspekte in den Fokus rücken.

Soziale Netzwerke: Lieber Facebook oder Instagram für die Nachwuchsgewinnung?

Bei der Generation Y waren sie der letzte Schrei, die Generation Z darüber zu erreichen, gelingt nur noch bedingt: Der Umgang mit sozialen Netzwerken im Azubi-Marketing ist schwieriger geworden. Denn inmitten der engagierten bis verzweifelten Versuche von Arbeitgebern, auf sich aufmerksam zu machen, hat der Nachwuchs gelernt, mit der Reizüberflutung umzugehen. Er kennt jeden Trick und jede Einstellung, mit der man (Arbeitgeber-)Werbung in sozialen Netzwerken ausblendet, überspringt oder einfach ignoriert. Es kommt noch schlimmer: Die jungen Leute ziehen sich lieber wieder in geschlossene digitale Bereiche (1:1-Chats oder Gruppenchats) zurück, in denen sie unter sich sind, als wie die Generation Y in sozialen Netzwerken ihr Privatleben öffentlich auszuleben und ihre Kontakte jedem zugänglich zu machen. Eigentlich eine gesunde Entwicklung. Doch wo sollen wir als Arbeitgeber unsere Personalmarketing-Botschaften platzieren, wenn wir in den „Inner Circle" des Nachwuchses gar nicht hineinkommen? Empfehlungsmarketing ist hier die Lösung: Gewinnen Sie das Vertrauen einzelner Personen und bringen Sie sie dann durch Mitmachaktionen dazu, Ihre Arbeitgebermarke in den privaten Netzwerken zu teilen. Empfehlungsmarketing funktioniert am besten überall dort, wo gechattet, geliked, geteilt, bewertet und kommentiert wird.

Von den klassischen sozialen Netzwerken ist für die Generation Z nur Instagram noch interessant. Facebook gilt als elternverseucht und wird allenfalls benutzt, um sich bei Instagram oder in der Singlebörsen-App Tinder anzumelden (50 Prozent der Tinder-Nutzer sind laut Aussagen von Europachef Lennart Schirmer in *Der Spiegel 38/2019* zwischen 18 und 25 Jahre alt, also Generation Z!). Dennoch gehört Facebook als größtes soziales Netzwerk mit 2,37 Milliarden monatlichen Nutzern weltweit (Stand April 2019) ins Personalmarketing-Portfolio eines jeden Unternehmens – nur eben nicht als Hauptkanal für die Generation Z.

Instagram dagegen (das 2012 von Facebook gekauft wurde) ist beim Nachwuchs weit verbreitet (im Januar 2019 weltweit 1 Milliarde monatliche Nutzer). Selbst Sportvereine bauen dort inzwischen Communities ihrer Jugendmannschaften auf und posten Bilder von Spielen, Siegen und Pokalen – nicht immer mit dem Einverständnis der Erziehungsberechtigten der jungen Spieler. Aber auch für Arbeitgeber ist Instagram interessant. Die *Wirtschaftswoche* zitiert Claudia Leischner von der Werbeagentur gyro in einem Artikel aus dem April 2019 (https://bit.ly/2ZtgCUX): „85 Prozent meiner neuen Mitarbeiter – also 17 von 20 Neueinstellungen – kamen in den vergangenen zwei Jahren über Instagram zu uns."

Instagram ist ein Online-Dienst, auf dem man quadratische Bilder, Videos und sogenannte Stories (Bild- und Videoserien) posten kann. Zuvor werden die Inhalte mit Filtern optisch perfektioniert. Auf Instagram sind – im Gegensatz zu Facebook oder Snapchat – Hochglanzbilder, Detailaufnahmen und perfekte Momente statt Schnappschüssen gefragt. Das ist ein Alleinstellungsmerkmal, das viele Unternehmen, die dort unterwegs sind, leider übersehen.

Damit sich die Inhalte bei Instagram verbreiten, müssen sie mit sogenannten Hashtags markiert werden. Ein Hashtag sieht wie folgt aus: #karriere, #sozialeberufe, #ausbildung oder #pflegeausbildung. Lassen Sie sich nicht davon verwirren, dass es manche Instagramer mit den Hashtags übertreiben. Maximal zehn pro Foto sind absolut ausreichend. Verwenden Sie beliebte Hashtags und versuchen Sie zusätzlich, einen eigenen Hashtag zu etablieren, der von anderen aufgegriffen wird, um eine größtmögliche Verbreitung zu erzielen. Die Techniker Krankenkasse versucht es beispielsweise mit #insideTK, der Versandhändler Otto mit #ottojobs, die Diakonie mit #sozialeberufe.

Beispiele für guten Instagram-Content eines Arbeitgebers

- Professionelle Fotos von Mitarbeitenden, gerne in einem ganz eigenen, wiedererkennbaren Stil aufgenommen. Dazu Name, Alter, Beruf und ein kurzes, authentisches Zitat des Mitarbeitenden.
- Infografiken mit schlichten Botschaften, veranschaulichenden Icons und einem wiedererkennbaren Stil.
- Mini-Videos mit ganz kurzen Mitarbeiter-Statements, Bewerbungstipps, Outtakes aus Ihrem Employer Branding-Film oder lustigen Szenen aus dem Arbeitsalltag.
- Detailfotos aus der Arbeitswelt in Ihrem Unternehmen, die zum Raten animieren: z. B. Spritze, Fieberthermometer, pädagogische Spielmaterialien in extremer Nahaufnahme.

- Influencer Takeover: Auszubildende oder Profi-Influencer „kapern" Ihren Kanal und bedienen ihn einen Tag lang mit frischem Content.
- Instagram Stories (Bild- und Videoserien)
- Hashtag Wall: Bei einer Veranstaltung regen Sie die Besucher dazu an, Instagram-Posts mit einem bestimmten Hashtag abzusetzen. Das gelingt besonders gut, wenn die Posts an einem Gewinnspiel teilnehmen. Die Hashtag Wall filtert alle Instagram Posts zu dem Hashtag heraus und zeigt sie auf einem digitalen Bildschirm an. So können die Besucher sie vor Ort im Großformat bewundern.
- Bezahlte Instagram-Werbeanzeigen. Der Vorteil: Hier können Sie – im Gegensatz zum normalen Instagram-Post – eine Verlinkung setzen. Foto-, Video-, Karussell/Galerie-Anzeigen mit mehreren Bildern sind möglich. Sie werden über den Facebook Werbeanzeigenmanager oder direkt in der Instagram App erstellt.

Abbildung: Post auf instagram.com/sozialeberufe: Auf hochwertige Fotos achten. © Christof Holte, Yevgeniy Kucherskyy (dein-werk.com)

Ein Tipp von Praktikant Justus (16): Macht Werbung in den sozialen Netzwerken!

2

„Macht Werbung auf Instagram, Facebook und YouTube und spielt dabei mit den Träumen der Jugendlichen! Mir wird digital viel Werbung für Ausbildungs- und Studienplätze angezeigt. Ich finde Anzeigen besser, in denen es heißt: ‚Führungskraft in einem Börsenunternehmen? Dein Studium zum Unternehmensmanager!' anstatt einfach nur ‚Freie Studienplätze für den Bachelor Unternehmensmanagement'."

Verlieren Sie nie das Ziel Ihres Instagram-Kanals aus den Augen, nämlich die Nutzer zu Bewerbern zu machen und sie auf Ihr Karriereportal zu lenken. Das ist mit einem normalen Profil nicht so leicht, denn Instagram lässt in den Posts keine klickbaren Verlinkungen zu. Wenn Sie also die Internetadresse (URL) Ihres Karriereportals www.unternehmen-xy-karriere.de eingeben, ist diese zwar lesbar, aber nicht klickbar. Der Nutzer muss sie kopieren und in den Browser einsetzen, um sie öffnen zu können. Das ist besonders am Smartphone umständlich.

Trotzdem können und sollten Sie mit Links arbeiten, denn eine fröhliche Instagram-Community nützt Ihnen nichts, wenn Sie keine Konversionen erzielen, also keine Weiterleitung der Interessenten auf Ihr Karriereportal, wo die jungen Leute sich dann bewerben können. Damit der Link zu Ihrer Webseite erinnert wird, muss er sehr kurz und einprägsam sein (Beispiel: unternehmen-xy.de/ausbildung) oder eigens für die Instagram-Anwendung angelegt werden (Beispiel: soziale-berufe.com).

Zusätzlich hat sich bei Instagram der „Link in Bio"-Hinweis etabliert: Sie setzen einen längeren Link in den Post, zum Beispiel unternehmen-xy.de/mitarbeitergeschichten/lisa-22-erzieher-auszubildende. Davor schreiben Sie „Link in Bio" oder „Biolink". Dadurch weiß der Leser, dass er den Link noch einmal in anklickbarer Form auf Ihrer Profilstartseite findet. Sie müssen dazu noch auf Ihr Profil klicken (kleines Männchen-Symbol unten rechts, dann oben auf „Profil bearbeiten") und unter „Website" den Link zu Ihrer Mitarbeitergeschichte einsetzen. Natürlich kann an dieser Stelle immer nur ein Link angezeigt werden, nämlich der aus dem neuesten Post. Wenn Sie am nächsten Tag eine andere Geschichte veröffentlichen möchten, wird der Link von gestern mit dem neuen Link überschrieben. Sie können mit dieser Vorgehensweise sogar eine Stellenanzeige bei Instagram posten und verlinken. Das lohnt sich aber nur, wenn Sie eine Supergrafik dazu haben, die visuell etwas hermacht und die Neugier weckt.

Abbildung: Post auf instagram.com/sozialeberufe: Mit aufmerksamkeitsstarken Grafiken arbeiten, © Diakonie/A & B One Digital

Nicht zuletzt sollten Sie daran denken, mit Ihrer Instagram-Community in Kontakt zu treten. Beantworten Sie Kommentare – auch positive und solche, zu denen es eigentlich gar nichts zu sagen gibt. Abonnieren Sie die Kanäle Ihrer Fans, liken Sie deren Beiträge. Kurz: Haben Sie Spaß mit Instagram, denn wenn Sie den nicht haben, merken die jungen Leute das ganz schnell und verlieren die Lust, dort mit Ihnen zu interagieren.

Ein Tipp von Praktikant Frederik (14): Arbeitgeber in sozialen Netzwerken sind cool!

„Ich nutze Instagram, WhatsApp und YouTube. Twitter, Facebook und Snapchat nutze ich nicht. Ich poste selbst nicht viel, aber schaue, was die anderen machen. Bei Instagram wurde mir neulich eine Story der Bundesagentur für Arbeit angezeigt, aber ich habe nicht draufgeklickt. Anzeigen bei Instagram finde ich interessant und lese sie auch kurz, aber es stört mich, wenn zu häufig Werbung kommt. Ich finde es aber grundsätzlich cool, wenn Arbeitgeber in sozialen Netzwerken präsent sind. Das würde mich durchaus dazu bringen, mir die Firmenwebseite mal anzusehen."

Allerdings: Auch die Nutzer von Instagram werden tendenziell immer älter. Während der Altersdurchschnitt im Jahr 2017 bei 27 Jahren lag, waren es 2018 schon 29 Jahre. „Es ist somit nur eine Frage der Zeit, bis Instagram ‚uncool' wird und die nächste Generation sich eine neue Plattform sucht, um sich vom alten Schlag zu emanzipieren. Facebook lässt grüßen!", schreibt die Online-Marketing-Agentur crowdmedia in ihrem Blog. Diese Einschätzung teile ich, zumal die Werbeeinblendungen seit 2019 auf Instagram sehr stark zunehmen und uns Nutzern so langsam den Spaß verderben. Aber noch ist es nicht soweit. Kein Grund, die Entwicklung auszusitzen. Das größte Wachstum verzeichnete bei Instagram im Jahr 2018 die Altersgruppe der 20- bis 24-Jährigen (also die Gruppe der Berufseinsteiger) mit 23 Prozent. Die drittstärkste Kraft bei Instagram bildeten die 13- bis 19-Jährigen (also Schüler in der Berufsorientierungsphase) mit 16 Prozent Wachstum – für das Azubi-Marketing also hochinteressant. Natürlich sollten Sie die Trends beobachten und rechtzeitig neue Plattformen ins Auge fassen, bevor Instagram passé ist.

Chatten, bis der Arzt kommt: Messenger-Dienste von WhatsApp bis Snapchat im Azubi-Marketing

Seit einigen Jahren schon haben die Messenger-Dienste wie Snapchat, WhatsApp, Facebook Messenger, WeChat, Line, Threema, Telegram, Viber oder Smoope die sozialen Netzwerke als Trend abgelöst und beherrschen das Kommunikationsverhalten der digitalen Gesellschaft. Mit 1,5 Milliarden monatlichen Nutzern weltweit im Januar 2018 steht WhatsApp auf Platz zwei der meistgenutzten Online-Dienste direkt hinter Facebook. Es gehört – genau wie Instagram – zu Mark Zuckerbergs Konzern dazu. Viele Unternehmen haben seit 2015 WhatsApp für die Kunden- bzw. Bewerberkommunikation entdeckt. Von der WhatsApp-Karriereberatung der Diakonie Deutschland (1:1-Chat) über den WhatsApp-Azubi-Chat bei Daimler bis hin zur „WhatsApp Academy" beim Klinikum Dortmund (beides Gruppenchats), sind verschiedenste Anwendungsfälle bekannt. Während das Klinikum Dortmund in seine Schüler-WhatsApp-Gruppe in größeren Abständen Einladungen zur Blutspende oder Bewerbungsfristen für den Freiwilligendienst schickt, wird in der WhatsApp-Karriereberatung der Diakonie Deutschland nur zwischen zwei Personen, Bewerber und Beraterin (mir), hin- und hergeschrieben. Distanziert-förmliche Kommunikation gibt es dabei nicht. „Hey Leute, ich hab mal eine Frage!", beginnen die Bewerber ihre Nachrichten, und das ist auch völlig okay so. Ich lege keinen Wert auf „Sehr geehrte Damen und Herren".

In der Generation Z ist WhatsApp kein „Trendkanal", sondern ein absolutes Alltagswerkzeug. Vom Familienchat mit den Eltern, der eher nervt, über den Klassenchat, in dem Hausaufgaben besprochen und Nachmittagsverabredungen getroffen werden, bis zum Handballchat, wo der Trainer den Turnierplan versendet, ist der Messenger nicht wegzudenken. Selbst manche Lehrerinnen und Hochschulprofessoren haben es aufgegeben, die Schüler und Studenten mit kopierten Zetteln zu informieren, sondern schreiben WhatsApp-Nachrichten in ihren Kursgruppen.

Es gibt Alternativen zu WhatsApp, die mehr Datensicherheit versprechen: Der Schweizer Messenger-Dienst Threema versandte Nachrichten schon vor WhatsApp „Ende-zu-Ende-verschlüsselt",

der Anbieter Smoope aus Stuttgart bietet mit der Datenschutz-Grundverordnung konformes Messaging, das auf deutschen Servern gehostet wird. Diese Alternativen sind eine Überlegung wert, jedoch ist es nach meinen eigenen Erfahrungen mit einer halbjährigen Testphase mit Smoope (https://bit.ly/2LEYPpZ) gerade bei der jungen Generation schwierig, sie mit dem Argument der Datensicherheit zu einer für sie unbequemeren Lösung (eine neue App herunterladen, die die Freunde nicht benutzen) zu über-
2 reden. Wie auch immer Sie sich entscheiden: Einen Messenger-Kanal sollten Sie mit Blick auf die Generation Z definitiv bedienen.

Best Cases – Erste Versuche mit WhatsApp Business der Diakonie Leipzig

„Es kommt viel Herzlichkeit zurück"

Viele Jahre lang war WhatsApp ein werbefreier Raum und Unternehmen hatten dort eigentlich nichts zu suchen, auch wenn sie es trotzdem zahlreich für den 1:1-Kontakt mit Kunden oder Bewerbern genutzt haben. Andere Messenger-Dienste wie WeChat, das chinesische WhatsApp-Pendant, bieten dagegen schon lange Unternehmensprofile und andere Funktionen, zum Beispiel kann man damit auch bezahlen. Seit Anfang 2018 gibt es WhatsApp Business in Deutschland. Das ist eine separate App für Unternehmen mit einigen Zusatzfunktionen, zum Beispiel einer Statistikfunktion. Die Diakonie Leipzig hat WhatsApp Business für die Nachwuchs- und Bewerberkommunikation eingeführt, Personalreferentin Andrea Zander berichtet.

Warum hat sich die Diakonie Leipzig entschieden, WhatsApp Business einzusetzen?

WhatsApp hat weltweit anderthalb Milliarden Nutzer, ich selbst nutze es auch. Nachdem die Diakonie Deutschland so gute Erfahrungen damit gemacht hat, wollten wir es auch ausprobieren und damit einen schnellen und effizienten Kontakt zu unseren Bewerbern aufbauen. WhatsApp Business bzw. der Non-Profit-Account, den wir nutzen, ist (noch) kostenlos und hat tolle Funktionen, zum Beispiel automatische Begrüßungsnachrichten (innerhalb der Geschäftszeiten) und Abwesenheitsnachrichten (außerhalb der Geschäftszeiten), vorformulierte Standardantworten für häufige Fragen und ein Unternehmensprofil.

Wie haben Sie die Betreuung des WhatsApp Business-Kanals organisiert?

Bis wir mit unserer IT und den Datenschützern einen gangbaren Weg gefunden hatten, hat es viel Kraft gekostet. Aber jetzt sind wir soweit, seit Juli 2018 ist der WhatsApp Business-Kanal der Diakonie Leipzig online. Insgesamt sind wir drei Kolleginnen, die den Kanal betreuen. Als Geschäftszeiten haben wir 8 bis 15 Uhr an Werktagen hinterlegt. Wir haben uns vorgenommen, innerhalb von 24 Stunden auf Anfragen zu antworten, außer am Wochenende. Unsere IT hat dafür ein Tablet mit einer Tastatur angeschafft, auf dem wirklich nur WhatsApp läuft. Das kommt dem Datenschutz zugute und ist auch praktischer in der Bedienung als ein Smartphone. Die Anschaffungskosten von 180 Euro waren überschaubar. Werbung für den Kanal machen wir in unserem Karriereportal nach dem Motto „In drei Schritten zu deiner neuen Stelle“: WhatsApp öffnen, lostexten, bewerben. Wobei man sagen muss, dass wir keine Bewerbungsunterlagen über WhatsApp entgegennehmen.

Wie sind Ihre ersten Erfahrungen mit WhatsApp Business?

Es bringt definitiv einen Imagegewinn und gibt sehr positive Rückmeldungen. Und es macht Spaß, wenn die Kollegen sagen: „Ach, die Andrea sitzt wieder an ihrem Tablet, die macht wieder WhatsApp!“ Es bringt eine andere Sicht auf die eigenen Bewerber, man lernt sie persönlicher kennen. Man fragt sich aber auch: Wieso haben die jetzt Zeit zu schreiben? Sie sind eigentlich immer und sofort online, wenn man ihnen antwortet. Ich muss mich in der Kommunikation umstellen, weil Nachrichten lockerer formuliert sind als E-Mails oder Bewerbungsanschreiben. Neulich schrieb jemand „Klopf, klopf!“ Ich antwortete: „Herein!“ Manche entschuldigen sich: „Sie haben sicher kaum Zeit, ich mach's kurz.“ Darauf antworte ich: „Ich nehme mir gerne die Zeit für Sie.“

Zugegeben, ich war anfangs nervos, wie viel Arbeit da auf mich zukommen würde. Aber im Moment kommt etwa alle drei Tage eine Nachricht, das ist gut machbar. Ich bin positiv überrascht, wie viel Herzlichkeit man von den Bewerbern zurückbekommt! Es sind viele Menschen mit einem Interesse am Quereinstieg dabei, die völlig überqualifiziert sind. Ich könnte sie ohne Ausbildung nur als Hilfskräfte einstellen, aber das wage ich kaum, ihnen anzubieten, wenn sie vorher einen anderen Beruf studiert haben. Ich verweise dann auf die Möglichkeit eines Ehrenamts. Vom Alter her ist alles dabei, junge Nachwuchskräfte bis zu Mitte 50-Jährige, die den Beruf wechseln wollen. WhatsApp ist ein Querschnittsthema in der Gesellschaft und ein inklusiver Weg, den alle gehen können. Die Fragen reichen vom Quereinstieg über Stellengesuche als Pflegefach- und Pflegehilfskräfte bis zur Ausbildung, gerade auch berufsbegleitend, und zum Ehrenamt. Wir haben Personen, die sich nach einem Praktikum oder unserer „Locker Mittendrin Tour“ [Einrichtungsbesuche zur Berufsorientierung für Schüler] erkundigen.

Wie werden aus WhatsApp-Kontakten Bewerbungen?

Wenn einige Nachrichten hin und her gegangen sind, frage ich, ob ich den Chat jetzt exportieren und über einen datenschutzsichereren Kanal an die passenden Einrichtungen schicken darf, die vielleicht eine Stelle anbieten könnten. Den Einrichtungen empfehle ich, den Interessenten dann nicht erst zu schreiben, sie sollen eine klassische Bewerbung schicken, sondern sie gleich zum Vorstellungsgespräch einzuladen und aufzufordern, die Unterlagen dann mitzubringen. Ich möchte erstmal, dass der Bewerber überhaupt in unser Haus kommt. Das sehen noch nicht alle Kollegen so, manche halten sich am Papier fest oder mögen keine Bewerber mit vielen Wechseln im Lebenslauf. Aber ich sage immer: Da gibt es so viele Gründe für, vielleicht ist der vorherige Arbeitgeber insolvent gegangen oder es hat im Team nicht gepasst. Vielleicht bleibt er ja bei uns für immer!

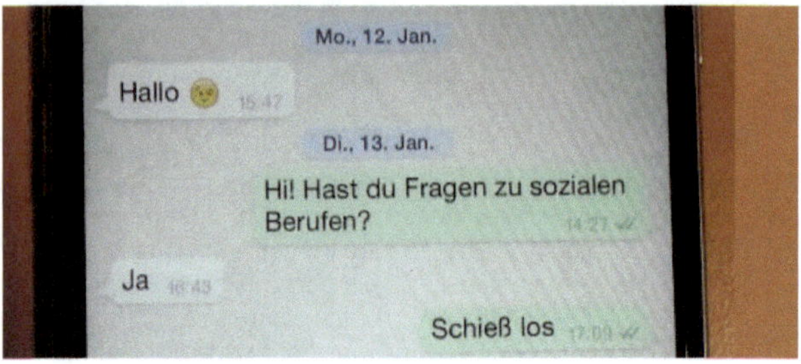

Abbildung: WhatsApp-Chat aus der Karriereberatung der Diakonie Deutschland, © Diakonie Deutschland

Wenn Sie WhatsApp oder andere Messenger für die Nachwuchskommunikation nutzen möchten, sollten Sie bestimmte Tipps und Tricks beherzigen. So berichten manche Unternehmen in meinen Seminaren, dass sie WhatsApp-Nachrichten an junge Leute immer in der Zeit der großen Hofpausen in der Schule beantworten. So ist die Chance groß, dass die Nachrichten sofort gelesen werden und vielleicht ja sogar Neugier bei den Freunden entsteht: „Mit wem schreibst du denn da?" – „Mit Unternehmen xy, die haben mir einen Ausbildungsplatz angeboten." – „Über WhatsApp? Mega! Kannst du mir den Kontakt mal schicken?"

Tipps für die Nachwuchskommunikation per WhatsApp

- **FAQs als Basis:** Sammeln Sie Bewerberfragen, die häufig bei Ihnen eingehen, und beantworten Sie diese gut sortiert und untergliedert auf Ihrer Webseite oder in Ihrem Karriereblog. Um sich bei WhatsApp nicht „die Finger wund zu tippen", ist es hilfreich, immer sofort auf eine Webseite verlinken zu können, auf der die Antwort zu finden ist. Das hilft aber nur, wenn die Informationen auf der Webseite sauber aufbereitet sind und die Nutzer ihre Antworten auf den ersten Blick finden. Wer Bewerber auf unübersichtliche Webseiten mit schlecht aufbereiteten Informationen weiterleitet, die womöglich auch noch nicht mobil optimiert sind, erntet Rückfragen ohne Ende und macht sich das Leben schwerer statt einfacher.

- **Bearbeitungszeiten ohne Burnout-Risiko:** Lassen Sie die WhatsApp-Nachwuchskommunikation über ein Gerät laufen, das ausschließlich diesen Zweck hat. So können Sie es im Urlaubsfall an Kollegen weitergeben oder auch einmal ausschalten. Dass Sie WhatsApp-Berufsberatung anbieten, ist schon toll genug – niemand kann von Ihnen verlangen, dass Sie rund um die Uhr verfügbar sind und antworten! Wenn eine Anfrage außerhalb der Arbeitszeiten von 8 bis 18 Uhr eingeht, was häufig passiert, antworten Sie nicht sofort, sondern erst am nächsten Werktag. Entschuldigen Sie sich nicht dafür. Ich habe noch nie eine negative Reaktion auf dieses Vorgehen bekommen – im Gegenteil. Spätestens am nächsten Werktag sollten Sie aber antworten. Und wenn Sie antworten, sollten Sie sicherstellen, dass Sie in den nächsten ein, zwei Stunden auch für Rückfragen erreichbar sind. Nichts ist so frustrierend wie ein WhatsApp-Chat, bei dem zwischen den Antworten der beiden Parteien immer wieder Stunden oder Tage liegen.
- **WhatsApp-Berufsberatung in den Arbeitsalltag integrieren:** Antworten Sie nicht auf jede eingehende WhatsApp-Anfrage sofort, wenn sie eingeht – sonst werden Sie ständig in Ihren anderen Aufgaben unterbrochen und bekommen gar nichts mehr geschafft. Richten Sie sich stattdessen ein- bis zweimal am Tag ein Zeitfenster für die WhatsApp-Kommunikation ein.

  Mit Ihrem WhatsApp-Kontakt veröffentlichen Sie letztendlich Ihre Telefonnummer. Es kann passieren, dass Bewerber anrufen. Wenn Sie Zeit haben, ist es natürlich super, wenn Sie in diesem Fall eine telefonische Beratung anbieten können. Wenn Sie jedoch eine telefonische Beratung nicht leisten können, bleiben Sie konsequent. Gehen Sie nicht ans Telefon, oder – falls aus Versehen doch geschehen – bitten Sie um Verständnis dafür, dass Sie zahlreiche

WhatsApp-Nachrichten abzuarbeiten haben und dies der Fairness halber der Reihe nach tun möchten. Darum möchte der Anrufer sein Anliegen bitte per WhatsApp schreiben.

- **Aus dem Erstkontakt eine Bindung machen:** Die WhatsApp-Berufsberatung ist ein Kanal für den Erstkontakt. Ihre Aufgabe ist es, aus einem WhatsApp-Kontakt einen Azubi zu machen! Dazu ist es wichtig, nicht einfach nur nach dem Motto „Bloß schnell abarbeiten" irgendeine Antwort zu geben, sondern in jeder Antwort einen nächsten Schritt vorzuschlagen, der den Interessenten enger an Ihr Unternehmen bindet: „Magst du mir deine Mailadresse geben, dann kann ich dir den Link zu einem Video mit unseren Azubis schicken?", „Schau doch mal auf unserer Webseite nach freien Ausbildungsplätzen." Unter anderem aus Datenschutzgründen sollten Sie versuchen, den Interessenten nach dem Austausch einiger Chat-Nachrichten auf einen anderen Kanal zu verlagern: „Du schreibst so viel über deinen persönlichen Lebenslauf – sollten wir das aus Datenschutzgründen nicht lieber in einem anderen Kanal besprechen?", „Du bist doch schon recht weit in deinen Überlegungen zur Berufswahl, magst du nicht zu unserem nächsten Bewerber-Infotag vorbeikommen?"

- **Antworten Sie kurz:** Niemand möchte über WhatsApp Romane lesen.

- **Antworten Sie locker:** WhatsApp ist eine Chat-App für Freunde. Behördensprache und Nominalstil passen überhaupt nicht zu diesem Kanal und führen den Versuch, durch die Nutzung des Messenger-Dienstes modern zu erscheinen, ad absurdum. Hin und wieder (nicht inflationär) können Sie aus diesem Grund auch einmal einen Smiley versenden. Ich duze grundsätzlich alle Bewerber, die sich über WhatsApp melden. Versuchen Sie erst gar nicht, alle Nachrichten in der korrekten Rechtschreibung und Grammatik zu beantworten – dann dauert es nur noch viel länger. Schreiben Sie genau so, wie Sie auch Freunden schreiben würden, und sei es ohne Kommata oder ohne Großbuchstaben.

- **Antworten Sie persönlich mit Ihrem Namen:** Der Bewerber hat Ihre WhatsApp-Beratungsnummer vielleicht irgendwo gelesen oder von irgendjemandem weitergegeben bekommen und schreibt in ein „schwarzes Loch" hinein, ohne zu wissen, wem er dort begegnen wird. Schreiben Sie darum entweder gleich am Anfang so etwas wie: „Hallo Luca, hier ist Maja von der Berufsberatung der Diakonie" und beantworten dann die Frage. Oder schreiben Sie am Ende „Viel Erfolg bei der Ausbildungsplatzsuche wünscht Maja vom Diakonie-WhatsApp-Team". Wenn der Bewerber seinen Namen nennt, sprechen Sie ihn mit seinem Namen an.

- **Nutzen Sie die Audio-Funktion:** Klicken Sie dazu auf das Mikrofon-Symbol und tippen Ihre Antwort nicht, sondern sprechen sie ein. Das geht schneller und gerade junge Menschen sind diese Art der Kommunikation (das Hin- und Herschicken von kurzen Audio-Nachrichten) gewohnt.

- **Nutzen Sie die Kopier-Funktion:** Formulieren Sie Antworten auf Fragen, die häufig gestellt werden, so, dass Sie bei der nächsten Anfrage die Nachricht nur noch zu kopieren brauchen. Aber: Achten Sie unbedingt darauf, den Namen des Bewerbers auszutauschen!

- **Bewerber in Not- und Krisensituationen:** Gelegentlich kommt es vor, dass sich bei der WhatsApp-Berufsberatung ein Bewerber meldet, der in einer Lebenskrise steckt. Vielleicht wird er in seiner derzeitigen Ausbildungsstätte gemobbt oder sexuell belästigt, ist mit seiner Berufswahl zutiefst unglücklich oder hatte ein traumatisches Erlebnis im Praxiseinsatz. Handeln Sie verantwortlich. Halten Sie einen psychologische Notrufkontakt parat (z. B. die Nummer gegen Kummer, das Kinder- und Jugendtelefon unter nummergegenkummer.de, 116111) und bitten Sie den Jugendlichen, sich schnellstmöglich dort zu melden.

- **Auswerten und lernen:** Werten Sie die Bewerberanfragen, die über WhatsApp eingehen, regelmäßig aus und lernen Sie daraus: Welche Fragen werden gestellt? Haben Sie diese auf Ihrer Webseite noch nicht oder zu versteckt beantwortet? Oder haben Sie die Zusammenhänge nicht einfach genug erklärt?

Die Kommunikation mit einem Unternehmen über digitale Kanäle erzeugt Nähe und Vertrautheit. Mein Sohn (12) schrieb neulich den Discounter Aldi über Instagram an. Wer denn dort für die Social Media-Kommunikation zuständig sei, fragte er neugierig. Und war total begeistert, als sich tatsächlich jemand bei ihm zurückmeldete. Eine Kollegin von mir beschwerte sich per Twitter über einen überheizten Bus. Die Social Media-Manager der Berliner Verkehrsbetriebe schrieben sofort zurück – humorvoll und sympathisch, anstatt sich zu rechtfertigen: „Du hast den Saunabus erwischt. Ganz neu bei uns im Angebot!" Die Zeit der anonymen Callcenter und Beschwerdestellen ist definitiv vorbei.

Wenden wir uns nun einem Messenger zu, den manche schon abgeschrieben hatten, da er im Jahr 2018 kontinuierlich Nutzer verlor, der jedoch im 1. Quartal 2019 wieder einen Anstieg der Zahlen auf 190 Millionen täglich aktive Nutzer erlebte: Snapchat. Deswegen interessant, weil von der Zielgruppe her sehr jung. Wenn es um die Generation Z geht, darf der Kanal also nicht fehlen. Wir lassen ihn uns von einem der ersten Unternehmen erklären, die ihn in Deutschland im Arbeitgebermarketing einsetzen, nämlich der Techniker Krankenkasse.

Best Cases – Personalmarketing und Bewerberkommunikation mit Snapchat: „Schneller, ehrlicher, ungefilterter, unpolierter"

Im Jahr 2019 macht es den Eindruck, als hätten immer mehr Arbeitgeber Instagram und WhatsApp auf dem Schirm, doch um Snapchat ist es in der HR-Welt nach einem kleinen Hype im Jahr 2016 wieder stiller geworden. Bekannt sind einige wenige Karriere-Accounts von Rewe, comdirect, Sixt, der Polizei Berlin und der Techniker Krankenkasse. Die Zurückhaltung mag mit den Nutzerzahlen zusammenhängen, die bei Snapchat hinter Instagram und WhatsApp zurückliegen. Doch beim Personalmarketing ist es nicht unbedingt sinnvoll, das soziale Netzwerk mit den meisten Nutzern zu wählen, das gleichzeitig auch die größten Streuverluste hat.

Gesucht werden passende Nutzer, der Kanal für genau die Zielgruppe, die man ansprechen möchte. Für den Anwendungsfall der Generation Z ist Snapchat (online seit 2011) daher eine ernstzunehmende Alternative. 72 Prozent der deutschen Nutzer sind unter 24 Jahre alt (Stand: 1. Quartal 2019), berichtet futurebiz.de, der Digital Marketing-Blog der Berliner Unternehmensberatung Brandpunkt, unter Berufung auf den Snapchat-Quartalsbericht. Woran das liegt? Sicher an den vielen spielerischen Funktionen, die weit über das Angebot an Fotofiltern bei Instagram hinausgehen: Bei Snapchat können Bilder und Videos mit Stickern, Rahmen oder Animationen (z. B. süße Tierohren auf Menschenköpfen) verziert werden. Dadurch, dass die sogenannten Snaps nur kurze Zeit sichtbar sind und dann automatisch gelöscht werden, haben junge Leute das Gefühl, auch in der digitalen Welt „Geheimnisse" haben oder etwas Exklusivem beiwohnen zu können.

Abbildung: Snapcode der Techniker Krankenkasse, © Techniker Krankenkasse

Snapchat gehört von der zugrundeliegenden Technik her zu den Messenger-Diensten (wie WhatsApp) und nicht zu den sozialen Netzwerken (wie Instagram). Denn die Kontaktaufnahme funktioniert nicht über öffentliche Profile, sondern über Telefonnummern, die man im Smartphone gespeichert hat, oder über einen sogenannten Snapcode. Dennoch ähnelt es Instagram insofern, als dass beim Öffnen der App prominent eine Kamera zur Verfügung steht, mit der man Fotos und kurze Videos aufnehmen kann. Während für Instagram eine Desktop-Version zur Verfügung steht, mit der man sich Profile und ihre Fotos und Videos auf dem

Schreibtisch-PC oder Laptop zumindest ansehen, wenn auch nichts posten kann, funktioniert Snapchat ausschließlich in der App.

Authentische Bewerberkommunikation mit Snapchat

Die Techniker Krankenkasse ist einer der Vorreiter im Ausbildungsmarketing auf diesem Kanal. Betreut werden Personalmarketing und Bewerberkommunikation von den HR Marketing-Managerinnen Julia Böttcher und Natalie Kittler. Ein Interview.

Wie kam es zu der Entscheidung für Snapchat?

Wir führen bei der Techniker Krankenkasse jedes Jahr innerhalb der ersten zwei Wochen nach Ausbildungsstart eine Azubi-Befragung durch. Es geht um die Erfahrungen unserer Auszubildenden im Bewerbungsprozess (Onlinetest, Bewerbungsgespräch) und ihr Bewerbungsverhalten: Wo haben sie nach Ausbildungsstellen gesucht? Welche Social Media-Kanäle haben sie dazu genutzt? Wie sind sie auf uns aufmerksam geworden? Warum haben sie sich für die Techniker Krankenkasse entschieden? In welchen Social Media-Kanälen sind sie allgemein unterwegs? Beim Vergleich der Umfrageergebnisse zwischen der Befragung 2014/15 und 2015/16 erlebte Snapchat den größten Zuwachs mit über 22 Prozent. Auch bei Instagram gingen die Zahlen stark nach oben, jedoch in geringerem Ausmaß als bei Snapchat.

Fiel die Entscheidung nur auf Basis der Zahlen oder auch auf Basis der Funktionen?

Von den Funktionen her unterschieden sich die beiden Kanäle damals noch mehr als heute. Wir wollten auf schnelle und einfache Art und Weise mit Videos arbeiten und eine authentische Bewerberkommunikation führen. Snapchats Alleinstellungsmerkmal war damals die Storyfunktion: Eine Story besteht aus mehreren 10-sekündigen Videos oder Fotos. Diese bleiben 24 Stunden online, bevor sie sich „selbst zerstören" und daraufhin nicht mehr sichtbar oder auffindbar sind. Heute bietet auch Instagram Stories an, aber nach wie vor ist Instagram ein Hochglanz-Kanal: Normalerweise macht man als Nutzer viele Fotos von derselben Situation, wählt das Beste aus und legt dann noch einen schönen Filter drüber, bevor man es postet. Instagram eignet sich daher für das Produktmarketing sehr gut. Snapchat dagegen ist authentischer, ehrlicher, ungefilterter, unpolierter – also all das, was wir als Arbeitgebermarke sein wollen. Für das Personalmarketing ist Snapchat unserer Ansicht nach der bessere Kanal, denn es geht ja genau darum, authentische Einblicke ins Unternehmen zu liefern. Einen Post à la „Heute fiel ein Bus aus und ich werde zu spät zur Berufsschule kommen" würde man bei Instagram eher nicht absetzen, weil es dort eher um perfekt inszenierte Momente geht, bei Snapchat aber schon. Genau damit spielen wir.

Welche Art von Inhalten verbreiten Sie sonst noch bei Snapchat?

Es funktioniert genau wie bei Instagram oder Facebook, nur dass die Inhalte bei Snapchat nur für kurze Zeit im Stream zu sehen sind und nicht an einer Pinnwand oder Profilseite archiviert werden. Übrigens auch ein Vorteil, wie wir finden, denn so bekommen die Nutzer nicht mit, wenn wir mal eine Pause machen und eine Weile nichts auf dem Kanal passiert. Wir haben uns aber als Ziel gesetzt, pro Woche mindestens eine Story abzusetzen und innerhalb von 30 Minuten auf Anfragen zu reagieren. Im Dezember machen wir zudem jedes Jahr einen Snapchat-Adventskalender mit täglichen kleinen Rätseln und Gewinnspielen.

Unterjährig liegt der Schwerpunkt jedoch auf sogenannten „Takeovers". Das bedeutet, dass wir jeweils für einen Tag einem unserer Azubis den Kanal anvertrauen und er oder sie dort Eindrücke aus dem Alltag am Arbeitsplatz, in der Berufsschule oder vom Einsatz auf einer Berufsmesse postet sowie Nutzerfragen beantwortet. Es hört sich an, als hätten wir dadurch weniger Arbeit, aber dem ist in der Realität nicht so. Wir haben uns als Ziel zwei Takeovers pro Woche gesetzt und müssen das umfangreich vorbereiten, begleiten und nachbereiten.

Es geht los mit der Suche nach möglichst unterschiedlichen Azubis, denn es wäre ja langweilig, wenn immer wieder dieselbe Geschichte erzählt würde. So sehr unterscheidet sich der Ausbildungsalltag in Hamburg oder München insgesamt dann doch nicht. Die erzählenswerten Geschichten unter 14.000 Mitarbeitenden deutschlandweit müssen erstmal gefunden werden.

Wir ziehen auch die Zahlen zu Rate, die uns die aktuelle Bewerberlage an den verschiedenen Standorten zeigen. Snapchat-Takeovers nutzen wir dann für die Nachsteuerung in der Azubi-Rekrutierung und wählen gezielt Protagonisten aus Standorten aus, wo wir noch mehr Bewerbungen brauchen. Grundsätzlich machen aber natürlich alle Standorte bei Snapchat mit. Die Techniker Krankenkasse hat rund 50 Ausbildungsstandorte deutschlandweit und unser Auftrag lautet ganz klar, die Azubi-Rekrutierung auf Snapchat zu unterstützen und nicht nur spaßige Posts abzusetzen.

Welche Aufgaben beinhaltet die Begleitung der Takeovers?

Wenn ein Protagonist für ein Takeover gefunden ist, bekommt er ein schriftliches Briefing und wir führen ein vorbereitendes Telefonat. Es ist uns wichtig, dass der Azubi wirklich Lust darauf hat und nicht nur aus Höflichkeit zusagt. Die Azubis müssen gerne vor die Kamera treten, live Fragen beantworten und mit Bewerbern chatten. Dafür eignet sich nicht jeder junge Mitarbeitende automatisch. Im Briefing stehen Dinge wie, dass man bitte keine internen Abkürzungen wie „öAbi" für „Örtlicher Ausbilder" benutzen soll, weil Bewerber von außen sie nicht verstehen. Oder dass man darauf achten soll, keine internen Daten nach außen zu geben.

Wir schauen die Stories live mit, während sie gepostet werden, und stehen den Azubis während des gesamten Takeovers für Rückfragen zur Verfügung. Neulich stellte ein Bewerber zum Beispiel die Frage nach dem Gehalt bei der Techniker Krankenkasse. Der an dem Tag für Snapchat zuständige Azubi wollte sich kurz rückversichern, ob er das überhaupt rausgeben darf. In all den Jahren, die wir Snapchat schon für die Azubi-Rekrutierung nutzen, hatten wir übrigens nicht einmal einen Fall, in dem wir einschreiten mussten, weil ein Azubi etwas Inakzeptables gepostet hätte.

Wie werten Sie die Aktivitäten auf Snapchat aus?

Nach dem Takeover sichern wir die Snapchat Stories, die ja sonst nach 24 Stunden nicht mehr zu sehen sind, um sie auf anderen Kanälen wie Facebook noch wiederzuverwerten. Kurz vor Ablauf der 24 Stunden werten wir die Zahlen aus. Snapchat hat leider noch kein Statistik-Tool wie Facebook oder Instagram, sodass wir das Monitoring und Reporting händisch machen müssen. Das ist natürlich sehr fehleranfällig. Eigentlich war die Statistik-Funktion von Snapchat für das 1. Quartal 2019 angekündigt, aber bis zum 2. Quartal 2019 gab es hier leider noch keine Neuigkeiten. Das liegt wohl daran, dass Snapchat immer noch eher ein Kanal für die private Kommunikation und nicht für das Unternehmensmarketing optimiert ist.

Wir zählen das Wachstum der Follower-Zahl, können aber nicht sehen, wer das Abonnement unseres Kanals beendet hat. Wir messen in Werten wie „Zuschauer pro Story“ und „Screenshots“, das entspricht in etwa der Reichweite und den Likes bei Facebook. Wir merken, dass es bei Snapchat keinen Einfluss auf die Nutzerzahlen hat, wenn wir eine längere Pause zwischen den Stories machen. Bei Facebook würde man gleich schlechter gerankt und hätte beim nächsten Post weniger Likes.

Allerdings pochen wir sowieso nicht nur auf Reichweite, Trends und Hypes. Eine Millionenreichweite bringt nichts, wenn die Bewerber nicht zum Unternehmen passen („Cultural Fit“). Auf jeden Trend sofort aufzuspringen, würde auch nicht zur Techniker Krankenkasse passen. Und wir wollen auf keinen Fall unsere Authentizität verlieren.

Was sind die aktuellen Highlights der Techniker Krankenkasse auf Snapchat?

Unsere Geofilter-Aktion und die Influencer-Kampagne gehören auf jeden Fall dazu. Ein Geofilter ist eine Art Bilderrahmen, den man bei Snapchat hinterlegen kann. Er wird denjenigen Nutzern eingeblendet, die sich an einem bestimmten, vorher eingestellten Standort aufhalten. Der Nutzer kann dann ein Selfie von sich in diesem Rahmen machen und es snappen. Der Anlass waren in unserem Fall Auftritte auf verschiedenen Ausbildungsmessen. Alle jungen Menschen, die sich in den Messehallen oder an der nächstgelegenen Bahnhaltestelle aufgehalten und Snapchat geöffnet haben, bekamen den Geofilter eingeblendet. Darauf war ein ausgestreckter Finger zu sehen, der auf den Nutzer zeigte, sowie das Wort „Future Boss“, also in etwa „zukünftiger Chef“. Dieser Geofilter wurde 30.000-mal aufgerufen, weitergeleitet oder „gescreenshottet“. Für solche Aktionen, die natürlich kostenpflichtig sind, bekommt man von Snapchat dann auch ein Reporting.

Abbildung: Der Geofilter „Future Boss“ legt sich über die Selfies der Jugendlichen, © Techniker Krankenkasse

Und was passierte bei der Influencer-Kampagne?

Wir haben zusammen mit unserer Agentur und unseren Azubis einen Influencer ausgewählt, der für einen Tag zusammen mit zwei unserer Azubis unseren Snapchat-Kanal übernommen hat. Im Grunde ähnlich wie unsere Azubis das sonst tun, nur dass ein Influencer natürlich seine eigenen Fans mitbringt. Er hat die Aktion vorher in seinen Social Media-Profilen beworben.

Mit Max Oberüber haben wir uns einen Social Media-Influencer ausgesucht, der auf YouTube unter anderem Tipps zur Prüfungsvorbereitung gibt, Nachhilfeunterricht und Berufsorientierung macht – sich also in dem für uns relevanten Themenfeld und in der Zielgruppe „Schüler“ bewegt. Wir haben ihn Ende 2018 nach Berlin geschickt, weil die Ausbildungsplätze für den Start im Sommer 2019 dort noch nicht alle vergeben waren. In Großstädten ist die Konkurrenz groß. Max hat einen Tag lang unseren beiden Azubis über die Schulter geschaut und via Snapchat über ihren Arbeitsalltag berichtet.

Die Community konnte währenddessen über die Chatfunktion Fragen an ihn und die Azubis stellen. Die Aktion hat übrigens nicht nur in Berlin, sondern bundesweit für ein Echo gesorgt.

Die Reichweite der Influencer-Kampagne kam auf rund 253.000 erreichte Nutzer. In allen Social Media-Kanälen hatten wir an dem Tag eine Reichweiten-Steigerung von mindestens 30 Prozent. Die organischen Beitragsinteraktionen wurden sogar um das Dreifache gesteigert. Unser Snapchat-Kanal verzeichnete ein organisches Follower-Wachstum von 46 Prozent und eine deutliche Steigerung der Interaktionsrate. Die Besuche auf unserer Karrierewebseite sind am Tag des Influencer Takeovers um 73 Prozent gestiegen und die durchschnittliche Verweildauer lag mit 5 Minuten und 17 Sekunden deutlich höher als sonst. Die Zahl der Bewerbungen für Ausbildungsplätze konnte mit der Influencer-Kampagne um 15 Prozent gesteigert werden.

Abbildung: Facebook-Post der Techniker Krankenkasse, in dem auf den Influencer Takeover mit Max Oberüber hingewiesen wird, © Techniker Krankenkasse

Snapchat ist grundsätzlich kostenlos, aber solche Aktionen kosten dann doch Geld. Können Sie Zahlen verraten?

Die Kosten für unsere Influencer-Kampagne einschließlich Agenturkosten und Influencer-Honorar lagen im niedrigen fünfstelligen Bereich – da gibt es deutlich teurere Influencer-Kampagnen. Wir haben sie aus unserem Budget für Social Media-Content bezahlt. Im Vergleich hat die Kampagne etwa so viel gekostet wie ein Messestand auf einer größeren Ausbildungsmesse, von denen wir im Jahr 30 bis 40 wahrnehmen.

Die Snapchat-Geofilter können schon ab einem geringen einstelligen Betrag bei Snapchat eingebucht werden. Die Kosten richten sich dabei nach der Größe des örtlichen Radius', in dem man den Geofilter anzeigen lassen möchte. Wir haben unsere Geofilter immer direkt auf dem Messegelände und der nächstgelegenen öffentlichen U-Bahn- oder Bushaltestelle anzeigen lassen. So lagen unsere Kosten für den Snapchat-Geofilter pro Ausbildungsmesse in einem kleinen zweistelligen Bereich.

Welche Erfahrungen machen Sie mit der Generation Z auf Snapchat? Wie kommuniziert sie?

Die Kommunikation ist sehr direkt. Die jungen Leute werden mit dem Handy groß und lernen von Kindesbeinen an, dass man kurze Nachrichten ohne Anrede und in Umgangssprache schreibt. Genauso schreiben sie auch uns. Sie sind selbstbewusst, sagen deutlich ihre Meinung und stellen Fragen, die oft eigentlich durch einen Blick auf unsere Karrierewebseite beantwortet werden könnten, zum Beispiel: Bietet ihr eigentlich auch Ausbildungen an? Bis wann muss ich mich bewerben? – Es gibt viele Fragen von Quereinsteigern, die schon eine andere Ausbildung abgeschlossen oder ein Studium abgebrochen haben. Wir würden diese Art von Kommunikation aber nicht negativ bewerten. Die Generation Z wächst einfach so auf. Und trotzdem ist sie bereit, nachdem der Erstkontakt locker verlaufen ist, sich auf unseren eher klassischen Bewerbungsprozess einzulassen.

Obwohl der Bewerbungsprozess über den Ausbildungsstandort vor Ort läuft, begleiten wir die Bewerber hier aus der Zentrale weiter. Sobald ein Ausbildungsvertrag abgeschlossen ist – meist ein gutes Jahr vor dem Ausbildungsstart –, gilt es, die Zeit zu überbrücken, damit die Azubis nicht noch abspringen. Das ist die Bindungsphase. Wir bieten den zukünftigen Azubis an, in eine Facebook-Gruppe einzusteigen, wo sie sich mit anderen vernetzen können. Dort haben die Ausbilder keinen Zugang, und man kann offen Fragen stellen, die man sich im Bewerbungsprozess nicht getraut hat zu fragen, zum Beispiel: Wie ist das mit der Fahrtkostenerstattung? Eine ebenfalls häufig gestellte Frage ist, ob Tattoos bei der Techniker Krankenkasse okay sind. Für die Generation Z gehören Tattoos zum Ausdruck ihrer individuellen Persönlichkeit immer stärker dazu. Um dies aufzulösen: Ja, sie sind für uns okay.

Sind die Augen schon viereckig? Video- und Streamingdienste von YouTube bis Twitch

Nicht nur soziale Netzwerke und Messenger-Dienste, sondern auch Videoplattformen und Streamingdienste sind für die Kommunikation mit der Generation Z elementar. Das gute alte YouTube hat beim Nachwuchs noch nicht ausgedient, obwohl es (gegründet 2005) zu den Dinosauriern des Mitmachinternets gehört und obwohl andere Videoplattformen wie Vine (inzwischen pleite) und soziale Netzwerke wie Facebook mit seiner Videofunktion versucht haben, YouTube ernsthaft Konkurrenz zu machen: Vine mit neuen Videoformaten (geloopte Kurzclips) und Facebook mit der Idee, auf der eigenen Plattform direkt hochgeladene Videos hübscher und häufiger anzuzeigen als Videos, die per Link von YouTube geteilt werden. YouTube hat das alles überstanden und ich kann aus eigener Erfahrung mit meinen Teenager-Söhnen sagen, dass es nach wie vor rege konsumiert wird. Die männlichen Vertreter der Generation Z folgen jedoch (2. Halbjahr 2019) nicht mehr Stars wie den Lochis, LeFloid oder Apecrime, die bei der Generation Y vor einigen Jahren als cool galten, sondern neuen Idolen wie Monte, Unge oder Berühmtheiten aus der Gaming Szene. Bei den Mädchen aus unserem Bekanntenkreis hat Bibis Beauty Palace ausgedient, dafür sind jetzt Eskay, Anni the Duck, KranKrafter, Why Nils, Kelly, Mrs. Bella, Dagi Bee und Marvyn Macnificent angesagt. Die Plattform blieb also bislang erhalten, wenn sich die Vorlieben zwar geändert haben und sich stetig weiter ändern.

Methoden, die auf YouTube für das Azubi-Marketing eingesetzt werden können, sind das Influencer-Marketing (dazu kommen wir noch), das unternehmenseigene YouTube-Profil mit Employer Branding-Film, Mitarbeiterinterviews und in Azubiprojekten selbst gemachten Handyvideos (Beispiel: youtube.com/sozialeberufe oder youtube.com/klinikumdortmund) sowie die YouTube-Werbeanzeige. Greifen Sie außerdem Trends auf, die für professionelle YouTuber gut funktionieren, zum Beispiel die beliebten Haul- oder Unboxing-Videos. Dabei wird bestellte oder eingekaufte Ware mit großem Tamtam vor der Kamera ausgepackt und ausprobiert. Das ließe sich auch mit Neuanschaffungen im Pflegeheim oder in der

Kita umsetzen. Zur Produktion und Distribution von Videos und zur Gestaltung eines YouTube-Kanals habe ich in meinen Fachratgebern *Recruiting to go für Sozial- und Pflegeeinrichtungen* und *Personalgewinnung in der Pflege* sowie in der Anleitung zur Produktion von Videos der Diakonie Deutschland (https://bit.ly/2ZbDMxP) bereits zahlreiche Tipps gegeben. An dieser Basis hat sich nichts geändert. Die inhaltlichen Trends gilt es dagegen, im Auge zu behalten. Von den aktuell beliebten YouTubern können sich Unternehmen abschauen, welche Arten von Videos (Formate und Themen) gerade gerne gesehen werden. Lang oder kurz? Handgemacht oder Hochglanz? Reale Bilder oder Grafiken/Zeichnungen/Comics?

Beispiel:

Ein Beispiel für ein „etwas anderes Video", das sich von der Masse abhebt, ist der Einladungsclip zum Jugendpraktikum der Diakonie Leipzig (https://bit.ly/2YUY17y), das mit einer Art Wimmelbild-Stil arbeitet:

Abbildung: Screenshot aus dem Videoclip zum Diakonischen Jugendtag der Diakonie Leipzig: Wimmelbild-Stil, © Diakonie Leipzig/Tilmann Möller

Auch sogenannte Charity-Livestreams auf YouTube (und anderen Streamingplattformen) sind ein Format, das für Sozial- und Pflegeeinrichtungen interessant sein könnte, wenngleich es ursprünglich nicht im Personalmarketing, sondern zu Fundraising-Zwecken eingesetzt wird. Das, was früher die Spendengala im Fernsehen war, wird heute im Charity-Livestream ins Internet übertragen: Eine bekannte Online-Persönlichkeit sendet ein oft mehrere Stunden langes Marathon-Programm und fordert die Zuschauer währenddessen immer wieder dazu auf, Geld für einen bestimmten guten Zweck zu spenden. Schon die ganz junge Zielgruppe kommt so in Kontakt mit sozialen Themen, wenn zum Beispiel bei den Charity-Livestreams „Loot für die Welt" oder „Friendly Fire" die aktuell bekanntesten YouTuber Geld sammeln. Auch kleinere Aktionen sind bekannt, bei denen eher regional bekannte YouTuber ein soziales Projekt im Heimatort unterstützen. Sicher ließe sich bei einer Kooperation dieser Art auch die Botschaft, dass man der Einrichtung nicht nur spenden, sondern sich dort auch in Sozial- und Pflegeberufen ausbilden lassen kann, einflechten.

Gleichzeitig erobern neben YouTube aber auch neue Video- und Streamingdienste die Kinderzimmer:

Tik Tok

Gegründet 2009, ehemals bekannt unter dem Namen Musical.ly, ist Tik Tok ein Videoportal für Playback-Videos mit den Interaktionsfunktionen eines sozialen Netzwerks. Die Nutzer, die sich also im Lippensynchron-Singen und Tanzen üben können, sind sehr jung. Offizielle Zahlen sind bisher nicht zu bekommen, die *Welt Online* berichtet jedoch am 01.03.2019 ohne Nennung der konkreten Quellen (https://bit.ly/2KfOj5F):

> „Die App gehört zu den beliebtesten Social-Media-Anwendungen gerade unter jungen Nutzern und war im vergangenen Jahr die meist heruntergeladene App bei Jugendlichen. Bereits Grundschüler nutzen die App regelmäßig, viele der populären Stars auf der Plattform liegen knapp über dem Alterslimit und waren bereits im Alter von elf oder zwölf Jahren populär. […] Auch in Europa ist die App gerade bei jüngeren Jugendlichen sehr populär. In Frankreich etwa haben laut einer aktuellen Statistik knapp 40 Prozent aller elf- bis 14-Jährigen einen Tik Tok-Account, in Deutschland sind laut einer externen Statistik von Ende Januar über vier Millionen Jugendliche registriert."

Unternehmen können mit eigenen Playback-Videos Humor beweisen und Schüler erreichen. Im Jahr 2019 testete Tik Tok erste Anzeigenformate. Noch sind Unternehmen dort kaum unterwegs. Immerhin ließ das Klinikum Dortmund seine Pflegekräfte schon auf Tik Tok rocken und eine Busfahrerin aus Lübeck gab dort Einblicke in ihren Arbeitsalltag. Wer sich traut, kann Jugendliche auf sich aufmerksam machen, bevor die Werbung in dem Kanal um sich greift wie auf Facebook oder Instagram und den Nutzer nach und nach den Spaß verdirbt. Tiefere Einblicke in die Welt von Tik Tok liefert Trendexperte Robrindro Ullah in seinem Blog „HR in Mind" unter: https://bit.ly/2KPu6Uj

Twitch

Gegründet 2011, gehört inzwischen zu Amazon. Twitch ist ein Live-Streaming-Videoportal, das zur Übertragung von Videospielen genutzt wird. Stars der Gaming- und eSport-Szene lassen sich beim Spielen zusehen und plaudern nebenbei per Face-Cam (Gesichtskamera im kleinen Fenster) mit ihren Zuschauern. Sie kommentieren die Spielsituation oder berichten aus ihrem Leben. Dazu ein Chat statt einer sperrigen Kommentarfunktion, so ist das Ganze noch um einiges lebendiger als YouTube. Die Anzeigenschaltung für Werbekunden vor und in den Videos funktioniert allerdings ähnlich und steht damit für das bezahlte Personalmarketing zur Verfügung. Influencer Marketing und Charity Livestreams sind über Twitch natürlich auch möglich. Tiefere Einblicke in die Möglichkeiten, die Twitch für das (Personal-)Marketing bietet, liefert die „Plattform für digitale Pioniere" t3n in ihrem Online-Magazin (vgl. https://bit.ly/2NGtpQy). Und denken Sie jetzt nicht, junge Menschen mit einem Interesse an sozialen Berufen seien keine Gamer und Computernerds. Auch Erzieher-Azubis spielen PC- oder Konsolenspiele und Pflege-Azubis schalten nach dem Dienst bei YouTube ab.

Auch Netflix, YouNow und Spotify, letzteres mit beliebten Podcasts wie „Gemischtes Hack" von Comedian Felix Lobrecht, sollen als Streamingdienste, die bei Jugendlichen hoch im Kurs stehen, nicht ungenannt bleiben. Für das Personalmarketing könnte ein Influencer wie Lobrecht interessant sein. Wie Unternehmen ihre Zielgruppen auf der Musik- und Audioplattform Spotify erreichen, erfahren Sie hier: https://bit.ly/2ZoYm2l und hier: https://bit.ly/2zvs2eS (Anleitungen für das Marketing für die Generation Z direkt von Spotify). YouNow ist vergleichbar mit Twitch – zwar nicht so cool und wegen Sicherheitslücken in der Kritik, dafür aber nicht nur auf die Gaming-Szene beschränkt, sondern auch für einfachen „Kinderzimmertalk" nutzbar.

Fazit: Im Thema Video und Livestreaming ist aktuell viel Bewegung und die Vorlieben der Generation Z einem permanenten Wandel unterworfen.

Bei der Hälfte der Jugendlichen beliebt: Ausbildungsplattformen für die Nachwuchsgewinnung

Laut der Studie „Azubi Recruiting Trends 2019" nutzen 52 Prozent der jungen Bewerber Ausbildungsplattformen, dazu gehören auch Studierendenplattformen, um sich über ihre Möglichkeiten nach der Schule zu informieren. Eine Spontanumfrage unter meinen Söhnen ergab, dass sie die ersten vier aus der unten genannten Liste im Alter von 12 bzw. 15 Jahren bereits kennen. Doch selbst angesichts der knappen Hälfte der Jugendlichen, die Ausbildungsplattformen nicht kennt oder nicht direkt ansteuert, gibt es einen guten Grund, dort präsent zu sein: die Suchmaschinen. Ausbildungsplattformen werden bei Google weiter oben gelistet als Unternehmenswebseiten, wenn jemand beispielsweise nach „Ausbildungsplatz Köln" sucht – ganz einfach, weil die Seiten für solche Suchanfragen optimiert und stark frequentiert sind. Der Anbieter Azubiyo verzeichnet nach eigener Auskunft 1,8 Mio. Nutzer im Monat, die Website ausbildung.de feiert in einer Pressemeldung im Januar 2019 3 Mio. Nutzer. Wenn Ihre Ausbildungsstätte auf einer der Plattformen gelistet ist, profitieren Sie unmittelbar.

Digitale Ausbildungs- und Studierendenplattformen (Auswahl)
▪ meinpraktikum.de (Schüler) ▪ praktikum.info (Schüler) ▪ boysday.de (Schüler) ▪ ausbildung.de (Schüler) ▪ ausbildungsstellen.de (Schüler) ▪ azubiyo.de (Schüler) ▪ azubi-plus.de (Schüler) ▪ whatchado.com (Schüler) ▪ campusjaeger.de (Studierende) ▪ careerguide24.com (Studierende) ▪ staufenbiel.de (Studierende, Hochschulabsolventen) ▪ absolventa.de (Studierende, Hochschulabsolventen) ▪ e-fellows.net (Studierende, Hochschulabsolventen) ▪ squeaker.net (Hochschulabsolventen) ▪ trainee-gefluester.de (Trainees) ▪ trainee.de (Trainees) ▪ talentsconnect.com (Berufseinsteiger) ▪ meineuni.de (Hochschulranking) ▪ talentplatforms.de (Nachwuchs allgemein)

Ausbildungsplattformen sind meist nicht nur reine Stellenbörsen für Ausbildungsplätze, denn die Anbieter wissen genau, dass sich Jugendlichen mit der Entscheidung für einen Beruf sehr schwertun. Darum haben sie sich verschiedene Werkzeuge ausgedacht, um die Berufswahl zu erleichtern. Seien es die Mitarbeitervideos bei whatchado, in denen Berufserfahrungen aus erster Hand weitergegeben werden, oder der Ausbildungsfinder bei Azubiyo – ein Eignungstest mit Matching-Funktion, mit dem Jugendliche anhand ihrer eingegebenen Interessen Ausbildungsberufe und passende Ausbildungsplätze vorgeschlagen bekommen.

Für Unternehmensprofile und Stellenanzeigen auf Ausbildungsplattformen entstehen, mit Ausnahme weniger Angebote wie boysday.de, Kosten. Die wenigsten Anbieter veröffentlichen ihre Preise, meist muss man sich ein Angebot einholen. Hier einige Anhaltspunkte aus meiner Recherche im 3. Quartal 2019:

ausbildungsstellen.de bietet sein günstigstes Paket für rund 240 Euro inkl. Mehrwertsteuer an, praktikum.info winkt mit drei kostenlosen Anzeigen für Neukunden, danach wird es kostenpflichtig: 990 Euro pro Anzeige, Mengenrabatt ab fünf Anzeigen. Azubiyo nimmt 720 Euro für eine Ausschreibung eines Ausbildungsplatzes mit sechs Monaten Laufzeit, bei mehreren Ausschreibungen gibt es ebenfalls einen Mengenrabatt. Neben Wirtschaftsunternehmen wie IKEA und Vodafone inserieren bei Azubiyo auch Akteure aus dem Sozial- und Gesundheitswesen wie Agaplesion, Asklepios, die Sana Kliniken oder das Klinikum Stuttgart. ausbildung.de nimmt 1.500 Euro für einzelne Ausbildungsplatzanzeigen mit zwölf Monaten Laufzeit, ab sechs Anzeigen gibt es Mengenrabatt. meinpraktikum.de kostet 1.100 Euro für zwölf Monate Laufzeit und gewährt bereits ab der vierten Anzeige Mengenrabatt.

Die Kosten sind der Grund, weshalb es für Unternehmen des Sozial- und Gesundheitswesens nicht möglich ist, auf jeder einzelnen Plattform präsent zu sein. Für Wirtschaftsunternehmen ist das selbstverständlich. Und auch unsere Branche muss sich endlich klarmachen, dass Nachwuchsgewinnung Geld kostet! Über digitale Kanäle lässt sich absolut jeder Ausbildungsplatz besetzen – wenn das Marketingbudget groß genug ist. Für welche Plattformen Sie sich entscheiden, sollten Sie von der konkreten Zielgruppe abhängig machen, die Sie erreichen möchten (Schüler, Studierende, Hochschulabsolventen?), und danach, welche Plattform in Ihrer Region am bekanntesten ist. Eine Umfrage in Ihren Ausbildungsklassen kann bei der Auswahl helfen. Wichtig ist auch, im Auge zu behalten, wie sich die einzelnen Plattformen entwickeln. So wurde der Dienst yousty.de, gegründet 2009, in 2019 wieder eingestellt. Leider lässt sich nicht leicht vorhersagen, welche Plattformen sich nachhaltig etablieren werden und welche nicht. Einen Anhaltspunkt geben die Nutzerzahlen und Auszeichnungen wie „Deutschlands bestes Jobportal“, die die Plattform Azubiyo im

Jahr 2018 in den Kategorien „Schüler & Auszubildende“ und „Spezialjobbörsen“ erhalten hat.

Best Cases – Ausbildungsmarketing per whatchado

Tipps und Neuerungen auf der Videoplattform

Zu den bekanntesten Kanälen speziell für das Azubi-Marketing gehört die Videoplattform whatchado (gegründet 2012). Die Macher aus Österreich waren mit die Ersten, die den Wert des Bewegtbilds in der Nachwuchsgewinnung erkannten. Bekannt wurde whatchado mit einem Videoformat, das aus Mitarbeiterinterviews mit standardisierten Fragen besteht. Mit den Jahren kamen so tausende Berufeporträts zustande, die wegen der ähnlichen Machart für Jugendliche leicht zu vergleichen waren. Allerdings vielleicht auch irgendwann etwas langweilig wurden. Seit Anfang 2019 gibt es nun eine Neuerung: Unternehmen können ihre eigenen Filme hochladen, auch wenn sie nicht der Standardmachart entsprechen. Der Anbieter begründet das damit, dass Unternehmen heutzutage – im Gegensatz zur Zeit der Gründung – immer mehr und professionellere Mitarbeitervideos produzieren und Verbreitungskanäle dafür suchen. Auch HR-relevante Videos, die keine einzelnen Mitarbeitenden in den Mittelpunkt stellen (Employer Branding-Filme, Erklärfilme), werden akzeptiert, jedoch im Gegensatz zu den Mitarbeiterinterviews nicht in das sogenannte whatchado-Matching eingebunden. Das Matching ist ein Selbsttest aus 14 Fragen, den die Nutzer absolvieren können, um Berufe-Empfehlungen passend zu ihren Interessen zu erhalten: „Ich möchte einen Job, bei dem ich … viel reise und unterwegs bin/immer am selben Arbeitsplatz bin.“ – „Ich eigne mich besser als … Unterhalter/Zuhörer.“ Die Vorlieben werden im Hintergrund mit den Arbeitsbedingungen verglichen, die die Unternehmensbotschafter in ihren Steckbriefen eingegeben haben. Monatlich erhalten die Unternehmen, die ein Profil auf der Plattform buchen, Klickzahlen zu ihren Videos und ihrem Unternehmensprofil. Einmal im Jahr gibt es einen erweiterten „Performance Report“ mit Zahlen zur Zielgruppe, unter anderem zur durchschnittlichen Sitzungsdauer pro User. Laut eigenen Aussagen des Anbieters kann ein Unternehmen mit durchschnittlich 50.000 Videoaufrufen und Zugriffen auf sein Unternehmensprofil rechnen. In Zukunft will whatchado zusätzlich zum Ausbildungsmarketing auch die Zielgruppe der Berufseinsteiger erschließen.

Werkzeuge, die die komplette Bewerberreise modernisieren: Die neuen Recruiting-Apps, -Tools und -Dienstleister

Eine Art von Kanälen, die in der Nachwuchsgewinnung noch viel zu wenig genutzt werden, sind die zahlreichen neuen Recruiting-Apps, -Tools und -Dienstleister, die in den vergangenen Jahren entstanden sind. Es gibt keinen richtigen Namen dafür, der all das zusammenfasst, was sie eigentlich können. Dazu gehören Talent Acquisition, Performance Marketing, Retargeting, Mobile Recruiting, Machine Learning und Social Recruiting. Im Folgenden werde ich die Techniken erklären. Im Grunde revolutionieren die Tools die komplette Candidate Journey, also die „Reise", die Bewerber auf der Suche nach einem Ausbildungsplatz durch die digitale Welt unternehmen, bis sie ihren Vertrag als Auszubildender oder neuer Mitarbeiter erhalten haben.

Social Recruiting

Der Begriff „Social Recruiting" bezieht sich dabei auf den digitalen Ort, an dem die Recruiting-Tools Ihre Stellenanzeigen platzieren – nämlich vorrangig in sozialen Netzwerken. Eingeblendet etwa als Facebook- oder Instagram-Anzeigen, erreichen sie Menschen, die man auch „passive Bewerber" nennt. Sie sind grundsätzlich an einem Arbeitgeberwechsel interessiert, aber nicht aktiv in Stellenbörsen auf Stellensuche. Wenn sie aber auf Instagram unterwegs sind, um zu schauen, was ihre Freunde den Tag über so gepostet haben, lassen sie sich durch eine geschickt platzierte und emotional ansprechende Stellenanzeige oft zu einer spontanen Bewerbung bewegen.

Mobile Recruiting

Mobile Recruiting bedeutet, die Bewerbung solcher Interessenten vom Smartphone oder Tablet aus zu ermöglichen. Dazu sind mobil optimierte Stellenanzeigen und Online-Bewerbungsformulare notwendig, denn Bewerbungsunterlagen werden erst zum Vorstellungsgespräch mitgebracht oder online hinterlegt.

Neue Recruiting-Dienstleister wie HeyJobs oder mobileJob vereinen diese beiden Methoden. Sie machen Bewerber über soziale Netzwerke auf Arbeitgeber aufmerksam (Social Recruiting) und optimieren gleichzeitig den Bewerbungsprozess für mobile Endgeräte (Mobile Recruiting). Der relativ neue und im Sommer 2019 noch nicht etablierte Anbieter Omnium bietet die Möglichkeit, den Termin für das Vorstellungsgespräch aus einem vom Unternehmen hinterlegten Kalender gleich schon bei der Bewerbung auszuwählen. Der Dienstleister Carerockets beschränkt sich nicht nur auf die „Talent Acquisition“, also das Heranschaffen von Bewerbern, sondern bringt durch ein Matching-Verfahren Bewerber mit bestimmten Wünschen (z. B. höheres Gehalt, kleineres Team) mit Arbeitgebern zusammen, die diese Wünsche erfüllen können. talentbait.de konzentriert sich dagegen auf die Anzeigenschaltung in sozialen Netzwerken und bei Google (Social Recruiting).

Dabei bieten diese Tools meist keine eigene Stellenbörse an, die man als Bewerber durchstöbern könnte, sondern legen die Stellenanzeigen lediglich digital ab, um sie dann zur Ansicht in verschiedene Kanäle auszuspielen. Dabei wird die Ausspielung ständig variiert und dorthin verlagert, wo sie am besten funktioniert, also am meisten Resonanz einbringt. Man zahlt also nicht 1.000 Euro wie bei den klassischen Online-Stellenbörsen und wartet vier Wochen ab, nur um dann festzustellen, dass man leider den falschen Kanal gewählt hat und keine Bewerbung eingegangen ist. Sondern man zahlt in etwa dieselbe Summe dafür, dass der Dienstleister oder sein Algorithmus verschiedene Kanäle ausprobiert und dann automatisch das Kampagnen-Budget dorthin verlagert, wo die Anzeige die meiste Resonanz erhält, sodass sich die Klick- und Bewerbungszahlen ständig verbessern (Performance Marketing, Machine Learning).

Dazu kommen in einigen neuen Tools Funktionen wie die Chat-Bewerbung, mittels der in wenigen sogenannten Screening-Fragen die wichtigsten Fakten zur Qualifikation der Bewerber abgefragt werden. Klickt ein Bewerber also auf „Jetzt bewerben“, bekommt er den Eindruck, einen kurzen Chat mit Ihnen durchzuführen, der sich kaum von einer Kommunikation auf WhatsApp unterscheidet. Tatsächlich haben Sie die Fragen aber bereits automatisch hinterlegt und erhalten die Antworten sozusagen anstelle eines Motivationsschreibens.

Besonders gut funktionieren bei diesen Anbietern Stellenanzeigen für Fachkraftberufe, die jeder kennt (oder zu kennen glaubt) und zu denen man darum wenig erklären muss. Da Ausbildungsplätze für Erzieherinnen oder Pflegekräfte ebenfalls gemeinhin bekannt und weniger erklärungsbedürftig sind als beispielsweise die Ausbildung zum „Elektroniker für Automatisierungstechnik", lassen sie sich über diese Recruiting Tools gut vermarkten – obwohl Unternehmen hier noch zögerlich sind. Bei Berufen wie Diätassistent oder Logopäde, die nicht jedem Schüler bekannt sind, könnte es dagegen schwieriger sein.

Eine Rückfrage bei den Anbietern ergab, dass mobileJob bereits Erfahrung mit Ausbildungsplätzen sowie Freiwilligendienst-Plätzen hat und solche Stellen erfolgreich ausschreibt. Auch HeyJobs unterstützt bei der Azubi-Suche. Die Zielgruppe hat ein Handy und ist im Internet aktiv – mehr Bedingungen müssen nicht erfüllt sein, damit die Anbieter dort tätig werden. Preislich liegt die Ausschreibung beispielsweise bei HeyJobs (Stand Sommer 2019) zwischen 400 und 1.300 Euro, je nach Region und Kundenwunsch. Wirtschaftsunternehmen wie OBI und die Deutsche Bahn, aber auch Sozialunternehmen wie das Deutsche Rote Kreuz, der Klinikverbund Kempten-Oberallgäu und Asklepios schreiben dort erste Ausbildungsplätze aus – vom Altenpfleger über den Krankenpfleger bis zum Gleisbauer. Und wie schon gesagt: Dass Kosten sogar in größerem Umfang entstehen, lässt sich im modernen Azubi-Marketing nicht vermeiden. Träger des Sozial- und Gesundheitswesens, die das zügig verstehen und Etats umschichten, um Budgets dafür freizumachen, werden die Gewinner im Ringen um den Nachwuchs sein.

Best Cases – Interview mit Regina Hoffmann von der Diakonischen Stiftung Wittekindshof

„Es ist für mich als Personalerin irgendwie ein anderes Gefühl"

Da die Erfahrung mit Ausbildungsplätzen in den neuen Recruiting-Tools noch in den Kinderschuhen steckt, berichtet Regina Hoffmann im Folgenden von ihren Erfahrungen mit der Fachkräfte-Akquise über diese Art von Kanal (in ihrem Falle mobileJob.com). Daran lässt sich erkennen, dass sich auch der weitere Bewerbungsprozess und das Verhalten der Personaler in den Unternehmen ändern muss, damit die Tools erfolgreich eingesetzt werden können – auch für das Ausbildungsmarketing. Hoffmann ist bei der Diakonischen Stiftung Wittekindshof in Bad Oeynhausen für das Bewerbermanagement verantwortlich. Einen Erfahrungsbericht aus dem Jahr 2018 zum Konkurrenzanbieter HeyJobs finden Sie hier: https://bit.ly/2Zeilga

Frau Hoffmann, wie lief es für Ihren Träger mit mobileJob.com?

Wir haben in den letzten Monaten an vier Standorten mit dem Tool gearbeitet und überall wirklich schöne Erfolge erzielt. Es gab nicht nur Bewerbungen direkt darüber, sondern auch eine Steigerung der Seitenzugriffe auf unserer Webseite und eine deutliche Steigerung der Bewerbungen insgesamt (also auch per E-Mail, Post oder Online-Bewerbungsformular), während die Ausschreibungen aktiv waren.

Bei der ersten Ausschreibung in Bad Oeynhausen – gesucht wurden Erzieher und Gesundheits- und Krankenpfleger – kamen insgesamt 29 Bewerbungen zusammen, davon neun direkt über mobileJob.com. Vier Personen haben wir eingestellt. Am erfolgreichsten waren wir in Gronau an der holländischen Grenze. Es gab 50 Bewerbungen insgesamt, davon 23 direkt über das Tool. Das lag sicher auch daran, dass wir die Stellenausschreibung hier offener gehalten und „Mitarbeiter für den Gruppendienst in Familienzentrum und Förderschule" gesucht hatten. Hier haben wir fünf Personen eingestellt. In Oberhausen erhielten wir insgesamt 15 Bewerbungen, davon fünf direkt über das Tool und haben eine Person eingestellt. Hier wurde nach „Pädagogischen und pflegerischen Fachkräften in der Behindertenhilfe" gesucht. Bei der zweiten Ausschreibung in Bad Oeynhausen gab es insgesamt 20 Bewerbungen, davon zehn direkt über mobileJob.com. Es kam zu einer Einstellung, eine zweite Kandidatin ist abgesprungen. Insgesamt gab es 114 Bewerbungen auf vier Stellenausschreibungen, darunter 47 direkt über mobileJob.com. Elf Personen wurden eingestellt.

Wie ist Ihr Fazit nach diesen Erfolgsmessungen?

Die Zahlen sind wirklich sehr ungewöhnlich. Normalerweise verbreiten wir unsere Stellenausschreibungen aus Kostengründen ausschließlich über unsere Webseite, und nur wenn sich gar nichts tut, schalten wir bei Monster, Stepstone, Jobware und in der lokalen Tagespresse. Meist erreichen uns weniger als zehn Bewerbungen pro Ausschreibung – und bei mobileJob.com waren es durchschnittlich 28,5.

Wir können auch nicht die Erfahrungen mancher Arbeitgeber bestätigen, die über digitale Tools nur unzuverlässige oder oberflächliche Bewerbungen erhalten. Es waren viele gute Bewerber dabei, denen wir nicht endgültig absagen wollten. Wir haben sie in unseren Talentpool aufgenommen. Alle erschienen zuverlässig zum Gespräch. Es gibt bei allen Formen der Bewerbung das Problem mit Kandidaten, die die Ausschreibung nicht genau gelesen haben und glauben, weil sie als gelernter Friseur ihre Oma gepflegt haben, könnten sie als Pflegefachkraft eingesetzt werden, aber die Quote ist bei den Bewerbungen durch mobileJob.com nicht höher als sonst.

Wie sind Sie mit den Bewerbungen weiter umgegangen?

Wir haben jeden Bewerber persönlich angerufen. Den nicht qualifizierten Personen habe ich erklärt, warum wir sie nicht einladen können – das waren alles nette Gespräche. Das verbuche ich unter Imagepflege. Es macht doch einen schlechten Eindruck, wenn man eine tolle, zeitgemäße Ausschreibung schaltet und dann nur Standardabsagen schickt.

Die passenden Bewerber haben wir erstmal telefonisch interviewt und dann Termine für Vorstellungsgespräche und Hospitationen vereinbart. In enger Kooperation mit den Bereichsleitern haben wir uns innerhalb eines Tages gemeldet, nur in Ausnahmefällen vergingen einmal zwei Tage. Wir hatten uns vorher eingehend mit dem Tool befasst und allen war klar, dass man schnell sein muss, wenn man so etwas einsetzt.

Ich fand die Kontaktaufnahme sehr unkompliziert. Es ist für mich als Personalerin irgendwie ein anderes Gefühl, wenn ich die lockere Chat-Bewerbung lese und die Kandidaten gleich anrufen kann, als wenn ich standardisierte Mappen bekomme und förmliche Eingangsbestätigungen versenden muss. Es fühlt sich persönlicher, näher, niedrigschwelliger an.

Wie waren die internen Reaktionen bei Ihnen im Haus?

Intern ist es besonders gut angekommen, dass wir die Stellenausschreibungen angepasst haben. Es gab echte Bilder aus dem jeweiligen Arbeitsbereich mit zukünftigen Kollegen und zukünftigen Klienten. Textlich haben wir die Ausschreibungen so gut wie möglich gekürzt, damit sie auch auf mobilen Endgeräten gut zu lesen sind. Die Bereitschaft aller Beteiligten bei unserem Träger, neue digitale Kanäle auszuprobieren, ist deutlich gestiegen.

Welche Tipps haben Sie für Arbeitgeber, die die neuen Recruiting-Tools einsetzen wollen?

Arbeiten Sie die Fragen für den Bewerber-Chat sorgfältig aus! Fragen Sie keine unwichtigen Dinge ab, sondern die zentralen Entscheidungskriterien. Dann bekommen Sie einen ziemlich guten Eindruck von den Bewerbern. Leisten Sie einen optimalen Service für den Bewerber und machen Sie es ihm so einfach wie möglich. Die Unterlagen kann er zum Vorstellungsgespräch mitbringen. Ein Motivationsschreiben braucht er nicht (das verlangt übrigens auch unser Online-Bewerbungsformular auf der Webseite schon nicht mehr). Wenn jemand keine Möglichkeit hat, ein Zeugnis zu kopieren, kopiere ich es mir eben selbst. Das hat ja nichts mit Faulheit zu tun – die meisten jungen Leute haben heute gar keinen PC und Drucker mehr zu Hause. Ich kenne das von meiner Tochter.

Vom Schülerkalender bis zum Digitalen Schwarzen Brett: Schulmarketing als gesetzlicher Graubereich

Zahlreiche Anbieter haben sich darauf spezialisiert, Werbemittel für Schulen herzustellen und sie über ihre Verteiler an tausende Schulen deutschlandweit auszuliefern. Das geht vom Flyer und Plakat für das Schwarze Brett über den Schülerkalender oder Schulplaner bis zur Stundenplanvorlage. Auch Unterrichtsmaterial und Produktproben sind im Angebot. Als Unternehmen kann man eine Anzeigenfläche, ein Berufeporträt oder sogar mehrere Dutzend Infoseiten buchen und individuell bestücken. Alternativ können Sie als Arbeitgeber mit einem Grafiker und einem Anbieter für Druckdienstleistungen ein ganz eigenes Produkt kreieren – zum Beispiel einen Collegeblock – und auf Messen verteilen. Andere Unternehmen sponsern Schulveranstaltungen, Sportteams oder Schülerzeitungen und werden mit einem Logo auf dem Trikot oder einer Anzeige im Heft dafür entlohnt. Es gibt zudem Dienstleister, die Digitale Schwarze Bretter in Schulen betreiben: große Bildschirme, auf denen der Vertretungsplan abgebildet wird, aber auch kleine Werbespots ohne Ton laufen. Immer häufiger sind auch die genannten Printprodukte an eine App angebunden oder verlinken auf eine Webseite, da die Zielgruppe nun einmal digital tickt.

Allzu viel Zeit will ich diesen Schulmarketing-Kanälen nicht widmen, denn sie sind seit Jahrzehnten bekannt, weitaus bekannter als die Möglichkeiten der Online-Rekrutierung. Und kurz gesagt, schon gleich am Anfang des Kapitels, halte ich die oben beschriebenen digitalen Ausbildungsplattformen für den wesentlich interessanteren Weg der Nachwuchsgewinnung. Dennoch gehört das Thema Schulmarketing in einen Fachratgeber über die Azubi-Suche dazu.

Schulmarketing, auch Bildungsmarketing genannt, ist ein unübersichtliches Feld. Wegen der Zuständigkeiten in der Bildungspolitik gibt es in jedem Bundesland eigene Gesetze und Bestimmungen. Meist muss die Schulleitung die einzelnen Kampagnen genehmigen. Das tut sie aber recht gerne, denn dadurch fließt Geld in die Schulkasse, mit dem dringend benötigte Renovierungen durchgeführt oder Materialien angeschafft werden können. Eine Formulierung in der Art, dass die Schulwerbung auf den Bildungs- und Erziehungsauftrag einzahlen soll, findet sich in jeder gesetzlichen Variante. Einleuchtend ist das bei Anzeigen für Ausbildungsplätze oder Präventionskampagnen à la „Keine Macht den Drogen" oder „Kenn dein Limit". Wenn es um Produktwerbung geht, die im engeren und weiteren Sinne etwas mit Schule zu tun hat (Büromaterial, Softwareprodukte), wird es schon grenzwertiger: Hat der schicke, neue Füllfederhalter etwas mit Bildung zu tun oder ist er nicht genauso ein Konsumartikel wie eine Flasche Coca-Cola?

In manchen Bundesländern ist kommerzielle Werbung an Schulen gar zulässig. Wobei die Einzelfallentscheidungen nicht immer konsequent ausfallen: So ist es für die Finanzierung von Schüler- oder Abizeitungen üblich, dass in kleineren Orten auch örtliche Modegeschäfte und Restaurants aus der Fußgängerzone Anzeigen buchen können, während ein H&M- oder McDonald's-Spot auf einem Digitalen Schwarzen Brett eher anstößig wirken würde.

Ich persönlich habe mit dieser Art von Rekrutierungskanälen bisher keine guten Erfahrungen gemacht, möchte damit aber nicht sagen, dass sie grundsätzlich nicht funktioniert.

Positiv-Beispiel:

Immerhin, mein Praktikant Frederik (14) erinnert sich an ein Flugblatt: „Mir ist am Schwarzen Brett in meiner Schule ein Flyer von ‚Karls Erdbeerhof' aufgefallen, auf dem Nebenjobs für Schüler angeboten wurden."

Negativ-Beispiele:

In einem von mir begleiteten Fall wollte ein Anbieter einen Schülerkalender mit umfangreichen Informationen zu Ausbildungsberufen erstellen und dann über einen angeblich sorgfältig gepflegten Verteiler an tausenden Schulen in Deutschland verbreiten. Nachdem ich viele Arbeitsstunden hineingesteckt hatte, ging der Anbieter vermutlich pleite, jedenfalls hörte ich nie wieder etwas von ihm.

Im anderen Fall buchte ich vor einigen Jahren Werbeanzeigen auf Digitalen Schwarzen Brettern in Schulen und ließ für jeweils mehrere 1.000 Euro zwei kleine Spots produzieren, die für die Sozial- und Pflegeberufe warben (z. B. https://bit.ly/2ZlIF9o). Doch aufgrund der trotz Sozialrabatt sehr hohen Kosten konnten wir nur 500 Bildschirme in 250 Schulen für vier Wochen bespielen (für damals über 32.000 Euro zusätzlich zur Spot-Produktion). Für eine bundesweit angelegte Kampagne war das angesichts der 15.409 Grundschulen und 32.995 allgemeinbildenden Schulen, die es laut dem Statistischen Bundesamt im Schuljahr 2017/18 in Deutschland gab, eine sehr geringe Reichweite. Zumal bei einer stichprobenartigen Überprüfung der gebuchten Bildschirme viele Mängel auffielen. Einige befanden sich in wenig frequentierten Kellerecken oder hinter Säulen, sie funktionierten aufgrund technischer Störungen gar nicht oder befanden sich in berufsbildenden Schulen mit landwirtschaftlicher Ausrichtung, an denen junge Menschen mit Interesse an den Sozial- oder Pflegeberufen nicht zu vermuten waren. Manche Bildschirme zeigten unsere Spots nicht in den Pausen, sondern während der Unterrichtszeiten, in denen sie von den Schülern nicht wahrgenommen wurden. Besonders viel Aufmerksamkeit haben wir mit diesem Format sicher nicht erreicht.

Schulmarketing ist ohnehin ein teures Geschäft. Angesichts der Tatsache, dass Sozial- und Pflegeeinrichtungen ein begrenztes Budget für die Nachwuchsgewinnung zur Verfügung haben, sollten sie sorgfältig überlegen, ob es an dieser Stelle gut platziert ist. Natürlich zählt jeder Kontakt, den ein junger Mensch mit den Ausbildungsmöglichkeiten Ihres Unternehmens bekommt – auch der Kontakt über Schulbildschirme und -kalender. Große Player aus der Wirtschaft bedienen daher selbstverständlich auch diese Kanäle. Doch mit Printmaterialien werden die Schulen gerade zum Schuljahresbeginn überschüttet. Vieles davon landet direkt im Müll. Meiner Einschätzung nach lohnt sich Schulmarketing vor allem in kleineren Städten, wo eine enge Bindung der örtlichen Arbeitgeber zu den Schulen besteht (vgl. unten im Kapitel Schul- und Hochschulkooperationen). Pflegen Sie lieber direkte Kontakte zu Lehrern und verteilen Ihre Flyer an die Schüler, die Sie im Berufskundeunterricht, beim Boys'/Girls' Day oder bei der schulinternen Ausbildungsmesse oder beim schulinternen Berufsinformationstag bereits kennengelernt haben, als sie in unpersönlichen Infoständern auslegen zu lassen. Darüber hinaus geben Sie Ihr Budget besser für eine gute, suchmaschinenoptimierte Online-Präsenz aus, die langfristig erreichbar bleibt und nicht nach einem sehr befristeten Kampagnenzeitraum verpufft.

Die alten Bekannten: Berufemessen, Anzeigen in Jugendzeitschriften und Co.

Ebenfalls nur kurz eingehen möchte ich auf weitere klassische Methoden der Nachwuchsgewinnung wie Berufemessen und Anzeigen oder Beilagen in Jugendzeitschriften. Letztere machen ohnehin nur für überregional aktive Arbeitgeber Sinn und sind doch meist für unsere Branche unbezahlbar. Mittlere vier- oder gar fünfstellige Summen wurden noch vor wenigen Jahren in Studentenmagazinen und Jugendzeitschriften für einseitige Anzeigen/Advertorials oder Flyerbeilagen aufgerufen. Die Preise dürften durch die zurückgehende Nachfrage sinken, aber ohne Leser macht die Anzeige ja keinen Sinn. Im zweiten Quartal 2019 lag die verkaufte Auflage der Jugendzeitschrift *Bravo* laut dem Statistikportal statista.com nur noch bei rund 75.200 Exemplaren. Gegenüber dem zweiten Quartal 2015 sei das ein Rückgang um mehr als 80.000 Exemplare.

Online-Zeitungen sind im Übrigen auch nicht billiger: Die Karriererubriken auf den Webseiten der großen Zeitungen und Magazine stehen den Preisen, die früher für Print verlangt wurden, in nichts nach. Anzeigen für Ausbildungsplätze in der Regionalzeitung lohnen sich ggf. noch, um die Eltern der zukünftigen Azubis zu erreichen.

Was das Thema Berufemessen angeht, verweise ich auf mein Buch *Personalgewinnung in der Pflege* (Elsevier 2014), in dem ich schon einmal ausführlich über die Modernisierung des Messekonzepts geschrieben habe. Weitere Ideen finden Sie im Veranstaltungskonzept „SOZIALE BERUFE kann nicht jeder", das ich für die Diakonie Deutschland verfasst habe (vgl. https://bit.ly/2Za2JcF).

Kurz gesagt: Bauen Sie auf der Berufemesse nicht einfach Jahr für Jahr denselben Stand auf, weil Sie das schon immer so gemacht haben. Wenn Sie hingehen und viel Geld dafür ausgeben, dann werten Sie auch aus, ob es überhaupt etwas bringt. Versuchen Sie, Erfolgskennzahlen festzulegen und mit jeder Messe zu steigern. Versuchen Sie, mit Social Media-Gewinnspielen oder bei Beratungsgesprächen an Kontaktdaten der Besucher zu kommen und im Nachgang noch einmal Kontakt aufzunehmen (Datenschutz beachten, muss vorher angekündigt werden!). Nehmen Sie junge Leute (Auszubildende) mit auf die Messe, aber schulen Sie sie vorher ordentlich, sonst bringt das nichts: Wie geht man auf fremde Messebesucher zu? Welche Kernbotschaft soll verbreitet werden?

Bevorzugen Sie kleine, regionale Messen, bei denen Sie einen persönlicheren Kontakt mit den Besuchern pflegen können. Ein Messestand mit zwei Ansprechpartnern, einem Korb Gummibärchen und kleinen Werbegeschenken ist heute nicht mehr der Status quo. Stattdessen sind Aktionsstände gefragt. Doch „Blutdruck messen üben" und „Tablettenanzahl schätzen" zählen nicht zu den Aktionen, mit denen Sie Jugendliche begeistern. An einem modernen Aktionsstand gibt es eine Autogrammstunde mit einem Social Media-Star oder es können Berufetests am Tablet durchgeführt werden.

Beispiele: Erfolgreiche Aktionen am Messestand

Für die Diakonie habe ich an einem Messestand auf der Jugendmesse YOU, um das junge Publikum anzulocken, einmal einen Boxkampf samt verbalem Schlagabtausch zwischen Erzieher und Versicherungskaufmann inszeniert, den natürlich der Erzieher gewann. Bei anderen Gelegenheiten habe ich Graffiti-Sprayer eingeladen, unseren Stand live vor Ort zu verzieren. YouTuber und Musiker MaximNoise hat für uns gerappt, live gestreamt und die Besucher zur Ausbildungspantomime animiert. Mit einer Instagram-Wall und der Verlosung einer Go-Pro Kamera haben wir Kontaktdaten von Jugendlichen gesammelt und sie hinterher mit Informationen zu sozialen Berufen kontaktiert.

Doch ein solcher Aktionsstand kostet noch mehr Geld als der traditionelle Messeauftritt ohnehin schon. Wir haben zuletzt bis zu 40.000 Euro für die Messeagentur, alle Reisekosten, spannende Werbegeschenke, Promi-Honorare und Co. ausgegeben. Und dann haben wir uns gefragt: Wie viele Bewerbungen können wir tatsächlich darauf zurückführen? Wäre das Geld nicht besser in Online-Aktivitäten angelegt, die länger erhalten bleiben? Es gibt keine eindeutige Antwort auf diese Fragen. Ich kenne Träger, die nach Auswertung des Rücklaufs ihre Messeaktivitäten komplett eingestellt haben, und Träger, für die Messen die einzige Möglichkeit sind, junge Menschen im persönlichen Gespräch für ihre sehr abgelegene Ausbildungsstätte in der Provinz zu begeistern.

Wichtig ist, die Maßnahmen regelmäßig weiterzuentwickeln, auszuwerten und zu hinterfragen.

Was Jugendliche über Berufemessen denken: Bitte offene, junge Leute am Stand!

Frederik (14): „Wir waren mit der Schule auf einer Berufemesse, da sollten wir Aufgaben lösen und Ideen für Berufe sammeln. Die Firmen hatten Stände aufgebaut und es hat mich genervt, dass einen jeder ansprach, auch wenn man gar kein Interesse hatte. Ich möchte nur angesprochen werden, wenn ich Interesse zeige. Es gab Glücksräder und Powerbanks oder Süßigkeiten als Geschenke. Keine der Firmen hatte einen Azubi oder junge Menschen dabei."

Justus (16): „Mit der Schule war ich schon auf Berufemessen. Gut fand ich, wenn man dem Stand eines Arbeitgebers schon von Weitem ansehen konnte, worum es bei der Firma geht. Gut fand ich auch, wenn man am Stand etwas tun konnte, zum Beispiel Holz sägen beim Schreiner. Außerdem ist es wichtig, junge, offene Leute am Stand zu haben."

Vom Influencer-Personalmarketing bis zur Gamification: Methoden und Formate zur Gewinnung der Generation Z

Marketing-Erlebnis und Abenteuer

Nicht nur die richtigen Kanäle sind wichtig, um den Nachwuchs zu erreichen, sondern auch die richtigen Methoden und Formate. Stellenanzeigen und Flyer, Webseiten und YouTube-Filme bilden dabei lediglich die Basis – der Jugend von heute geht es vorrangig um etwas anderes: um (unerwartete) Abenteuer und Erlebnisse, die sie mit einer Marke oder einem Arbeitgeber teilen möchte. Das hatten wir eingangs schon im Zusammenhang mit der Studie „A generation without borders" besprochen. Ein Beispiel für ein solches Marketing-Erlebnis ist die interaktive Kampagne des Berliner Energieversorgers GASAG. Auf Plakaten kündigte er Spenden von 100.000 Euro für den Umweltschutz an und stellte verschiedene Projekte zur Auswahl. Die Berliner wurden eingeladen, per SMS einen Spendencode anzufordern, mit dem sie 5 Euro an ihre Lieblingsprojekte verteilen konnten. Wie eine solche Mitmach-Idee im Ausbildungsmarketing angewendet werden könnte, wäre zu überlegen, jedoch steht fest: Plakate, Webseiten und soziale Netzwerke dienen nicht mehr vorrangig dazu, absenderorientierte Informationen in die Welt zu posaunen, sondern dazu, mit der Zielgruppe zu interagieren. Im Folgenden stelle ich weitere Methoden und Formate vor, die diesen Dialog intensivieren können.

Influencer-Personalmarketing: Meinungsführer im Internet für das Unternehmen arbeiten lassen

Die Generation Z lässt sich nicht mehr so leicht mit Online-Marketingmaßnahmen ködern wie noch die Generation Y. Allzu flächendeckend werden sie inzwischen eingesetzt, der Neuigkeitseffekt wurde von einem Gewöhnungs- und sogar Ermüdungseffekt abgelöst. Das Mindeste, was Arbeitgeber heute leisten müssen, um den Nachwuchs neugierig zu machen, ist sogenanntes Content-Marketing. Absolut jede zu vermittelnde Information muss mit einer Geschichte hinterlegt und „bewiesen" werden (Storytelling). Ihre Azubis haben Spaß beim Firmenlauf? Eine nüchterne Pressemeldung und ein Stockfoto von joggenden jungen Menschen reichen nicht aus, um die Generation Z davon zu überzeugen. Es muss schon die persönliche Geschichte eines ausgewählten Auszubildenden sein, der seine Vorbereitungstrainings im Azubi-Blog dokumentiert, Instagram-Bilderalben in Echtzeit vom Firmenlauf postet und gleich hinter der Ziellinie schwitzend und glücklich ein kurzes Statement in eine Handykamera abgibt. Wie ein Profi-Fußballer nach der gewonnenen Weltmeisterschaft.

Definition: Content-Marketing

Content-Marketing ist eine Marketing-Technik, die mit informierenden, beratenden und unterhaltenden Inhalten die Zielgruppe ansprechen soll. Es werden also Reportagen, Ratgeber-Texte, FAQs und Videos statt reiner Banner und Werbeanzeigen eingesetzt, um die Zielgruppe vom eigenen Unternehmen und seinem Leistungsangebot oder einer eigenen Marke zu überzeugen und sie als Kunden oder Mitarbeitende zu gewinnen oder zu halten.

Doch auch Content-Marketing stößt bereits an seine Grenzen, angesichts der Vielfalt, in der es sich im World Wide Web verbreitet. Die Generation Z braucht jemanden, dem sie vertraut und der die Informationen für sie sortiert, vorfiltert und gewichtet. Diese Aufgabe des „Gatekeepers" übernehmen Influencer, also Meinungsführer im Internet. Es handelt sich um bekannte Social Media-Persönlichkeiten, die die Generation Z als Vorbilder betrachtet und deren Online-Aktivitäten sie verfolgt. Letztendlich arbeitet das Influencer-Personalmarketing mit den Erfolgsgeheimnissen des Empfehlungsmarketings.

Definition: Empfehlungsmarketing

Empfehlungsmarketing ist laut Wikipedia ein Instrument der Neukundengewinnung, die durch Mundpropaganda, Bewertungen und Referenzen von Kunden erfolgt. Es funktioniert auch für die Mitarbeitergewinnung. Voraussetzung ist, dass der empfehlende Kunde oder die empfehlende Mitarbeiterin mit den Angeboten des Unternehmens zufrieden ist. Insofern sind Bestandskundenpflege und Mitarbeiterbindungsmaßnahmen dem Empfehlungsmarketing vorgelagert.

Was liegt also näher, als über Bande zu spielen: Gehen Sie als Arbeitgeber eine Kooperation mit einem Influencer ein, der bei jungen Leuten beliebt ist, und lassen Sie ihn mit seinem Profi-Know-how alles aus Instagram und Co. herausholen, was herauszuholen ist. Influencer sind gerne dazu bereit, Ihr Unternehmen zu vermarkten, denn sie verdienen damit ihr Geld. Und die umfangreiche Erfahrung im digitalen Marketing, die sie nach jahrelangen „hauptberuflichen" Aktivitäten in diesem Bereich mitbringen, kann sich selbst die pfiffigste Social Media-Managerin im Unternehmen kaum noch selbst aneignen.

So können Influencer im Personalmarketing eingesetzt werden

- Ein Blogger schreibt über die attraktiven Arbeitsbedingungen in einem Unternehmen oder veröffentlicht einen fertig geschriebenen Gastbeitrag, der ihm exklusiv von einem Unternehmen angeboten wird, auf seinem Blog. Noch mehr Reichweite erzielt eine ganze **Blogger-Kampagne**, bei der mehrere Blogger gleichzeitig engagiert werden, um in einem bestimmten Zeitfenster Beiträge zum Unternehmen zu veröffentlichen. Beispiele aus dem Bereich Personalmarketing sind die Blogger-Kampagnen des Softwarentwicklers team neusta in Bremen (https://bit.ly/32u8GEj) und der Diakonie Deutschland (https://bit.ly/2SlWIYK). Für die Nachwuchsgewinnung im Sozial- und Gesundheitswesen eignen sich besonders junge Blogger. So gibt es zum Beispiel zahlreiche FSJ-Blogs, in denen Freiwilligendienstleistende von ihrem Auslandsaufenthalt in einem sozialen Projekt berichten und die von daheimgebliebenen Gleichaltrigen gelesen werden, aber auch Schüler, die ihre Tagebücher heute als „Lifestyle-Blog" online führen.

- Ein YouTube-Musiker dreht ein **Musikvideo** zu seinem Song in einem Unternehmen. Im Abspann und im Begleittext zum Video weist er auf die Arbeitsbedingungen und das Karriereportal des Unternehmens hin (Beispiel: https://bit.ly/2meXo6i).

- Ein bekannter YouTuber oder Instagrammer spricht ein **Testimonial** ein, das auf der Webseite oder im Facebook-Kanal eines Unternehmens veröffentlicht werden darf. Ein Testimonial ist in diesem Fall ein kurzes Videostatement, in dem der Influencer sich vorstellt und sagt, warum er das Unternehmen gut findet und welche Erfahrungen er selbst im Sozial- und Pflegebereich bereits gemacht hat (Beispiel: https://bit.ly/2MOKTtv).
- Ein YouTuber (Musiker oder Comedian) tritt bei einer Nachwuchsveranstaltung (Azubi-Tag) oder einem Bewerberevent (Berufemesse) auf und sendet den Auftritt unmittelbar zum Mitanschauen ins Netz **(Livestream)**.
- Ein Influencer kapert für einen Tag den Instagram- oder Snapchat-Kanal eines Unternehmens, bespielt ihn professionell mit Inhalten und tritt dort mit der Fangemeinde in Kontakt. Beispiele sind die sogenannten **Influencer Takeovers** bei der Techniker Krankenkasse durch Max Oberüber (vgl. Interview über Snapchat, Seite 68), und bei der Diakonie Deutschland durch MaximNoise anlässlich des Kirchentags 2019.
- Ein Influencer startet einen **Charity Livestream** auf seinem Kanal (YouTube, YouNow, Twitch) und berichtet in diesem Zusammenhang auch über die Ausbildungsmöglichkeiten in der sozialen Einrichtung, für die er Spenden sammelt.

3

Es klingt so schön einfach: Blogger, YouTuberin oder Instagrammer postet spannende Bilder oder Videos über Pflegeheim X oder Werkstätte für Menschen mit Behinderung Y und schon stehen die Bewerber Schlange. Doch wie können Sie Influencer finden, die zum Unternehmen und für das Vorhaben des Personalmarketings passen? Das ist – besonders für Sozial- und Pflegeeinrichtungen – gar nicht so einfach.

Sozialarbeiter-Blogs und Pflege-Rapper

Natürlich gab und gibt es Blogs zum Thema Pflege oder Soziale Arbeit, außerdem YouTube-Kanäle von Pflege-Rappern. Doch der Markt ist unübersichtlich: Es gibt Blogs, die nicht besonders hochwertig wirken – Pflegekräfte sind ja meist keine Marketing-Profis. Nun müssen Blogs kein Hochglanz-Design haben, um gut zu sein, aber Personalmarketing braucht schon ein seriöses Umfeld, um zu wirken. Weiterhin gibt es Blogs, in denen lange nichts Neues mehr veröffentlicht wurde und denen vermutlich auch nach und nach die Leser abhandengekommen sind. Es gibt eine Handvoll ehemals berühmter Pflege-Blogs, die ihre Internetadresse inzwischen an kommerzielle Anbieter von Gesundheitsdienstleistungen verkauft haben. Es gibt Blogs, die sehr fachlich daherkommen und eher von Pflegewissenschaftlern als von Fachkräften gelesen werden. In all jenen lohnt es sich nicht wirklich, Personalmarketing zu machen.

Wer Altenpflege- oder Sozialarbeiter-Blogs liest, der hat meist schon einen sozialen Beruf. Das wäre ungefähr dasselbe wie Werbung für das Freiwillige Soziale Jahr auf dem Kirchentag. Kann man machen, aber die meisten jugendlichen Besucher eines Kirchentags wissen sowieso schon längst, was das FSJ ist und dass sie eins absolvieren wollen. Eigentlich will man ja aber an die Außenstehenden herankommen – Jugendliche, die noch nicht darüber nachgedacht hatten, ob ein sozialer Beruf etwas für sie wäre, oder ausgebildete Fachkräfte, die zuvor noch nichts von Ihnen als Arbeitgeber gehört haben. Das wird auf diesem Weg nicht funktionieren. In einem einschlägigen Pflege- oder Sozialarbeit-Blog könnte es höchstens darum gehen, Menschen mit sozialen Berufen von einem Arbeitgeberwechsel zu überzeugen. Das darf aber möglicherweise der bloggende Altenpfleger oder die bloggende Sozialarbeiterin nicht unterstützen, denn sie wollen ja ihren eigenen Arbeitgeber nicht verärgern, indem sie für andere Arbeitgeber werben. Schwierig, schwierig.

Dann kommt noch dazu, dass Pflege- oder Sozialarbeiter-Blogger oft nicht gewohnt sind, marketingmäßig zu denken. Im Gegensatz zu Food- oder Lifestyle-Bloggern, die sich mit Suchmaschinenoptimierung auskennen und ihre Webseiten so aufbauen, dass sie Unternehmenskampagnen prima integrieren können. Das kann dazu führen, dass die Verhandlungen über ein gemeinsames Influencer-Marketing-Projekt an mangelndem technischem Verständnis oder steuerlichem Know-how scheitern.

Influencer mit dem Schwerpunkt Soziales

Ein anderer, vielversprechenderer Ansatz ist, Blogger, YouTuber oder Instagrammer zu suchen, die sich eher allgemein mit sozialen Themen beschäftigen. Idealerweise bringen sie ein gewisses Show-Talent mit (Singen, Rappen, Comedy), sodass sie auch für Live-Auftritte auf Messen oder beim Tag der offenen Tür in der Einrichtung einsetzbar sind. So wie MaximNoise aus Neuss in Nordrhein-Westfalen, der eine Ausbildung zum Rettungssanitäter gemacht hat, bevor er begann, bei YouTube über Krieg, Mobbing und Integration zu singen und mit der Diakonie Deutschland zu kooperieren. Meist sind das nicht gerade Influencer mit Millionen Followern, aber das ist auch nicht weiter schlimm, denn ein kleinerer, aber treuer Fankreis ist oftmals mehr wert als Millionen oberflächliche Kontakte. Problematisch ist eher, dass es nicht so viele solcher Influencer mit sozialem Schwerpunkt gibt, während Reise- oder Mode-Blogs das Internet geradezu überschwemmen. Man möchte schließlich eine gewisse Exklusivität erreichen und nicht das x-te Unternehmen sein, das mit dem Influencer zusammenarbeitet.

Regionale und Micro-Influencer

Es bleibt nichts anderes übrig, als den Fokus ein wenig auszuweiten. Eine gute Alternative sind sogenannte Micro-Influencer. Sie müssen nicht unbedingt einen sozialorientierten Blog betreiben. Schließlich haben auch Pflegekräfte oder Erzieherinnen Hobbys, verreisen gerne oder stöbern im Internet nach Unterhaltung. Wichtig ist vielmehr, dass die Influencer irgendeinen Berührungspunkt mit der Zielgruppe Ihres Personalmarketings haben. Das kann zum Beispiel die gemeinsame Heimat sein. So entschied sich die Diakonie Stetten bei ihrer Influencer-Kampagne, auf die Hobbyköchin Fruit Fairy zuzugehen. Mit Pflegekräften hat ihr Rezepte-Blog zwar eigentlich nichts zu tun, aber Laura alias Fruit Fairy kommt aus dem Raum Stuttgart, wo auch die Diakonie Stetten zu Hause und bekannt ist. Das passt!

Abbildung: Screenshot aus dem Blog fruit-fairy.com

3

Best Cases – Erfolgreiches Influencer-Personalmarketing der Diakonie Stetten

Influencer-Personalmarketing mit der Hobbyköchin

Eine Hobbyköchin, die sonst Fotos von Fruchtsalaten und Smoothies postet, für eine Blogger-Kooperation im Recruiting? Warum gerade Laura alias Fruit Fairy ausgewählt wurde, um mit den Vorurteilen gegenüber sozialen Berufen aufzuräumen, und was dabei herauskam, erzählen Milena Grieger und Monika König, Projektleiterinnen „Neue Wege der Personalgewinnung" bei der Diakonie Stetten.

Warum wurde gerade Laura für eine Blogger-Kooperation ausgewählt?

Durch die Zusammenarbeit der Diakonie Deutschland mit MaximNoise sind wir auf das Thema Influencer-Marketing aufmerksam geworden. Da wir aktuell dabei sind, viele neue Wege der Personalgewinnung zu testen, wollten wir das auch mal ausprobieren. Inhaltlich wollten wir das Influencer-Marketing nutzen, um das Thema „Vorurteile gegenüber sozialen Berufen" aufzugreifen und suchten jemanden für eine Blogger-Kooperation. Mit Blick auf unser Budget waren wir auf der Suche nach einem Micro-Influencer, also nach jemandem, der noch keine Millionen Fans hat, sondern eher über einen kleinen, aber treuen Followerkreis verfügt. Außerdem war es unser Wunsch, dass er oder sie aus unserer Region kommt. So sind wir dann bei der Recherche auf Fruit Fairy gestoßen. Spezifisch nach einer Foodbloggerin haben wir nicht gesucht. Doch die Beratung durch eine Agentur hat ergeben, dass die Follower von Fruit Fairy durchaus auch unsere Zielgruppe repräsentieren. Besonders passend schien uns, dass sie selbst schon ein Praktikum im Pflegebereich gemacht hat und sich sehr gut mit unserer Einrichtung identifizieren konnte. Es war das erste Mal, dass wir uns etwas Entsprechendes getraut haben, da war eine Foodbloggerin auch eine „sichere" Wahl, die zur Marke Diakonie Stetten passt.

Wie haben Sie Laura angesprochen?

Wir arbeiten im Projekt „Neue Wege der Personalgewinnung" mit einer Personalmarketing-Agentur zusammen. Die Agentur hat auch die Recherche, den Erstkontakt und das Projektmanagement übernommen.

In welcher Höhe lag Lauras Honorar?

Grob gesagt sind es für einen Instagram-Post oder Blogartikel jeweils mittlere dreistellige Summen. Für ein YouTube-Video (Produktion, Schnitt, Distribution) zahlt man ungefähr das Dreifache. Dafür hat Laura sich aber auch komplett um alles gekümmert, was das Video anging, wir mussten nichts machen. Hinzu kamen noch die Agenturkosten für das Projektmanagement.

Was konnte über die produzierten Inhalte vorab verhandelt werden?

Wir wollten, dass Laura die vielfältigen Berufsbilder, für die wir ausbilden, kennenlernt, davon berichtet und gleichzeitig das Thema Vorurteile aufgreift. Vor der Veröffentlichung haben wir das Material auch erhalten und konnten nochmal Rückmeldung geben. Das ist nicht selbstverständlich, hat uns aber die Entscheidung, ob wir Influencer-Marketing ein erstes Mal ausprobieren, stark erleichtert. Uns ging es dabei nicht darum, Material zu zensieren, sondern vielmehr darum, darauf zu achten, dass auch unsere Klienten in einem positiven Licht gezeigt werden.

Wie haben Sie Laura Einblicke in die Arbeit der Diakonie Stetten ermöglicht?

Wir haben Laura eingeladen, uns einen Tag in der Diakonie Stetten zu besuchen. Die Tour führte sie unter anderem durch eine Fachschule, eine Werkstätte für Menschen mit Behinderung, eine Wohngruppe und ein Pflegeheim. Überall lernte Laura Azubis und Freiwilligendienstleistende kennen. Sie hat einen schönen, authentischen Blogpost mit vielen Fotos (https://bit.ly/32yXl66) darüber geschrieben, in dem sie zum Beispiel von der Begegnung mit einem Klienten berichtet: „Die unglaubliche Positivität und Lebensfreude hat sich bei mir total eingebrannt. Ich habe seine Dankbarkeit sofort gespürt und seine freundliche, ungezwungene Ausstrahlung hat mich sehr berührt. Es gibt so viele Berufe, bei denen man sich mit undankbaren Menschen plagen muss – doch die Remstal Werkstätten sind genau das Gegenteil." Ganz nebenbei stellt sie die Karrieren einiger Mitarbeiter vor und betont immer wieder, wie zufrieden alle bei uns wirken.

3

Laura hat auch einen Post auf Instagram abgesetzt, der in den ersten vier Tagen 1.282-mal geliked wurde und 66 Kommentare erhielt. „Es ist so unglaublich toll, dass du darauf aufmerksam machst!!", schrieb eine Userin dazu. Andere Nutzer diskutierten auch kritisch über die angeblich schlechte Vergütung in den sozialen Berufen, doch Laura verwies per Kommentar auf ihren Blogpost, in dem sie konkrete Vergütungen nennt, mit denen wir sie versorgt haben. Nicht zuletzt hat Laura ein Video mit dem Titel „Soziale Berufe und ihre Vorurteile" (https://bit.ly/2VcWxUa) gedreht, das sogar ungewohnte 20 Minuten lang ist.

Wie kam es dazu, dass Laura schon im Blogeintrag konkret auf die Ausbildungsvergütung eingeht?

Hier zeigt sich, dass wir nun schon seit Ende 2016 im Projekt „Neue Wege der Personalgewinnung" arbeiten und mittlerweile das Bewusstsein besteht, dass eine entsprechende Transparenz notwendig ist. Darüber hinaus erfolgt die Vergütung tariflich und ist für jedermann einsehbar, der sich für dieses Thema interessiert. Wichtig war uns auch zu zeigen, dass sich die Gehälter in sozialen Berufen, zum Beispiel im Vergleich zu Einstiegsgehältern in kaufmännischen Berufen, nicht verstecken müssen.

Welche Tipps haben Sie für Träger im Sozial- und Gesundheitswesen, die sich im Influencer-Marketing ausprobieren möchten?

Am schwierigsten war es, Mitarbeitende und Klienten zu finden, die bereit sind, bei der Aktion mitzumachen. Das hatten wir unterschätzt und würden wir das nächste Mal frühzeitiger abklären. Mit Blick auf das Budget hatten wir wie gesagt bewusst nach Micro-Influencern gesucht, allerdings scheinen da nicht alle so professionell zu arbeiten wie Fruit Fairy. Mit einer potenziellen Influencerin waren wir beispielsweise schon sehr weit im Gespräch und haben dann auf einmal nichts mehr gehört. Die Professionalität sollte man vorher abklären.

Eine Foodbloggerin im Personalmarketing ist nur ein Beispiel. Genauso könnten Sie in einem regionalen Radfahrer-Blog Personalmarketing für Ihre ambulanten Pflegedienste machen, wenn das Einzugsgebiet so klein ist, dass die Pflegekräfte mit dem Fahrrad von Einsatz zu Einsatz fahren können. In dem Fall wäre das Fahrrad der gemeinsame Nenner. In Sachen Nachwuchsgewinnung wäre ein regional bekannter Schüler-YouTuber interessant. Überall in Deutschland gibt es junge Menschen, die den großen YouTube-Stars nacheifern und genauso berühmt werden möchten.

Geeignete Influencer finden

Man kann viel Zeit damit vertrödeln, das Internet selbst per Google-Suche nach Influencern zu durchforsten. Meist bleibt man stundenlang in diversen Blogs oder YouTube-Kanälen hängen und klickt sich neugierig durch die Beiträge und Videos. Für Laien ist es nicht leicht, hier die Spreu vom Weizen zu trennen. Man kann darum auch die Hilfe einer Social Media-/Content Marketing/Influencer Marketing-Agentur oder -Beratung wie Mediakraft Networks in Anspruch nehmen, die sich allerdings den Zeitaufwand vergüten lässt, eventuell eine Provision bzw. Vermittlungsgebühr für die gefundenen Influencer verlangt oder sogar ähnlich wie eine Künstleragentur den Influencer unter Vertrag nimmt und an jeder Kooperation mit verdient. Eine weitere Alternative sind Dienstleister, die sich auf die Vermittlung von Influencern spezialisieren, wie zum Beispiel die Bloggerplattform trusted-blogs.com. Außerdem gibt es Bloggerverzeichnisse wie blogger-helden.de oder bloggerei.de.

Tipp: Azubi-Umfrage

Führen Sie eine Umfrage unter Ihren Auszubildenden durch, welchen Persönlichkeiten sie in den sozialen Netzwerken folgen und welche regionalen Micro-Influencer sie kennen. Sprechen Sie diese als mögliche Kooperationspartner an.

Blogger als Influencer haben übrigens gegenüber YouTubern oder Instagrammern einen wichtigen Vorteil: Ihre Inhalte werden von Google besser gefunden. Ein längerer Blog-Artikel über die Sozial- und Pflegeberufe bringt aus Sicht der Suchmaschinenoptimierung wesentlich mehr als ein Video, weil Google hier mehr Text auswerten kann. Zumindest solange die Suchmaschinen noch nicht damit angefangen haben, die gesprochenen Worte aus Videos auszulesen und von ihrem Algorithmus mitbewerten zu lassen.

Wichtig ist nicht zuletzt, dass die Influencer, die Sie auswählen, auch wirklich cool genug für Ihre Zielgruppe sind. Nur weil jemand als YouTuber bekannt geworden ist, ist er nicht automatisch auch in der Generation Z angesagt. Unternehmen tappen häufig in die Falle, zu denken, alles was online ist, sei irgendwie modern und zeitgemäß. Doch weit gefehlt! Auch bei YouTube, YouNow und Twitch gibt es Trends und Halbwertszeiten.

Beispiel:

Der lange Zeit bekannteste und erfolgreichste deutsche YouTuber, LeFloid, war mit seinem Kanal „LeFloid vs. The World" zwar noch 2019 für den Grimme-Preis nominiert, doch für meine 15- und 12-jährigen Söhne war er da schon längst Schnee von gestern. Der Thron eines seiner Nachfolger, „MontanaBlack" (Monte), bröckelt, seit seine Autobiografie auf der Spiegel-Bestsellerliste erschien und Eltern wie ich sie
3 lesen.

Nicht alles, was bei YouTube läuft, ist automatisch gut – diese Erfahrung machte auch die Evangelische Kirche in Deutschland. Sie wurde für ihre Zusammenarbeit mit der YouTuberin Jana Highholder, für die der neue Kanal „Jana glaubt" aufgebaut wurde, zuerst gefeiert und dann kritisiert. Ein Journalistenteam um Hannes Leitlein analysiert unter der Überschrift „Ist sie die Antwort?" in der *Zeit*, Ausgabe 14/2019 (https://bit.ly/2YWNwMR) die Einstellungen und Werte der damals 20-jährigen Medizinstudentin und Poetry-Slammerin, die sie in ihren Videos verbreitete: nämlich – so das Journalistenteam – ein altmodisches Frauenbild und extreme evangelikale Positionen.

„Es hätte eine Stunde Recherche gebraucht, um herauszufinden, welche Schülerinnen oder Studenten es bereits gibt, die mit evangelischem Profil online kommunizieren", schreibt Mitautorin Hanna Jacobs. „Es wäre viel sinnvoller gewesen, drei oder vier von ihnen aufzubauen und darüber hinaus mit bekannten YouTube-Stars zu kooperieren, als für viel Geld ‚*Jana glaubt*' aus dem Boden zu stampfen."

Fazit: Lassen Sie also Sorgfalt bei der Influencer-Auswahl walten.

Das Briefing schreiben

Bei der Planung und Umsetzung einer Influencer-Kooperation sollten Sie strukturiert vorgehen, damit es nicht zu unliebsamen Überraschungen kommt und Sie für die zu zahlenden Honorare auch das Maximum an Leistung erhalten. Verfassen Sie zunächst ein kurzes Briefing, dem die Influencer entnehmen können, was von ihnen erwartet wird, um entscheiden zu können, ob die Zusammenarbeit für sie infrage kommt. Folgende Punkte sind beim Briefing wichtig:

- maximal eine DIN A4-Seite
- Informationen zum Anlass, zum Beispiel eine Nachwuchsveranstaltung oder die Last Minute-Besetzung freier Ausbildungsplätze
- Informationen zur Hauptbotschaft, die transportiert werden soll: „Wir sind ein toller Arbeitgeber" reicht nicht. Auf welches Ihrer Alleinstellungsmerkmale wollen Sie das Augenmerk legen? Je konkreter, desto besser.
- Angaben zum Netto-Honorar, zur Erstattung von Spesen oder zur anderweitigen Belohnung, zum Beispiel kostenlose Produkte oder VIP-Tickets für Veranstaltungen
- Welche Leistungen erwarten Sie? Zum Beispiel: einen Blogartikel mit mindestens 3.500 Zeichen, eine bestimmte Anzahl von Foto-Posts oder Stories in den sozialen Netzwerken, einen Livestream, die Einbindung Ihres Employer Branding-Videos, Verlinkung auf Ihr Karriereportal, Nennung der Beitragsreichweite und Klickzahlen in einem bestimmten Zeitraum nach der Veröffentlichung
- Welche Recherchemöglichkeiten bieten Sie den Bloggern? Zum Beispiel Webseiten, Interviews, Hospitationen, Teilnahme an Veranstaltungen, Kennenlernen Ihrer Azubis.
- Angaben zu gewünschten Freigabeprozessen und Abstimmungsschleifen
- Besonderheiten des Auftrags, zum Beispiel notwendige Reisetätigkeiten
- Angaben zur Bewerbung (Welche Arten von Influencer-Kanälen werden gesucht?) und zur Bewerbungsfrist (Richtwert: eine Woche)

Allerdings ist beim Briefing Fingerspitzengefühl gefragt. Einerseits möchte der Influencer so genau wie möglich wissen, worum es geht, andererseits möchte er in seiner kreativen Freiheit nicht eingeschränkt werden. Eine Artikelfreigabe vor Veröffentlichung kann bei einem Blogger eventuell verhandelt werden, Social Media-Posts können und sollten sicher nicht einzeln abgestimmt werden. Bis zu einem gewissen Bekanntheitsgrad können Sie feste dreistellige Honorare ausloben, irgendwann muss dann der Satz „Gegenangebote werden akzeptiert" hinzugefügt werden, und ab mehreren zehntausend Fans bitten Sie den Influencer um ein Angebot und rechnen mit vierstelligen Summen. Schließen Sie unbedingt eine Auftragsbestätigung (bei kleineren Honoraren) oder einen Honorarvertrag ab, in dem die Leistungen und Deadlines sowie die Verpflichtung zur Werbekennzeichnung nochmal aufgeführt sind. Das mag zwar manchem Influencer altmodisch erscheinen, doch es ist schließlich Ihr Geld.

Das Auswahlverfahren für geeignete Influencer

Wählen Sie die Influencer nicht nach Ihrem eigenen subjektiven Geschmack, sondern nach sachlichen Kriterien aus, für die Sie in einer übersichtlichen Matrix Punkte verteilen und Stichworte notieren. Folgende Kriterien bieten sich dabei an.

Blog	Professionelles Kanal-Design	Reichweite des Kanals	Qualität der bisherigen bezahlten Beiträge	Vorgeschlagener thematischer Aufhänger	Bezug zum sozialen Bereich	Standort	Relevanz bei der Zielgruppe	Ausschlusskriterien
Blog 1								
Blog 2								
Blog 3								
Blog 4								

Abbildung: Beispielhafte Matrix zur Influencer-Auswahl, die Sie gerne nutzen und erweitern können.

Wirkt das Kanal-Design professionell?

Meist handelt es sich bei Bloggern oder YouTubern nicht um Kommunikationsprofis. Es sind also keine Webseiten zu erwarten, mit denen man Design Awards abräumen würde. Aber mit einer Blogsoftware wie Wordpress ist es heute sehr einfach, eine aufgeräumte und seriöse Gestaltung hinzubekommen, und auch ein YouTube-Profil ist schnell ansprechend eingerichtet. Wenn einem Influencer das nicht gelingt und er zum Beispiel mit einem verschnörkelten Schrifttyp verwirrt, der kaum zu lesen ist, oder seinen YouTube-Videos keine Textbeschreibungen beifügt, die für die Suchmaschinen so wichtig sind, spricht das nicht für einen Kanal, der wirklich ernsthaft an Reichweite interessiert ist.

Hat der Kanal eine große Reichweite?

Lassen Sie sich statistische Werte wie Seitenaufrufe oder Benutzer pro Monat in der Bewerbung mitliefern oder fordern Sie ein sogenanntes Mediakit an, das Influencer ab einem gewissen Grad an Professionalität meist in der virtuellen Schublade haben. Die Fanzahlen in sozialen Netzwerken können Sie selbst recherchieren. Da es sich bei den bezahlbaren Persönlichkeiten um Micro-Influencer handelt, sind keine Millionen-Communities zu erwarten. Doch die Zahlen ermöglichen einen Vergleich der möglichen Kooperationspartner untereinander. Achten Sie darauf, nicht auf sogenannte Fake-Follower hereinzufallen. Ein YouTube-Kanal mit 10.000 Followern, der kein einziges Video enthält, oder ein Facebook-Kanal mit 10.000 Fans, von denen kein einziger die geteilten Beiträge liket, nutzt Ihnen nichts.

Wie gut sind die bisherigen (bezahlten) Beiträge?

Influencer, die Interesse zeigen, gegen Geld mit Unternehmen, Dienstleistern oder Organisationen zu kooperieren, haben sicher schon den einen oder anderen bezahlten Beitrag veröffentlicht, den man sich einmal ansehen kann. Die Kennzeichnung ist Pflicht, meist sind die Beiträge mit den Begriffen „Werbung“, „Anzeige“, „Advertorial“ oder „Sponsored Post“ markiert. Prüfen Sie, ob in diesen Beiträgen offensichtlich nur die Pressemeldungen kopiert bzw. nachgeplappert wurden oder ob der Influencer eigene Erfahrungen oder Meinungen einfließen ließ. Die Beiträge sollten eine angemessene Länge haben (3.500 Zeichen Text, zwei bis drei Minuten Videos).

Welchen thematischen Aufhänger schlägt der Influencer vor?

Bitten Sie den Influencer bereits bei der Bewerbung um einen Vorschlag, wie er Ihr Thema in seinen Kanälen anzugehen gedenkt. Der Aufhänger sollte authentisch sein und sich gut in die anderen Beiträge einfügen. Influencer, die nur ein Sammelsurium an bezahlten Beiträgen veröffentlichen, von denen keiner zum anderen passt, sind nicht empfehlenswert. Influencer, die beim Vorgespräch keine kreativen Ideen anreißen können, werden wahrscheinlich auch mit ihren Beiträgen Ihren Erwartungen nicht gerecht werden. Influencer, die ein Herzensthema haben, über das sie mit großer Motivation schreiben, finden dagegen meist einen Dreh, um Ihr Thema elegant einzuarbeiten.

Hat der Influencer eine persönliche Verbindung zum Sozial- und Gesundheitswesen?

Auch wenn es sich um einen Gaming- oder Hip Hop-Kanal handelt, kann es sein, dass Influencer persönliche Verbindungen zum sozialen Bereich haben: die Großmutter im Pflegeheim, das Freiwillige Soziale Jahr im eigenen Lebenslauf oder der beste Freund macht eine Ausbildung zum Physiotherapeuten? Umso besser, hier ist mit einem sensiblen Umgang mit Ihrem Thema zu rechnen.

Erreicht der Influencer die gewünschte Zielgruppe?

Anhand der Kommentare der Nutzer im Kanal des Influencers können Sie erkennen, ob es sich um die gewünschte Zielgruppe handelt. Ein YouTuber wird gelegentlich Videos von Live-Auftritten oder Videodrehs posten, bei denen er seine Fans eingeladen hat, mitzumachen. Auch dort können Sie einen Blick auf die Zielgruppe erhaschen. Die Statistikfunktionen und Jahresberichte sozialer Netzwerke wie Facebook erlauben ebenfalls einen Blick auf die demografische Zusammensetzung der Zielgruppen in einzelnen Kanälen bzw. übergreifend im gesamten Netzwerk.

Welche Ausschlusskriterien gibt es?

Prüfen Sie die Influencer-Kanäle sorgfältig: Handelt es sich um seriöse Angebote, die auch nicht mit Ihren Unternehmenswerten in Konflikt geraten? Bloggerplattformen oder Social Media-Agenturen übernehmen meist nicht die Gewähr dafür, dass ein empfohlener Blogger oder Instagrammer zum Beispiel nicht rechtsradikal ist. Hören Sie auf Ihr Bauchgefühl: Wenn Ihnen etwas komisch vorkommt, ist es das wahrscheinlich auch. Klicken Sie sich intensiv durch den Kanal und schauen Sie sich verschiedene Beiträge genau an. Mir ist es schon passiert, dass ich in einem Blog, dessen Autor sich für eine Kooperation beworben hatte, einen Bericht über eine Ortsversammlung der Partei „Alternative für Deutschland (AfD)" gefunden habe. Der Image-Schaden für ein Unternehmen kann immens sein, wenn man aus Versehen mit den falschen Leuten zusammenarbeitet. Das soll jetzt aber nicht dazu führen, dass Sie vor lauter Angst ganz die Finger im Influencer-Marketing lassen. Fehler können überall passieren und sie können korrigiert werden.

Die Zusammenarbeit mit Influencern starten

Bei der Zusammenarbeit mit Influencern sind einige Verhaltensregeln zu beachten. Ein lockerer Umgangston ist Usus. Wenn Sie zu sachlich-seriös auftreten, machen Sie dem Influencer eher keine Lust – er befürchtet dann umständliche Abstimmungsprozesse und langweilige Themen. Die Zusammenarbeit ist geprägt von Schnelligkeit und Spontaneität. Die Vermittlung eines Interviewpartners darf keine Wochen, sondern höchstens Tage dauern, auf neue Ideen müssen Sie reagieren können. Planen Sie für die Dauer der Influencer-Kooperation keine anderen wichtigen Projekte ein! Falls Sie verhandelt haben, dass es eine Veröffentlichungsfreigabe für ein Video oder einen Blogartikel geben soll, korrigieren und ändern Sie nichts, was reine Geschmackssache ist, um die Influencer nicht zu verärgern und die Authentizität der Beiträge nicht zu gefährden. Nur echte Fehler, wie falsche Gehaltsangaben oder Unternehmensnamen, sollten verbessert werden. Lassen Sie auch moderat kritische Bemerkungen im Beitrag zu, wenn die Grundtonalität positiv ist (z. B. „Die Pflegeausbildung kann anstrengend und belastend sein"), denn Transparenz kommt im Azubi-Marketing besser an als beschönigende Wohlfühlstories. Nehmen Sie es den Influencern nicht übel, wenn sie trotz mehrfacher Erläuterungen Zusammenhänge rund um Ihr Unternehmen nicht ganz richtig verstehen oder darstellen. Influencer sind keine professionellen Journalisten und letztendlich genauso unbedarft wie Ihre Bewerber. Was die einen nicht verstehen, werden die anderen auch nicht verstehen. Influencer wie Bewerber klicken sich durch Ihre Webseite oder Ihr Karriereportal, sind aber vielleicht nebenbei mit anderen Dingen beschäftigt und haben ein anderes Hauptinteresse, als die Struktur Ihres Unternehmens zu verstehen. Grundsätzlich sollten die Botschaften in der Nachwuchskommunikation so einfach wie möglich gehalten und überflüssige Informationen weggelassen werden.

Die Influencer-Kooperation sauber dokumentieren

Selbst bei einer Kampagne mit nur zehn Influencern fällt es schwer, den Überblick zu behalten. Bei welchem kommt es warum zu Verzögerungen bei der Veröffentlichung? Bei welchem hatte Ihnen unterwegs jemand zugerufen, dass die Werbekennzeichnung unzureichend sei? Fertigen Sie eine Tabelle an, in der Sie per Häkchen oder Stichwort den Status quo zu folgenden Punkten festhalten können:

- Wurde die Auftragsbestätigung versandt?
- Hat der Erstkontakt stattgefunden?
- Wurde ein Interviewpartner gewünscht und vermittelt?
- Wurde der Beitrag veröffentlicht?
- Wurde der Beitrag auf etwaige inhaltliche Fehler geprüft?
- Wurden die angeforderten Korrekturen am Beitrag durchgeführt?
- Enthält der Beitrag eine ausreichende Werbekennzeichnung?
- Wurde die Rechnung eingereicht und bezahlt?
- Haben Sie ein Feedback des Influencers zur Kooperation eingeholt, um beim nächsten Mal noch besser zu werden?
- Haben Sie selbst ein Feedback zu den veröffentlichten Beiträgen gegeben, damit der Influencer beim nächsten Mal noch besser werden kann?
- Wurde die Reichweite des Blogartikels nach vier Wochen zurückgemeldet?

Best Cases – Der Influencer Takeover im Personalmarketing der Diakonie

„Was für ein Vertrauen!"

Neben der Videokooperation und der Blogger-Kampagne gibt es ein weiteres Format des Influencer-Marketings, welches man im Personalmarketing nutzen kann: den Influencer Takeover. Das bedeutet, dass eine bekannte Social Media-Persönlichkeit einen Tag lang einen Social Media-Kanal eines Arbeitgebers bespielt. Das macht sie natürlich viel professioneller, als es selbst der beste Social Media-Manager könnte, denn der Influencer kennt jede Funktion in- und auswendig und bedient sie sozusagen im Schlaf. Für die Diakonie haben wir den Influencer Takeover anlässlich des Kirchentags Ende Juni 2019 in Dortmund ausprobiert. YouTuber und Musiker MaximNoise war für uns dort unterwegs und kaperte den Kanal instagram.com/sozialeberufe.

Die Ankündigungsposts zum Influencer Takeover

Natürlich gab es im Vorfeld Ankündigungsposts zum Influencer Takeover der Diakonie auf dem Kirchentag, sowohl auf unseren Kanälen als auch auf denen von MaximNoise. Facebook und Instagram wurden bedient, ebenso unser Azubi-Blog und das Karriereportal. Eine Pressemeldung wäre auch noch eine gute Idee gewesen. Schließlich ist das Ziel, so viel Aufmerksamkeit wie möglich zu bekommen. Der Auftrag: MaximNoise sollte seine und unsere Fans sowie die Kirchentagsbesucher unterhalten, mit ihnen ins Gespräch über Sozial- und Pflegeberufe kommen, die Diakonie als ArbeitgeberIn erwähnen, den Menschen eine unerwartete, emotionale, erinnernswerte Begegnung mit der Diakonie ermöglichen sowie für Content in unseren Social Media-Kanälen sorgen, der sich von den üblichen Veranstaltungsfotos und -videos unterschied.

So zumindest unsere Zielsetzung vorab, die auch in einem Honorarvertrag festgehalten wurde. Natürlich ist eine gewisse Flexibilität unerlässlich. Einerseits ist eine möglichst genaue Absprache der gewünschten Leistungen sehr wichtig, andererseits möchte der Influencer kreativen Freiraum haben und ist auf die Gegebenheiten vor Ort angewiesen. Wenn es auf einer Open Air-Veranstaltung regnet oder das WIFI nicht stark genug ist, wenn ein Zug ausfällt oder ein Mikrofon nicht rechtzeitig geliefert wird (alles im Rahmen dieser Kooperation passiert!), können bestimmte Pläne nicht umgesetzt werden. Man kann also einen Rahmen stecken, denn es ist schließlich ein Geschäft, welches man eingeht, doch man muss als Auftraggeber auch loslassen können.

Die Stories des Influencer Takeovers

Auf dem Karrierekanal der Diakonie bei Instagram (instagram.com/sozialeberufe), und auf seinem eigenen Kanal (instagram.com/maximnoise – 15.100 Fans) postete MaximNoise sogenannte Stories. Das sind kleine Serien aus Videos, Fotos, grafischen Einblendungen und interaktiven Elementen, die nur 24 Stunden online bleiben, wenn man sie nicht als „Highlights" sichert. Eine richtige eigene Kunstform!

In seine erste Story am Kirchentags-Donnerstag baute MaximNoise interaktive Elemente ein, zum Beispiel eine Abstimmung vor den Verpflegungsständen: „Worauf habt ihr Hunger? Bio-Brot oder Pommes?" Oder die Frage: „Was ist euch wichtig im Leben?" Hier bot Max ein Freitextfeld. Und als er am nächsten Tag einige Antworten gesammelt hatte (z. B. „Umweltschutz", „Inspiriert zu werden von Orten und Menschen"), bastelte er daraus gleich eine weitere Story. Als Max bei einer Gesangseinlage aus *König der Löwen* vorbeikam, lud er die Nutzer ein, per Smiley eine Bewertung für den Auftritt zu vergeben. Derartige Aktionen machen Spaß und halten die Zuschauer bei der Stange. Natürlich wurde auch der geplante Livestream angekündigt und es wurden möglichst interessante Videobilder für den Veranstaltungsfilm gesammelt (kurze Gespräche mit Kirchentagsbesuchern, eine kostenlose Umarmung, die zwei Schüler anboten, ein Blick von oben auf das bunte Treiben). Die Hinweise, in wessen Auftrag und zu welchem Thema er unterwegs war, flocht MaximNoise gekonnt in die Stories ein.

Die Livestreams beim Influencer Takeover

Zwei Livestreams vom Kirchentag waren geplant, doch der zweite musste wegen schlechten Wetters und schlechtem WIFI-Empfang ausfallen. Der Livestream fand auf Max' eigenem Instagram-Kanal statt, wurde aber über unsere Kanäle angekündigt. Eine Stunde lang lief „unser" Influencer durch das Zentrum Jugend und kommentierte, philosophierte, assoziierte, sprach Leute an und antwortete live auf die Kommentare und Herzchen, die seine Fans währenddessen posteten. Immer wieder kam er auf die Diakonie zu sprechen.

Das Thema Sozial- und Pflegeberufe besprach er in eigenen Kommentaren („Leute, die mit Menschen zu tun haben, drehen nicht so schnell am Rad wie Menschen, die nur mit Maschinen zu tun haben", „In den sozialen Berufen kann man die verschiedensten Interessen kombinieren."), und er blendete die Aufforderung, mal zu überlegen, ob ein sozialer Beruf denn nicht etwas für einen sei, als Textgrafik ein. Daraufhin trugen auch seine Fans in den Kommentaren ihre Erfahrungen damit vor. Während manche nur ein „Hallo" aus dem Korea-Urlaub schickten, schrieben andere: „Ich arbeite mit Kindern, das ist für mich der schönste Beruf, den es gibt" oder: „Unsere Tochter hat gerade ein Praktikum im sozialen Bereich gemacht, Reittherapie mit Kindern mit Behinderung."

Auf seinem Einsatz als fliegender Reporter nahm MaximNoise an Aktionen teil (z. B. Rhabarbersaft selber machen), switchte wenn nötig ins Englische und Französische und interviewte Leon, einen Freiwilligendienstleistenden aus Düsseldorf, der auf dem Kirchentag einen Escape Room betreute. Warum Leon nach dem FSJ einen sozialen Beruf lernen möchte? Weil das dankbare Lächeln eines Menschen, dem er geholfen hat, selbst einen bis dahin furchtbaren Tag retten kann. „Danke für dein soziales Engagement. Bist ein toller Mensch!“, lautete ein Zuschauerkommentar. Ein anderer: „Leon, top!“ So erfahren Mitarbeitende ganz nebenbei Wertschätzung.

Die Videos zum Influencer Takeover

Drei Tage nach Ende der Veranstaltung gingen zwei von MaximNoise produzierte Videos online, jeweils etwa 12 bis 13 Minuten lang, dazu einige kurze Videotrailer. Ein Video im YouTube-Kanal MaximInfo (13.000 Fans, nicht zu verwechseln mit Max' Musikkanal mit 110.000 Fans) erreichte in 2,5 Wochen 8.000 Aufrufe. Teil 2 im Diakonie-Karrierekanal auf YouTube erreichte im selben Zeitraum 190 Aufrufe. Ein Beweis dafür, dass der Influencer für eine höhere Reichweite besser auch seine eigenen Kanäle einbezieht, auch wenn einem als Auftraggeber vielleicht ein schöner Beitrag entgeht, der sich auf dem eigenen YouTube-Kanal gut gemacht hätte. Aber am Ende zählen die Klicks, also die erreichten Personen.

Beide Videos bestanden aus einem Zusammenschnitt unterschiedlicher Actionszenen vom Kirchentag 2019: Kanon-Singen, Live-Konzert, Umarmungen, Autogrammstunde, Flashmob und vieles mehr. Als Hintergrundmusik baute Max den Song „Da sein“ ein, dessen Video er in diakonischen Einrichtungen gedreht hatte. Kleine Interviews mit Kirchentagsbesuchern („Was bedeutet dein Tattoo?“, „Was machst du hier?“) fanden statt, doch der Hauptteil beider Videos bestand aus einem Quiz zum Thema Diakonie und soziale Berufe, das Max selbst vorbereitet hatte: Was bedeutet das Wort Diakonie? „Aufgabe mit Sinn“, „Dienst am Menschen“ oder „Gottes Werk“? Wenn in diakonischen Unternehmen Überschüsse erzielt werden, werden diese „in eine große Party investiert“, „an arme Menschen gespendet“ oder „fließen sie zurück in den Arbeitsbereich“?

Rund um das Quiz entspannen sich schöne Gespräche mit größtenteils jungen Kirchentagsbesuchern über soziale Berufe, die den Zuschauern wichtige Botschaften quasi nebenbei vermittelten: „Ich weiß, dass die Diakonie besser bezahlt als andere“, „Manche Männer sind auch sozial und empathisch und sollten das auch beruflich nutzen“, „Ein Kleiderschrank mit vielen neuen Klamotten macht nicht glücklich, ein sozialer Beruf schon“.

Die Social Media-Posts zum Influencer Takeover

Auf seinem Facebook-Kanal mit 23.000 Fans postete MaximNoise vier Beiträge, die 394 Likes, Kommentare und Shares bekamen. Der erste Videotrailer zum Bewerben des YouTube-Links hat 6.813 Personen erreicht und dabei 420 Interaktionen erzielt. Der zweite Videotrailer zum Bewerben des zweiten YouTube-Videos hat 14.819 Personen erreicht und dabei 732 Interaktionen erzielt. Auf seinem Instagram-Kanal mit 15.000 Abonnenten postete MaximNoise fünf Beiträge, die 1.115 Likes und Kommentare bekamen.

Die Aufgaben für den Auftraggeber

Nur weil man beim Influencer Takeover einen Social Media-Kanal an einen Influencer abgibt, bedeutet das nicht, dass man als Auftraggeber die Beine hochlegen kann. Im Gegenteil, es bleibt sehr viel zu tun, was der Influencer nicht auch noch miterledigen kann. Denn es ist anstrengend, sich voll auf einen Social Media-Kanal zu konzentrieren, Stories in Echtzeit zu produzieren, Videomaterial für einen Veranstaltungsfilm zu drehen, gleichzeitig selbst zu moderieren, stundenlang mit Menschen zu interagieren und neue aufregende Bilder zu suchen. Der Auftraggeber, in diesem Fall also der Arbeitgeber, der den Influencer Takeover für das Personalmarketing nutzen möchte, muss selbst mit anpacken:

Bedienen Sie alle zur Verfügung stehenden Social Media- und sonstigen Kanäle!

Um ständig Aufmerksamkeit auf den gekaperten Kanal zu lenken, haben wir sieben Facebook Posts mit Bildergalerien und Videoschnipseln abgesetzt, die (ohne Werbeschaltung) eine Reichweite von 4.811 Personen sowie 267 Likes, Shares und Interaktionen erzielten. Wir haben einen Blog-Post mit einer Bildergalerie erstellt und vier Instagram Feed-Posts abgesetzt, die 504 Likes und Kommentare erhielten. Max war nicht ganz glücklich mit der Fotoauswahl in den Bildergalerien, doch wir mussten mit dem arbeiten, was da war. Eine Veranstaltungsberichterstattung lebt von der Echtzeitkommunikation – eine umfangreiche Sichtung, Auswahl und Abstimmung von Bildern hätte dies zunichte gemacht.

Diskutieren Sie in den Kommentaren mit den Fans!

Weil der Influencer während des Livestreams nicht jeden Kommentar sorgfältig lesen kann und weil es die Diskussion unter den Nutzern fördert, wenn man Gegenfragen stellt oder lobt, sollten Sie sich als Auftraggeber einschalten. Natürlich liken und teilen Sie idealerweise die Beiträge des Influencers auch von Ihren anderen Unternehmens- oder Privatprofilen und bitten vorab auch Ihre Mitarbeiter, dies rege zu tun.

Überwachen Sie die Stories und Livestreams des Influencer Takeovers!

Nur für den Fall, dass die Beiträge eine unerwünschte Wendung nehmen, ist es wichtig, sie live zu verfolgen. Idealerweise pflegt man einen parallelen Kontaktkanal zum Influencer (WhatsApp), um bei Problemen schnell eingreifen zu können. Eine Alternative ist es, den Influencer bei seinem Takeover vor Ort zu begleiten, ohne selbst in Erscheinung zu treten.

Sichern Sie die Instagram Stories!

Instagram Stories lassen sich nicht teilen und verschwinden nach einer Weile, wenn sie nicht gesichert werden, im Kanal-Archiv (Klick auf „Menü" und „Archiv" im Instagram-Profil). Von dort aus kann man sie als Video auf dem Handy speichern und für andere Social Media-Kanäle oder den Projektbericht nutzen. Man kann sie auch als sogenanntes „Highlight" markieren, sodass sie für die Nutzer sichtbar bleiben. Dies ist sehr sinnvoll, da nicht alle Nutzer dem Veranstaltungsbericht in Echtzeit folgen.

Werten Sie die Reichweite aus!

Um den Erfolg eines Influencer Takeovers zu messen, ist es notwendig, so viel Zahlen wie möglich zu sammeln.

Fazit: Es gibt noch viel zu lernen

„Was für ein Vertrauen" – das Motto des Kirchentags 2019 passt zufällig genauso gut zum Influencer Takeover im Personalmarketing. Schließlich vertraut man dem Influencer das Passwort für einen Social Media-Kanal an (hinterher ändern!) und lässt ihn im Namen des Unternehmens, welches er nur durch Briefings und Vorgespräche kennt, sprechen.

Zugegeben, auch uns ist ein paarmal das Herz in die Hose gerutscht: Als Max das Thema „AfD-Verbot auf dem Kirchentag" anschnitt oder die nicht abgestimmten Quizfragen über die Diakonie ins Spiel brachte. Das hätte danebengehen können – ist es aber nicht. Max hatte sauber recherchiert und auch schwierige Themen im Griff. Auf seine Frage: „Was sagt ihr dazu, dass der Kirchentag die AfD ausgeladen hat?", lauteten die Antworten der Zuschauer: „Finde ich gut", „AfD braucht kein Mensch" oder „Die AfD ist zu unempathisch für soziale Projekte".

Manche Dinge hätten wir selbst anders gemacht, zum Beispiel die Videos kürzer gehalten, bestimmte „Kirchenklischees" nicht bedient (Kanon-Singen, Kirchenglocken-Rätsel) oder zusätzlich zu den Instagram Stories mehr normale Foto-Posts im Instagram-Feed abgesetzt. Gerne hätten wir wieder mit unserer Ausbildungspantomime gearbeitet, die bei früheren Veranstaltungen sehr gut funktioniert hatte. Dabei werden Besuchergruppen aufgefordert, bestimmte Berufe pantomimisch darzustellen und zu erraten. Doch diese Idee schien „unserem" Influencer nicht aufmerksamkeitsstark genug zu sein. Das Argument „Ich weiß, was in den Social Media zieht" wird sicher jeder Auftraggeber von „seinem" Influencer zu hören bekommen – sicherlich nicht zu Unrecht. Seien Sie nicht beratungsresistent, aber achten Sie darauf, dass mit den Aktionen Ihre Botschaft transportiert wird. Reichweite allein zählt nicht.

Die Kosten für einen solchen Influencer Takeover mit zwei Vor-Ort-Tagen und der beschriebenen Form von Content-Produktion liegen im mittleren vierstelligen Bereich. Für diese Summe erhielten wir eine Gesamtreichweite von 34.633 Personen, eine Interaktionsrate von 3.432 Likes, Shares und Kommentaren, eine Steigerung unserer Follower auf Instagram und eine Steigerung der erreichten Instagram-Konten (plus 12 Prozent) und Instagram-Impressionen (plus 82 Prozent) gegenüber vorher. Diese Zahlen hätten wir mit Werbeschaltungen noch deutlich erhöhen können, doch davon hatten wir bei diesem ersten Versuch abgesehen. Eine Reichweite, die sich über drei verschiedene Kanäle erstreckt, zu errechnen, ist nicht leicht, da die Kennzahlen, die die Statistikfunktionen messen, unterschiedlich sind, und die Influencer sich auch nicht zu 100 Prozent in die Karten schauen lassen. So sind die Impressionen auf Max' Instagram-Kanal nicht eingerechnet.

Die Kosten des Influencer Takeovers sind in etwa vergleichbar mit den Kosten, die wir gehabt hätten, wenn wir selbst gemeinsam mit einem Profi-VJ nach Dortmund gefahren wären und einen klassischen Veranstaltungsfilm zum Kirchentag produziert hätten. Dieser hätte – hochgeladen in unseren eigenen Kanälen – aber niemals dieselbe Reichweite erhalten wie unser Influencer Takeover.

Unsere Überlegungen für zukünftige Kooperationen gehen dahin, sich eher auf weniger Formate intensiver zu konzentrieren. Konkret war es möglicherweise etwas zu viel, Veranstaltungsvideos, Instagram Stories, Livestreams und Foto-Posts in Auftrag zu geben, für die das Material innerhalb weniger Stunden gesammelt werden musste. Auch würden wir beim nächsten Mal nur einen Absender des Influencer Takeovers nennen. Diesmal waren es unser Kampagnen-Name „SOZIALE BERUFE kann nicht jeder“ und unser Organisationstitel „Diakonie“, was für die Zuschauer möglicherweise verwirrend war, beim nächsten Mal würden wir nur Letzteren promoten. Nicht zuletzt würden wir beim nächsten Mal überlegen, ob nicht doch jemand aus unserem Team den Influencer vor Ort begleitet, um das Geschehen ggf. noch lenken zu können. Und wir würden umfangreich unsere Kollegen vorab informieren und dazu auffordern, dabei mitzuhelfen, die Beiträge des Influencer Takeovers zu verbreiten.

Abheben von den anderen: Aufmerksamkeitsstarkes Personalmarketing

Immer mehr Träger im Sozial- und Gesundheitswesen beauftragen professionelle Werbeagenturen mit der Gestaltung von Plakaten, Karrierewebseiten und Social Media-Auftritten. Daraus resultiert ein immer professionelleres Niveau der Nachwuchs- und Personalkampagnen auch in unserer Branche. Die Zeiten der handgebastelten Flyer sind weitgehend vorbei, obwohl es sie vereinzelt noch gibt. Erst kürzlich bekam ich einen selbst gestalteten Sechsseiter für die neue Pflegeausbildung zur Ansicht vorgelegt. Doch die meisten Träger, insbesondere in der Pflege, lassen inzwischen Profis ran. Sich aus der Masse abzuheben, ist daher nicht leicht und gelingt nicht einmal mehr garantiert, wenn man eine Agentur beauftragt. Zumal es selbst hochprofessionellen Dienstleistern (und Influencern) manchmal schwerfällt, die typischen Wohlfahrtsbilder aus dem Kopf zu bekommen und ganz neue Ansätze zu denken.

Beispiel:

Ich habe einmal für einen Employer Branding-Film eine hoch dotierte Videoproduktionsfirma engagiert, die sonst für Sportartikelhersteller arbeitete und wirklich herausragend schöne Mitarbeiterfilme in den Referenzen gelistet hatte. Bei der Konzeption unseres Projekts war zeitweise der Einsatz von Hubschraubern in der Diskussion – so groß dachte der Produzent. Und ich wartete begeistert auf die nie dagewesenen Bilder, die unsere Branche in ein völlig neues Licht rücken würden. Doch was am Ende dabei herauskam, war enttäuschend: klassische Szenen aus dem pflegerischen und pädagogischen Alltag, die auch unser langjähriger Videojournalist – für viel weniger Geld – hinbekommen hätte.

Mein Rat:

Öffentlichkeitsarbeiter aus Trägern und Unternehmen im Sozial- und Gesundheitswesen, die Nachwuchskampagnen planen, sollten unbedingt professionelle Hilfe in Anspruch nehmen und nicht länger selbst Hand anlegen. Gleichzeitig sollten Sie die Agenturen oder Grafikdesigner allerdings eng in der Konzeption begleiten und nach einer umfangreichen Vorrecherche dazu briefen, welche Kampagnenansätze es im direkten Umfeld bereits gibt und in der Vergangenheit gab, welche gelungenen Aspekte daran weiterentwickelt werden und welche sich wiederholenden Aspekte gemieden werden sollen. Diese Hausaufgaben kann Ihnen niemand abnehmen. Ich gehe ständig mit meinem Smartphone im Anschlag durch die Stadt und fotografiere jede Recruiting-Kampagne aus unserer und anderen Branchen, die mir an Plakatwänden oder auf U-Bahn-Aufklebern begegnet, um die Trends zu beobachten. Vergessen Sie nie, dass Personalmarketing nicht im luftleeren Raum stattfindet, sondern sich immer in einen ganzen Kosmos aus Arbeitgeberkampagnen integriert und seine Wirkung in Wechselwirkung zu diesen entfaltet.

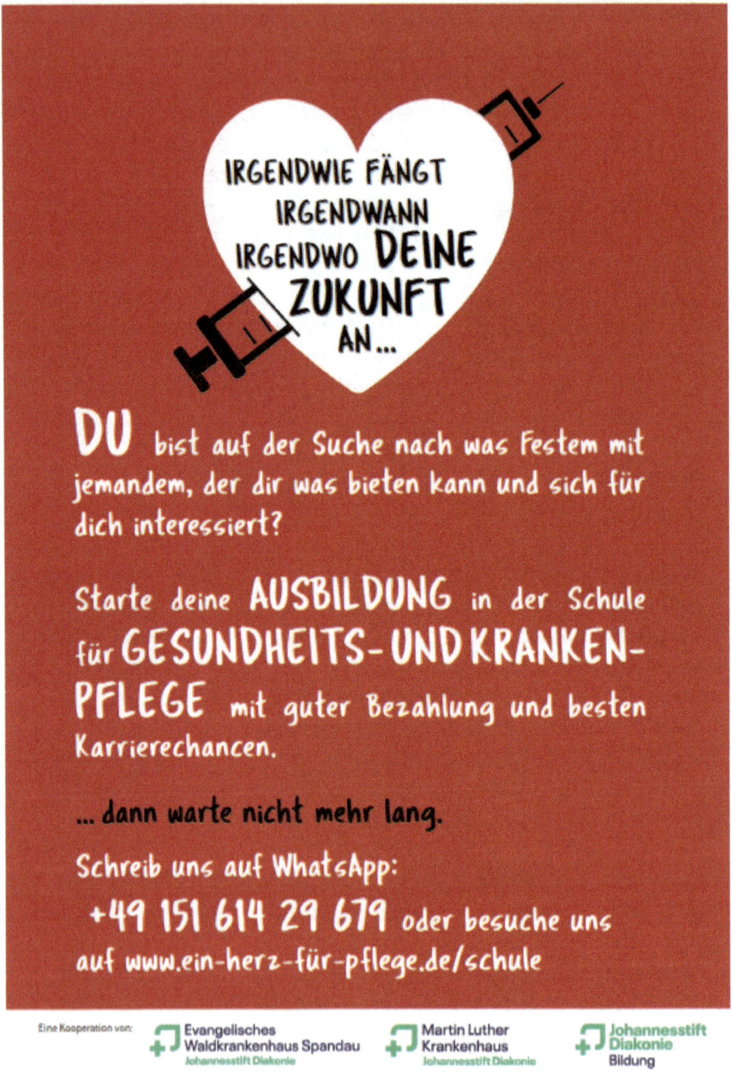

Abbildung: Beispiel für eine professionelle Arbeitgeberkampagne, Agentur: Best Friend, © Johannesstift Diakonie gAG

Der Blick über den Tellerrand ist die beste Inspiration. Denn in anderen Branchen, deren Unternehmen seit Jahrzehnten der marketing-fitten Konkurrenz ausgesetzt sind, gelingt es schließlich auch immer wieder, sich neu zu erfinden.

Beispiel: PIN Mail AG

Das Berliner Briefzustellunternehmen schafft es, mit seinen Plakaten dem Beruf des Briefträgers ein völlig neues Image zu verpassen. Während der herkömmliche Post- oder DHL-Bote vor meinem inneren Auge (sehr böse formuliert) als älterer, dicklicher, langsamer, etwas verschwitzter Mensch in hässlichen gelb-roten Klamotten Gestalt annimmt, der zu faul oder überarbeitet zum Treppensteigen ist und Pakete daher lieber gleich bei der nächsten McPaper-Filiale abgibt, ist der PIN-Briefträger – so inszeniert ihn das Unternehmen jedenfalls in seinen Kampagnen – jung, fit, tätowiert, unfassbar cool und echter Berliner. Die Plakate zeigen ihn als Comicfigur, wie er Selfies mit jungen Berlinern schießt, wie er einen Straßenmusiker abklatscht, wie er einer Familie die Zusage für den Kita-Platz und einem jungen Start-up den ersehnten ersten Auftrag überbringt. Der PIN-Bote ist ein Freund, ein echter Begleiter im Lebensalltag und freut sich mit den Menschen, deren Post er transportiert. Dadurch wird der Beruf sicher auch für den Nachwuchs attraktiver – zumindest aber hat das Unternehmen alles herausgeholt, was herauszuholen ist. Interessant zu wissen – gerade angesichts der kleinen Budgets im Sozial- und Gesundheitswesen: Die PIN Mail AG-Kampagnen werden komplett inhouse (also mit dem eigenen Marketingteam, ohne Agentur) entwickelt und gemeinsam mit Freelancern umgesetzt. Wenn Sie glauben, dass Sie es sooo gut hinkriegen, dann ignorieren Sie meinen Rat von weiter oben und versuchen Sie es alleine!

Abbildung: Kampagnenplakat der PIN Mail AG, © PIN Mail AG/Thomas Kierok (Foto)/Robert Tomala (Illustration)

Nehmen wir zum Vergleich nun den Pflege-Azubi. Genauso böse formuliert wie beim Postboten habe ich ein junges Mädchen, vom Typ Barbie mit langer Wallemähne, viel Schminke im Gesicht und einem kleinen Delfin-Tattoo auf dem Arm vor Augen. Etwas dümmlich, fiepsige Stimme, beliebt vor allem bei den älteren Herren unter den Patienten, die mit ihr schäkern, wenn sie die Tabletten bringt. Sie kann, was sie als Pflege-Azubi können muss, aber darüber hinaus interessiert sie sich vor allem für den süßen Oberarzt und kichert in der Pause mit ihren genau gleich aussehenden Kolleginnen. Höchste Zeit, diese Vorurteile mit einer innovativen Arbeitgeberkampagne aufzubrechen, oder nicht? Denn wer möchte einen Beruf lernen, in dem er nach diesem Klischee abgestempelt wird? Die Entstehung hat sicher etwas mit den Hochglanzmotiven strahlender, hübscher Frauen mit Stethoskop um den Hals zu tun, die man in vergangenen Jahren häufig auf Pflegeplakaten und Krankenhauswebseiten gesehen hat. Diese Vorurteile haben wir selbst herangezüchtet und nun ist es an uns, damit aufzuräumen.

Ein anderes Beispiel dafür, wie sich die Nachwuchsgewinnung aus dem ewigen Kampagnen-Einerlei befreien kann, bieten die SRH Hochschulen.

Beispiel: SRH Hochschulen

Die SRH Hochschulen machen Hochschulmarketing, aber nicht, wie man es sonst kennt mit kryptischen Titeln neuer Studiengänge, unter denen sich niemand so recht etwas vorstellen kann. Stattdessen stellen sie mit einer ganz eigenen Bildsprache, entwickelt von der namhaften Werbeagentur Jung von Matt, den Hipster von heute in den Mittelpunkt. Angestrahlt mit einer Mischung aus schummeriger Clubbeleuchtung und prominentenwürdigen Bühnenscheinwerfern, sind junge Menschen mit Dreadlocks und anderen Charaktermerkmalen zu sehen. Darunter die Worte „DU verwirklichst hier jedes Projekt. Und dich selbst. Studiere nach dem DU-Konzept." Das Motto: Was du studierst, ist eigentlich egal, aber wenn du studierst, bist du großartig. Studieren hat plötzlich nicht mehr nur etwas mit Wissen zu tun, sondern mit Selbstverwirklichung und Verantwortung. Zwar bekamen die SRH Hochschulen für ein bestimmtes Plakat aus der Serie auch Kritik, da es mit der Frisur und Pose eines jungen Mannes in Kombination mit einem Slogan zum Thema „Führung" eine „Nazi-Bildästhetik" bediene. Das Plakat wurde daraufhin aus der Kampagne entfernt. Solche „Kommunikationskrisen" können passieren, sollten Sie aber nicht davor zurückschrecken lassen, neue Ansätze auszuprobieren.

Wie kann das „DU-Konzept" oder ein ähnlich innovativer Ansatz auf die Sozial- und Pflegeberufe übertragen werden? Bei der Beantwortung dieser Frage im Rahmen Ihrer nächsten Kampagne sind Sie jetzt gefragt. Zur Inspiration zuletzt noch ein Beispiel gelungenen modernen Personalmarketings, das auch den Nachwuchs anspricht – und das sogar aus unserer eigenen Branche. Diesmal geht es aber nicht um Plakate, sondern um eine rundherum gelungene Karrierewebseite.

Best Cases – Start-up-Personalmarketing mit Pflegetiger

Pflegetiger stellt fünf bis sechs Pflegekräfte pro Monat ein

In den Jahren 2016 bis 2018 lehrte das Berliner Start-up „Pflegetiger" alteingesessenen ambulanten Pflegediensten in der Hauptstadt das Fürchten. Mit Aufklebern in der U-Bahn („Pflegekraft und deinem Sparschwein knurrt der Magen?") war der Anbieter flächendeckend vertreten und vollbrachte das Kunststück, innerhalb kürzester Zeit 130 Mitarbeitende zu rekrutieren – auf dem angeblich doch leergefegten Pflegefachkraftmarkt. Das gelang mit einer erstklassigen Personalmarketing- und Recruiting-Strategie. Zwar musste das Start-up im Herbst 2018 Insolvenz anmelden, um mithilfe eines neuen Gesellschafters unter dem Namen „Caretiger" wieder aufzuerstehen, meine Anerkennung für die wegweisenden Ideen des Personalmarketings und Recruitings in der Gründungsphase bleibt davon jedoch unbenommen.

Im Folgenden hebe ich Aspekte der Pflegetiger-Webseite hervor, die mir damals besonders gut gefallen haben. Leider sind sie inzwischen zum Teil nicht mehr online. Und natürlich muss man dazu sagen, dass gutes Personalmarketing und Recruiting nur zwei von mehreren Säulen des Geschäftserfolgs sind.

Störer „Jetzt bewerben" neben dem Menüpunkt „Jobs"

Im Menü der Webseite pflegetiger.de gibt es neben dem Menüpunkt „Jobs" eine kleine Sprechblase mit den Worten „Jetzt bewerben". Im Marketingsprech nennt man ein solches Element an einer unerwarteten Stelle (Webseiten-Menüs sind ja sonst eher schlicht und schnörkellos) einen „Störer". Durch diesen Störer springt die Karriererubrik direkt ins Auge. Er könnte noch etwas schöner und besser lesbar designt werden.

Simple, aber effektive Alleinstellungsmerkmale

Die Alleinstellungsmerkmale, die sich Pflegetiger als Arbeitgeber auf die Fahnen schreibt, treffen exakt die Bedürfnisse der Bewerber und sind in klarer Sprache ohne die üblichen Marketingfloskeln formuliert: Patienten in der eigenen Nachbarschaft pflegen statt lange Touren zu fahren, keine Nachtschichten, weniger Stress und mehr Zeit für den Patienten sowie bessere Bezahlung. Hier werden nicht wie anderswo mühsam Arbeitgebervorteile herbeigeredet, die eigentlich Selbstverständlichkeiten sind oder furchtbar vage bleiben.

Details zur Bezahlung

Wenn man mit einer fairen Bezahlung wirbt, muss man das auch beweisen und dazu sehr konkrete Infos liefern. Pflegetiger tat das zwar etwas versteckt auf einer Unterseite, aber dann umso deutlicher: bis zu 19 Euro pro Stunde, 3.300 Euro im Monat, Prämienzahlung für Mitarbeiterempfehlungen, Grundgehalt und Wegepauschale. So konnte die Pflegefachkraft ihr aktuelles

Gehalt mit dem bei Pflegetiger vergleichen und entscheiden, ob sie das Angebot für fair und angemessen hielt. Das ist etwas völlig anderes, als wenn ein Arbeitgeber in einer Stellenanzeige schreibt „angemessene Bezahlung" und die Bewerber sich darauf verlassen müssen, dass sie darunter dasselbe verstehen.

Zeitgemäßes Webdesign mit Icons

Zusätzlich werden die Arbeitgebervorteile im zeitgemäßen Webdesign durch Icons (grafische Symbole) dargestellt. Dabei wird auch auf scheinbare Nebensächlichkeiten wie Piercings und Tattoos (sind bei Pflegetiger kein Problem) eingegangen, denn gerade solche Fakten können bei Nachwuchskräften eine zentrale Rolle bei der Entscheidung für einen Arbeitgeber spielen, wenn sich die Arbeitgebervorteile oder Vergütungen ansonsten wenig unterscheiden.

Schlichtes Online-Bewerbungsformular an prominenter Stelle

2018 punktete Pflegetiger mit einem kleinen Online-Initiativbewerbungsformular gleich im oberen Bereich der Karriereseite. Inzwischen wurde es durch ein Banner „Jetzt online bewerben" ersetzt. Mir gefiel es noch besser, als das Formular gleich auf der Karriereseite zu sehen war – aber auch das neue, einen Klick entfernte Formular ist schön schlicht gehalten. Bewerber müssen nur wenige Dinge eingeben, um berücksichtigt zu werden: Name, Telefonnummer und E-Mail-Adresse, außerdem eine Antwort auf die Frage, welche Pflegequalifikation sie besitzen. Zeugnisse und Lebenslauf werden erst zum Vorstellungsgespräch mitgebracht und nach einem Motivationsschreiben fragt niemand. Das wirkt sehr einladend und niedrigschwellig. Unterhalb der Bewerbungsschaltfläche wird der einfache Bewerbungsprozess in vier Schritten skizziert: Online bewerben, 15-minütiges Telefongespräch, bezahlter Probetag für 250 Euro, Vorstellungsgespräch. So schnell kann's gehen.

Erklärfilm mit Olli

Ein sympathischer, „normaler" Mitarbeiter erklärt im Video, wie Pflegetiger aus Mitarbeitersicht funktioniert. Dabei hebt er noch einmal die Alleinstellungsmerkmale hervor – auf eine authentische, lockere Art und Weise „von Pflegekraft zu Pflegekraft". Das ist wesentlich glaubwürdiger als eine Spiegelstrichliste auf einer Webseite, wie sie bei vielen anderen Arbeitgebern in der Branche üblich ist.

Modernes Unternehmenskonzept, das sich in verschiedenen Kleinigkeiten bestätigte

Bewerber-Infotage und Vorstellungsgespräche fanden bei Pflegetiger bis 2018 im schicken Büroloft statt, anstatt im düsteren Ladengeschäft wie bei vielen anderen ambulanten Pflegediensten. Die unternehmenseigene App ermöglicht eine optimale Tourenplanung und den Start in die Tour direkt von zu Hause aus, ohne vorher ins Büro kommen zu müssen. Solche modernen Ansätze unterscheiden das Unternehmen deutlich von der alteingesessenen Konkurrenz und wurden in den Vordergrund gestellt.

Ankündigung monatlicher Bewerber-Infotage mit festen Terminen

Leider finde ich den Hinweis auf die regelmäßigen Bewerber-Infotage, die für Monate im Voraus terminiert waren und als sympathische Einladung kommuniziert wurden, nicht mehr auf der Webseite. Letztendlich waren die Infotage zwar auch nicht anders gestaltet als bei anderen Trägern – man konnte Mitarbeiter kennenlernen, Snacks naschen und Einzelheiten zur Mitarbeit erfahren. Aber durch die regelmäßige Durchführung immer zur selben Zeit, die Terminankündigung Monate im Voraus, die Location im schicken Büroloft und die Video-Erfahrungsberichte von Interessenten, die den Infotag bereits besucht hatten, klang das Angebot wesentlich sympathischer, verbindlicher und moderner als in anderen Häusern.

Multimediale Mitarbeiterstimmen zu verschiedenen Themen

Egal, welches Argument für den Wechsel zu Pflegetiger auf der Webseite bemüht wurde, es wurde mit authentischen Mitarbeiterstimmen per Video oder Zitat-Bild-Testimonial belegt. Ob es um das Fort- und Weiterbildungsprogramm oder die oben genannten Infotage ging – immer standen mehrere Mitarbeitende parat, die ihre Erfahrungen zu teilen bereit waren.

24/7-Erreichbarkeit

In der Gründungsphase arbeitete Pflegetiger mit einer Telefonhotline für Kunden und Bewerber, die 24-Stunden-Erreichbarkeit versprach. Das nenne ich mal einen ordentlichen Bewerberservice! Auch wenn ich als Bewerberin nicht auf die Idee kommen würde, mich nachts um 3.00 Uhr telefonisch nach meinen Verdienstmöglichkeiten zu erkundigen – es ist doch toll zu wissen, dass ich es könnte.

Das lockere Du

Viele Träger im Sozial- und Gesundheitswesen denken, das Du und die Seriosität gingen nicht zusammen – aber warum denn nicht? Pflegetiger duzte konsequent – auf der Webseite und auch im E-Mail-Verkehr. Denn jungen Menschen sind nette Kollegen sehr wichtig, und was liegt näher, als gleich von Anfang an eine persönliche Bindung und lockere Stimmung zu gestalten?

Einbindung von Instagram-Posts

Die prominente Einbindung von Instagram-Posts auf der Karriere-Startseite von Pflegetiger wirkt sehr zeitgemäß und spricht eine junge Zielgruppe an. Sogar Pflegekunden lassen sich mit ihren Pflegetiger-Lieblingspflegern ablichten. Wer hätte das gedacht? So trägt Pflegetiger ganz nebenbei zur Inklusion und Teilhabe bei.

Konkrete Beschreibung des Weiterbildungs- und Karrierekonzepts

Auf der ursprünglichen Webseite von Pflegetiger war nicht wie anderswo vage von einem „umfangreichen Fort- und Weiterbildungsprogramm" die Rede, sondern die möglichen Weiterbildungen wurden beim Namen genannt: Wundmanager, Qualitätsmanager, Praxisanleiter, Hygienebeauftragter, Schmerzexperte. Das war das Angebot. Der frische, englische Name des Fortbildungsprogramms („Pflegetiger University") passte zum Gesamtkonzept. Mit einer anschaulichen Grafik wurde der Karriereweg an einem Zeitstrahl dargestellt: Nach sechs Monaten kannst du Tourenbeauftragter werden, nach drei Jahren Regionalleiterin. Auch hier gilt: Pflegetiger erfindet das Rad nicht neu, sondern bietet in Sachen Fort- und Weiterbildung an, was die meisten Träger anbieten. Aber es wird alles verständlicher, moderner, nutzerfreundlicher, spannender dargestellt.

Offene Worte über die Schattenseiten des Berufs

Bis heute geht Pflegetiger auf seiner Webseite offen auf die Probleme in der Pflege und die gängigen Vorbehalte gegen den Pflegeberuf („geringe Wertschätzung", „kein Teamgefühl") ein. Es wird aber nicht geklagt, sondern argumentiert, warum es bei Pflegetiger besser ist.

Die Köpfe hinter der modernen Personalmarketing- und Recruiting-Strategie bei Pflegetiger

Junior Marketing und Brand Managerin Annelie Klockgeter hat Kulturwissenschaften studiert, ein Praktikum im Bereich Social Media bei einem Modeunternehmen gemacht und bringt privat Kenntnisse in Fotografie und Gestaltung mit. Monika Mooz ist gelernte Pflegefachkraft und war in der Gründungsphase als Recruiterin für Pflegetiger tätig. Ein Interview aus dem Jahr 2018:

Wie seid ihr auf die tolle Personalmarketing-Kampagne gekommen? Gab es einen Employer Branding-Strategieprozess? Eine Agentur?

Annelie Klockgeter (AK): Bevor ich zu Pflegetiger kam, gab es konzeptionelle Überlegungen dazu, aber es wurde im Personalmarketing vor allem auf die Arbeitgebervorteile eingegangen. Seit ich dabei bin, sind wir zum Problem-Solution-Ansatz übergegangen: Wir benennen die Missstände in der Pflege wie Stress oder wenig Wertschätzung ganz deutlich und stellen unseren Lösungsansatz dagegen. Dabei sind wir absolut authentisch und haben keine Agentur. Ich mache zum Beispiel die Fotos von unseren Fachkräften selbst.

Monika Mooz (MM): Der Fachkräftemangel verschärft sich immer mehr. Wir haben gemerkt, dass man gute Arbeitsbedingungen bieten muss, weil man sonst keine Pflegekräfte mehr bekommt. Die Zeiten sind vorbei, in denen sie sich ausbeuten ließen. Gute Arbeitsbedingungen, das bedeutet bei uns zweierlei: Einerseits nennen wir Vorteile im Vergleich zur stationären Pflege, zum Beispiel gibt es bei uns keine Nachtschichten. Das gilt natürlich auch für andere ambulante Pflegedienste. Andererseits nennen wir darum auch Dinge, die bei uns einzigartig sind: Unsere Pflegekräfte haben weniger Stress und mehr Zeit für die Patienten, weil sie zum Beispiel ihre Route und andere wichtige Infos über unsere App erhalten und morgens nicht erst ins Büro kommen müssen. Wichtig ist, dass die Argumente authentisch sind. Die Leute merken, ob man etwas nur verspricht, weil es hip klingt.

Und warum schaffen so viele Pflegeeinrichtungen es nicht, sich zu verändern, und ihr macht es einfach vor?

MM: Ich glaube, bisher hat es bei den anderen einfach immer noch irgendwie funktioniert. Man konnte hier noch eine Stellschraube drehen und dort noch etwas rausquetschen und so überleben. Aber jetzt ist der Punkt gekommen, wo Patienten abgelehnt und Betten gesperrt werden müssen, weil keine Pfleger mehr da sind. Jetzt ist es Zeit für eine Trendwende. Wir haben natürlich den Vorteil, dass wir ein Start-up sind und von null angefangen haben. Wir konnten von Anfang an alles so aufbauen, wie es heutzutage Sinn macht, und mussten nicht mühsam eingefahrene Strukturen aufbrechen – sowohl beim Pflegekonzept als auch bei der Personalgewinnung.

Welche Kanäle nutzt ihr? Und habt ihr einen Etat dafür?

AK: Unserem jungen Geschäftsführer ist bewusst, dass Personalmarketing wichtig ist und viel Geld kostet – gerade in einem Zeitalter, in dem man überall von Werbung überschwemmt wird. Man muss investieren, gerade weil sich die Pflegekräfte ihren Arbeitgeber aussuchen können. Wir arbeiten mit Plakaten in Bussen, Aufklebern in der Tram und U-Bahn. Offline-Werbung funktioniert sehr gut. Wir gehen auf Messen, kleben Poster in Krankenpflegeschulen, arbeiten mit Flyern, Facebook-Werbung und Instagram-Ads.

MM: Außerdem haben wir ein Mitarbeiterempfehlungsprogramm. Mitarbeitende, die uns Freunde als Mitarbeiter empfehlen, bekommen eine Geldprämie als Dankeschön. Das funktioniert super, es ist die allerbeste Werbung, wenn die eigenen Mitarbeiter so begeistert sind, dass sie Freunden von uns erzählen. Eine Unterstützung durch eine Mitarbeiterempfehlungssoftware haben wir dabei nicht. Die Mitarbeiter schreiben einfach eine E-Mail, wen sie empfehlen, und das tragen wir dann in unser Bewerbermanagement-System ein.

Und wie reagieren Bewerber auf euer Personalmarketing?

MM: Sehr positiv. Sie merken, dass wir sie wirklich verstehen. Unsere Slogans kommen schließlich auch aus den Mitarbeitergesprächen. Wir haben unsere Pflegekräfte gefragt: „Was hat euch schon immer bei der Arbeit gestört?" Und die Bewerber nehmen im Vorstellungsgespräch Bezug darauf: „Ihr sprecht mir aus dem Herzen! Endlich gibt es jemanden, der sich kümmert!"

Nachdem ich als Bewerber über eure frischen Anzeigen gestolpert bin, geht es im Bewerbungsprozess genauso locker weiter?

MM: Wir versuchen die Hürden so niedrig wie möglich zu halten. Ein super ausformuliertes Anschreiben ist viel zu kompliziert, uns reicht der Lebenslauf. Man kann ihn per E-Mail schicken, anrufen oder jederzeit vorbeikommen. Einmal im Monat laden wir zum Info-Event in unser Büro, man kann seine zukünftigen Kollegen kennenlernen. Manchmal kommen 15 Interessenten, manchmal nur zwei, aber wir nehmen uns immer super viel Zeit. Manche bringen ihre Bewerbung gleich mit, manche bewerben sich später. Ein wirklich sehr großer Teil der Teilnehmer unserer Info-Events wird nachher eingestellt.

Könnt ihr konkrete Zahlen nennen?

MM: Wir haben im Moment rund 100 Mitarbeitende und wachsen ständig weiter. Dabei gibt es keine Zielvorgaben, wie viele Pflegekräfte wir rekrutieren müssen. Es ist jahreszeitenabhängig – im Frühjahr und im Herbst mehr, im Sommer weniger. Aber im Schnitt kommen monatlich fünf, sechs neue Mitarbeiter dazu – in Vollzeit, Teilzeit oder als Minijobber mit nur ein paar Schichten im Monat. Einen Einstellungsstopp gibt es nicht. Je mehr Pflegekräfte wir haben, desto mehr Patienten können wir annehmen.

Auf eurer Webseite erklärt ihr, dass ihr nur die Top-3-Prozent der Bewerber einstellt. Das könnt ihr euch in Zeiten des Fachkräftemangels echt erlauben?

MM: Ja, wir schauen, ob die Leute zu uns passen und suchen sie uns aus. Wer nicht hundertprozentig hinter unserem Konzept steht, wird bei uns auch nicht zufrieden sein. Es baut auf selbstständiges Arbeiten, viel Autonomie, flache Hierarchien, viel Mitspracherecht und technische Unterstützung wie unsere Pflegeplanungs-App. Manche Pflegekräfte sind damit überfordert, weil das Gesundheitswesen traditionell eher hierarchisch aufgebaut ist. Manche mögen es, wenn ihnen genau vorgegeben wird, was sie tun sollen, und sie genau wissen, was sie erwartet. Wir sind ihnen zu modern. Wir sind ein echtes Start-up, probieren ständig neue Dinge aus. Das ist zwar alles nicht superkompliziert, aber es gibt Berührungsängste. Wahrscheinlich haben wir dadurch im Branchenvergleich einen recht niedrigen Altersdurchschnitt bei den Mitarbeitern. Obwohl grundsätzlich jedes Alter vertreten ist.

3

Vom Edutainment zur Gamification: Weiterentwicklung eines Trends

Das Diakonie-Karriereportal karriere.diakonie.de geht noch einen Schritt weiter als Pflegetiger: von der lebendig gestalteten zur interaktiven Webseite. Man nennt es „Edutainment“, wenn Berufsorientierung im unterhaltsamen Mitmach-Stil angeboten wird. Dieser Trend stammt noch aus der Generation Y. Ein Format für die Generation Z und ihre beschränkte Aufmerksamkeitsspanne ist der sogenannte Snackable Content, was ungefähr so viel bedeutet wie „Leckere Appetithäppchen für zwischendurch“. Gemeint sind schnell und leicht verdauliche Inhalte auf Webseiten oder in sozialen Netzwerken, deren Pointe oder Botschaft man mit einem einzigen Blick versteht. Idealerweise lösen sie auch eine Emotion (Lachen, Staunen) und das befriedigende Gefühl aus, während einer kurzen Sitzung im Internet zwischendurch an der Bushaltestelle eine neue Erkenntnis gewonnen oder eine Perle der Online-Kommunikation gefunden zu haben.

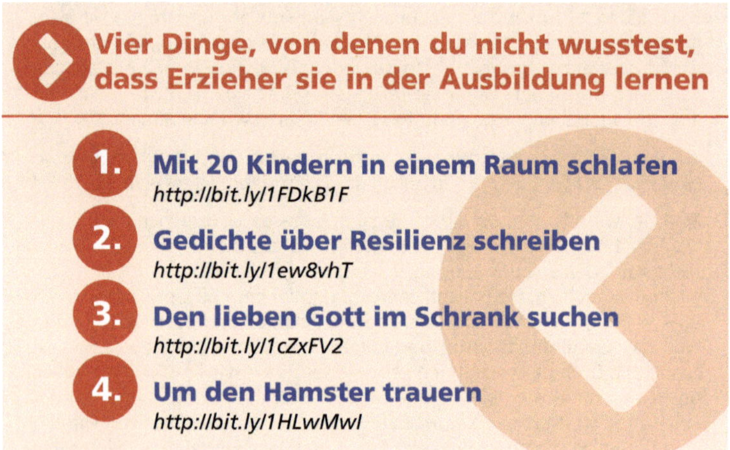

Abbildung: Beispiel für Snackable Content

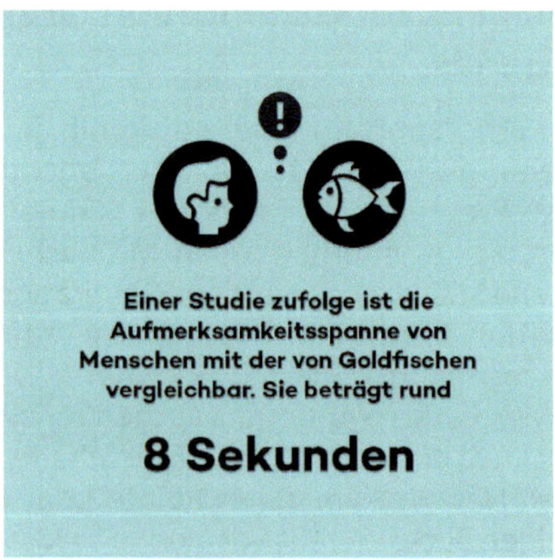

Abbildung: Beispiel für Snackable Content, © Agentur mangler+noller

Unterhaltsame Aufbereitung von Inhalten zur Berufsorientierung
■ Berufequiz (Beispiel: www.praktisch-unschlagbar.de/de/das-berufe-quiz.php) ■ Berufetest (Beispiel: www.karriere.diakonie.de/nachwuchs-selbsttest/) ■ Beruf-o-mat (Beispiel: www.karriere.diakonie.de/berufo-mat/) ■ Berufswahl App (Beispiel: www.testedich.soziale-berufe.com/) ■ Interaktive Videos, in denen der Zuschauer den Fortgang mitbestimmen kann (Beispiel: www.zivile-helden.de)

Wenn Sie nun eine lebendig gestaltete oder sogar interaktive Karriere-Webseite anbieten können, ist das ganz wunderbar, doch ich muss Ihnen leider sagen: Es gibt immer noch Möglichkeiten der Weiterentwicklung. Sie sind – wenn es um die Zielgruppe Nachwuchs geht – noch nicht am Ziel angekommen. Denn für die Generation Z hat sich der Trend vom Edutainment zur sogenannten Gamification weiterentwickelt. Das bedeutet, dass typische Elemente aus PC- und Spielkonsolenspielen sowie Smartphone-Apps im artfremden Kontext, zum Beispiel in der Berufsorientierung oder in einer Recruiting-Software angewandt werden, um das Interesse zu wecken. Dazu gehören Aktivitäten, bei denen man Punkte sammelt, Levels und Zusatzqualifikationen erreicht und sich mit anderen messen kann. Dazu gehören aber auch In-Video/In-App-Käufe oder In-Video/In-App-Aktionsmöglichkeiten sowie eine bestimmte Form von Hintergrundmusik, Bildästhetik und Erzählfaden. Und nicht zuletzt das Aufgreifen moderner Bedienmethoden wie das „Wischen" statt eines Mausklicks oder doppelten Antippens. Im Übrigen informiert sich die Generation Z nicht nur am liebsten so, sie lernt auch am liebsten so. Der Einbau von Gamification-Elementen in das Ausbildungscurriculum bietet sich also ebenso an wie in das Personalmarketing.

3

Beispiel: Die Berufswahl-App

„Jinder – der Jobfinder" ist eine schlichte gemachte und selbst programmierte App des Klinikums Dortmund, die sich Jugendliche aus dem Google Playstore oder Apple AppStore auf ihr Smartphone herunterladen können. In der App beantworten sie zwölf Fragen zu ihren Fähigkeiten und Interessen, indem sie Fragenkärtchen für ein „Nein" nach links und für ein „Ja" nach rechts wischen. Also ganz, wie sie es von der Dating-App Tinder kennen. Nach Beantwortung der zwölf Fragen wird eine Liste aller Ausbildungsberufe ausgegeben, die sie im Klinikum Dortmund erlernen können. Dahinter steht jeweils eine Prozentzahl, die besagt, wie gut die Ausbildung zu ihnen passt. Die Fragen hätten die Entwickler möglicherweise noch besser an die Perspektive der jugendlichen Lebenswelt anpassen können. Denn welcher Jugendliche kann sich vorstellen, was mit „Bist du interessiert am Aufbereiten von Datensätzen?" gemeint ist? Die Grundidee der App, die von der Wischfunktion her auch an die Stellenanzeigen-App „Truffls" erinnert, ist jedoch sehr zeitgemäß.

Ein weiteres Beispiel für einen Gamification-Ansatz ist die Mitarbeiterempfehlungssoftware Firstbird, die Mitarbeitende mit einer Form des spielerischen Wettbewerbs dazu animiert, dem Arbeitgeber Freunde und Bekannte als neue Kollegen zu empfehlen. Es wird also nicht einfach nur technisch ermöglicht, Stellenanzeigen weiterzuleiten und sich als empfehlende Person registrieren zu lassen. Sondern Mitarbeitende sammeln Punkte für ihre Empfehlungsaktivitäten, können verschiedene Levels erreichen und sie mit denen anderer Mitarbeitender vergleichen und gegen verschiedene Prämien eintauschen. Ganz so, wie man es von Handy-Spielen kennt. Der Spaß- (oder Sucht-)Faktor ist hoch und die Anwendung entsprechend erfolgreich. Die Grenze zwischen Edutainment und Gamification verläuft dabei fließend bzw. können Gamification-Anwendungen auch als Teilmenge des Edutainments verstanden werden.

Beispiel: Die Graffiti-App

Für die Diakonie habe ich im Jahr 2014 eine Bildgenerator-App konzipiert, mit der wir den Annual Multimedia-Award in Silber gewonnen haben (kann-nicht-jeder.de). Aus Kostengründen gab es die App zunächst nur für Apple-Geräte – der Preis lag bereits für das eine Betriebssystem im fünfstelligen Bereich. Man kann mit der App virtuelle Graffitis erstellen. Und das geht so: Zuerst lädt der Nutzer ein Foto oder Selfie von sich selbst oder einer Gruppe hoch. Die App verfremdet es so, dass es aussieht, als wäre das Gesicht mit einer Schablone auf einen Untergrund gesprüht worden. Nun kann der Nutzer verschiedene Elemente wie Pfeile oder Herzchen hinzufügen, eine Sprühfarbe auswählen und einen Spruch hinzuschreiben. Da es uns darum ging, mit der App das Interesse junger Menschen an den Sozial- und Pflegeberufen zu wecken, haben wir den Satzbeginn „Sozial dabei, weil ..." gewählt, den der Nutzer vervollständigen sollte. Im Laufe der Jahre kamen schöne Sprüche wie „Sozial dabei, weil es nicht nur richtig, sondern wichtig ist" oder „Sozial dabei, weil ich es kann" zustande. In einem letzten Schritt konnte der Nutzer nun wählen, auf welchen Hintergrund sein Bild und Spruch „gesprüht" werden sollte. Auf ein Plakat? Auf einen Stromkasten? Auf eine Mauer? Oder auf eine Fläche, an der er in der realen Welt gerade vorbeikam? Einfach auswählen, ein weiteres Mal fotografieren und schon war das persönliche Graffiti virtuell verewigt. Es konnte dann in den sozialen Netzwerken geteilt werden.

Die erste Version der App wurde immerhin 4.900-mal von Nutzern installiert. Wie viele Bilder damit gestaltet wurden, entzieht sich unserer Kenntnis, denn man konnte sich zwar, musste sich aber nicht dafür entscheiden, das fertige Bild auch in unserer Galerie zu posten. Wir haben die App jahrelang sehr erfolgreich auf Veranstaltungen eingesetzt und dort etwa 100 Bilder pro Tag mit den Besuchern produziert. Da die Betriebssysteme für mobile Endgeräte aber ständig weiterentwickelt werden, sind Anbieter von Apps gezwungen, spätestens alle paar Jahre ihre Anwendungen zu aktualisieren, damit sie überhaupt noch auf den neuen

Geräten und neuen Versionen der Betriebssysteme laufen. Es entstehen also laufende Kosten in nicht unerheblichem Maße. Nach fünf Jahren ist es nun sogar soweit, dass unsere Bildgenerator-App gegen erneute Kosten im fünfstelligen Bereich technisch komplett neu aufgesetzt werden muss. Eine sinnvolle Investition, denn die Idee kann nach wie vor auf der aktuellen Gamification-Welle mitschwimmen und die Lust junger Menschen, eigene Bilder mit Filtern, Schablonen und Effekten zu individualisieren und dann zu posten, ist dank Instagram und Snapchat ungebrochen.

Die Entwicklung von Edutainment-Formaten ist schwieriger als man denkt. Denn die Angebote sollen zwar locker und unterhaltsam herüberkommen, aber dabei einem echten Bildungsauftrag und höchsten Standards der Nutzerfreundlichkeit (Usability) gerecht werden. Sonst bleiben sie eine nette Spielerei, erfüllen aber nicht ihren Zweck, Jugendlichen zu gefallen und sie für die Sozial- und Pflegeberufe zu interessieren. Im schlimmsten Fall wirken sie bemüht und peinlich und erreichen genau das Gegenteil dessen, was man als Arbeitgeber erreichen wollte.

Fazit: Der Fantasie sind bei der Entwicklung von Gamification-Anwendungen keine Grenzen gesetzt. Auf die besten Ideen kommen wahrscheinlich Ihre Auszubildenden selbst.

Beispiel: Die Gamechanger-Videos

Filme über Menschen, die soziale Berufe ausüben, gibt es inzwischen wie Sand am Meer, und es ist nicht leicht, sich von der Masse abzuheben. Das Klinikum Dortmund versucht es mit Videos à 1:30 Minuten Spieldauer, die an ein PC-Abenteuerspiel erinnern (hier der Trailer: https://bit.ly/2ktx8Ew). Die Kamera folgt zum Beispiel einer Operationstechnischen Assistentin durch die Krankenhausflure. Dabei ist stets ihr Rücken und Hinterkopf zu sehen, sodass die Zuschauer das Gefühl bekommen, ihr durch die Gänge zu folgen und ihr beim Erledigen ihrer Aufgaben über die Schulter zu schauen.

Als Hintergrundgeräusch läuft ein typischer Spiele-Soundtrack einschließlich gelegentlicher „Plings", wenn die Protagonistin eine Aufgabe erledigt hat, die im „Questlog" (Auftragsbuch) auf der rechten Seite des Videofensters eingeblendet ist. Links unten im Video sieht man außerdem einen Gebäudeplan, so wie ihn auch ein Gamer sieht, wenn er sich durch eine virtuelle Welt bewegt. Nicht zuletzt bekommt die Operationstechnische Assistentin Charakterwerte wie „Magie: 20 %" oder „Emotionale Stärke: 80 %" attestiert, so wie es bei Spielfiguren in einem Fantasy-Rollenspiel üblich ist.

Vom Festival bis zum Campus Day: Moderne Nachwuchsveranstaltungen

3

Online-Personalmarketing ist das eine, doch auch Offline-Maßnahmen im realen Leben sollten in der Nachwuchsgewinnung nicht unterschätzt werden – zumal sie gleichzeitig wieder für schickes Bild- und Videomaterial für die Online-Kanäle sorgen. Dabei spreche ich aber nicht von der klassischen Berufemesse, sondern von modernen Nachwuchsveranstaltungen auf dem eigenen Gelände. Denn auch in der Generation Z, die man digital ködert, entscheidet am Ende der persönliche Kontakt, ob es zum Abschluss eines Ausbildungsvertrags kommt oder nicht.

Im Gegensatz zur Berufemesse vom Fremdveranstalter, wo Sie auf die Gegebenheiten und Preise vor Ort angewiesen sind und in Konkurrenz zu vielen anderen Arbeitgebern stehen, haben Sie bei eigenen Nachwuchsveranstaltungen die Fäden selbst in der Hand. Ganz egal, ob Informationsevent für Schüler, die sich in der Berufsorientierungsphase befinden, oder Fortbildungsveranstaltung und Feier für die Azubis, die schon an Bord sind – mit einer umfangreichen Begleitung in den sozialen Netzwerken üben diese Events eine Strahlkraft weit über den eigentlichen Veranstaltungstag hinaus aus. Allerdings nur, wenn das Programm beeindruckt. Ein Poetry Slam oder eine After Work-Party als Rahmenprogramm, ein YouTuber als Show-Act und im Fortbildungsteil pfiffige Vortragstitel wie „Dr. Robot im OP", „Notfalltraining per Virtual Reality" (Beispiele aus dem Uniklinikum Hamburg Eppendorf) oder ein ganz anderes Veranstaltungsformat wie ein Azubi-Barcamp sind Pflicht. Dann können Sie sogar ein kleines

Eintrittsgeld verlangen, wie es die Hamburger auch tun, ohne den Effekt zu schmälern. Natürlich muss dann noch ein guter Titel für die Veranstaltung her. In Eppendorf heißt es „Pflegefestival" (pflegefestival.de), bei der Ev. Stiftung Alsterdorf „ESA Campus Day" (esa-campusday.de). Hauptsache, nicht „Bewerber-Infotag" oder ähnlich schnarchig. Mit umfangreicher Begleitung in den sozialen Netzwerken ist übrigens nicht die Fotogalerie bei Facebook gemeint. Auch hier leisten Influencer gute Arbeit, ebenso aber ein Social Media-Gewinnspiel mit den Teilnehmenden, die gebeten werden, zu einem bestimmten Hashtag wie #esacampusday zu posten.

Definition: Barcamp

Ein Barcamp ist sozusagen eine Tagung ohne Programm. Die Teilnehmer bringen Themenvorschläge zu einem vorher festgelegten Oberthema mit, über die sie sich gerne mit anderen austauschen würden. Am Beginn der Veranstaltung präsentiert im Blitzverfahren jeder seine Themenidee. Dann wird abgestimmt, welche Themen die meisten Teilnehmer interessieren und ins Programm aufgenommen werden sollen. Es wird erst live auf der Tagung zusammengestellt. In einstündigen „Sessions" (Arbeitsgruppen) werden die Themen von den Teilnehmern diskutiert, um voneinander zu lernen. Auszubildende könnten im Rahmen eines solchen Barcamps zu Themen wie Modernisierung der Erzieherausbildung, Digitalisierung in der Pflege oder Nachwuchsgewinnung im Sozial- und Gesundheitswesen arbeiten – und werden mit Sicherheit Ideen hervorbringen, auf die die Führungsebenen bislang nicht gekommen sind.

Nachwuchsveranstaltungen wirken am besten, wenn sie sich etablieren können und im regelmäßigen (jährlichen) Rhythmus durchgeführt werden.

Damit die Sozial- und Pflegeberufe nicht zu kurz kommen: Kooperationen mit Bildungsstätten

Immer wieder erreicht mich die Rückmeldung, dass die Sozial- und Pflegeberufe im Unterricht allgemeinbildender Schulen, Fach- und Hochschulen unterrepräsentiert seien. Dabei sind Lehrer und Dozentinnen eigentlich froh über jeden Input von außen, weil sie ein Fach wie Berufskunde oder „Wirtschaft, Arbeit, Technik", wie es mancherorts heißt, meist nebenbei unterrichten. Multimediales Unterrichtsmaterial (Beispiel: https://bit.ly/2VFrFLH) oder Karriereportale, auf denen die Schüler im Computerraum „irgendwas machen" können (Berufetests absolvieren, Videos ansehen), sind daher gerne gesehen. Oder bieten Sie einen Fragebogen à la „Schnitzeljagd durch unser Karriereportal" zum Download an. Fragen wie „Wie viele verschiedene Sozial- und Pflegeberufe kannst du lernen?", „Wie heißt der Azubi, der im Berufefilm zur Ergotherapie mit der Seniorin Maria das Anziehen übt?" oder „Was verdient ein Altenpfleger mit drei Jahren Berufserfahrung und zwei Kindern?", bieten Sie Unterhaltung, machen neugierig und bringen gleichzeitig Ihre Botschaft unter die Leute. Die Antworten müssen natürlich dann auch in Ihrem Karriereportal zu finden sein. Nicht zuletzt können Sie auch selbst in den Berufskundeunterricht gehen und als Gast eine Unterrichtstunde gestalten oder sogar über ein ganzes Schuljahr hinweg einen Wahlpflichtkurs anbieten. Auch hier gilt: Ein einfacher Vortrag reicht nicht, um die Aufmerksamkeit der müden Schüler zu wecken. Action ist gefragt. Spicken Sie Ihren Vortrag mit Filmen, Abstimmungen per Live Voting-App (z. B. www.sli.do, www.tedme.com, www.voxvote.com) und Berichten von echten Azubis, die Sie mitgebracht haben. Bringen Sie als Andenken nicht nur Flyer und Kugelschreiber mit, sondern ausgedruckte Selbsttests („Bin ich der Typ für die Arbeit mit Menschen?", https://bit.ly/2SDwBvG) und mit Ihrem Logo gelabelte Bionade.

Was Schüler vom Berufskundeunterricht halten

Frederik (14): „In der Schule wird das Thema Berufswahl viel zu geballt behandelt. Lange beschäftigt man sich im Fach ‚Wirtschaft, Arbeit, Technik' mit organisatorischen Dingen und dem Jugendschutzgesetz. Und dann plötzlich muss man sich für ein Praktikum entscheiden. Ich würde das lieber besser auf die Schulzeit verteilen. In regelmäßigen Abständen Ausflüge in Firmen machen, einen speziellen Bereich mal genauer anschauen."

Inzwischen gibt es übrigens sogar Anbieter, die Lehrern versprechen, im Berufskundeunterricht Bewerbungsanschreiben für die Schüler zu erstellen. Der kostenpflichtige YouBot plus (https://bit.ly/2lPePu1) zum Beispiel stellt den jungen Leuten Fragen zu ihren Interessen, Erfahrungen und bisherigen Erfolgen und formuliert dann daraus einen Entwurf für ein Motivationsschreiben. Dieser kann dann noch inhaltlich und grafisch bearbeitet und individualisiert werden. Auch ein solches Instrument könnten Sie gemeinsam mit den Schülern einsetzen, um ihnen die Scheu vor einer Bewerbung in Ihrem Hause zu nehmen.

Auch in Hochschulen gibt es mehr Möglichkeiten, sich als Arbeitgeber zu präsentieren, als die Anzeige am Schwarzen Brett. Praxisorientierte Professoren suchen häufig reale Business Cases, die sie mit ihren Studierenden bearbeiten können. Wenn Sie also eine bestimmte Problemlage in Ihrem Haus haben (z. B. Ihre aktuelle Personalmarketing-Kampagne erhält gemischte Rückmeldungen oder Ihr Intranet wird nicht genutzt), können Sie diese zusammen mit Ihren Fragestellungen einreichen. Oft gehören ein Kick-off-Workshop im Unternehmen und eine Fragestunde für Rückfragen dazu. Die Studierenden beschäftigen sich dann ein Semester lang mit der Fragestellung, führen Umfragen, Recherchen und Brainstormings durch und präsentieren Ihnen schließlich ein Lösungskonzept. Am Ende hat das Unternehmen zwei Fliegen mit einer Klappe geschlagen: Möglicherweise ist ein Lösungsansatz dabei, der sich tatsächlich umsetzen lässt, und gleichzeitig ist ein enger Kontakt zu einer Gruppe junger Menschen entstanden, die sich ausführlich mit Ihrem Unternehmen auseinandergesetzt haben und es in Zukunft möglicherweise als Arbeitgeber in Betracht ziehen. Vergessen Sie nicht, die Beteiligten in Ihren Talentpool aufzunehmen und sie etwa ein halbes Jahr vor ihrem geplanten Hochschulabschluss mit einem Stellenangebot zu kontaktieren.

Vom Boys' Day bis zum Freiwilligendienst: Warum Schnupperangebote in der Nachwuchsgewinnung wichtiger denn je sind

Wie bereits mehrfach gehört, ist die Generation Z süchtig nach Erlebnissen, mit denen sie sich von ihren Altersgenossen abheben kann. Erlebnissen, die sie auf Instagram oder Snapchat posten kann. Erlebnissen, die ihnen Marken und Unternehmen persönlich nahebringen. Nachwuchsveranstaltungen (siehe oben) sind solche Erlebnisse. Praktika und Freiwilligendienste sind es ebenfalls. Sie ermöglichen eine persönliche Erfahrung mit einem Arbeitgeber und einem Berufsfeld und markieren einen wichtigen Kontaktpunkt auf der Candidate Journey. 3

Erfahrungsbericht: „Ich finde es schade, dass ich wieder gehen muss"

Frederik (14): „Ich habe ein Schülerpraktikum in der Verwaltung der Organisation gemacht, in der mein Vater arbeitet. Meine Klassenkameraden machen ihre Praktika in Kitas, bei Siemens oder bei einem Energiekonzern. Ich hatte zuerst auch unseren Nachbarn gefragt, ob er mich bei Siemens unterbringen könnte, aber der soziale Bereich gefiel mir dann doch besser. Es waren alle sehr nett und hilfsbereit zu mir und kamen auf mich zu. Ich finde es schade, dass ich Ende der Woche wieder gehen muss. Ein solcher Job käme definitiv für mich infrage."

Jede Form von Praktikum und Freiwilligendienst will heutzutage nicht einfach nur angeboten, sondern umfangreich vermarktet werden. Soziale Träger denken sich dazu eigene Praktikantenprogramme mit klingenden Namen wie „Locker Mittendrin" (lockermittendrin.de), „Ran ans Leben" (ran-ans-leben.de) oder „Sterntalerzeit" (sterntalerzeit.de) aus und schließen sich größeren Initiativen wie dem Boys' Day an. Zu den Angeboten gehören Jugendtage, Sommerferienprogramme oder Roadshows auf den Schulhöfen der Region. Damit die Generation Z auf solche Angebote aufmerksam wird, sind jugendliche Webseiten,

Praktikanten- oder Freiwilligendienstleistenden-Blogs und extra Instagram-Nachwuchsprofile notwendig – und leider wieder auch bezahlte Online-Werbung. Die digitalen Kanäle werden idealerweise von den Praktikanten oder Freiwilligendienstleistenden selbst bespielt.

Best Cases – Das Konzept der Jugendhilfestation Neumarkt in der Opferpfalz

Aus Praktikanten mach' Mitarbeitende

Schülerpraktikanten, Vorpraktikanten, Studierende im Pflichtpraktikum – der Durchlauf in sozialen Einrichtungen ist groß. Meist werden die jungen Leute allerdings eher als Belastung empfunden anstatt als Riesenchance für die Nachwuchsgewinnung. Herbert Schärdel, der inzwischen verrentete Dienststellenleiter der Jugendhilfestation Neumarkt, hat das Potenzial der Zielgruppe dagegen erkannt. Praktikantin Alexandra Peichinger, 23, merkt das sofort: „Ich werde wie eine Mitarbeiterin behandelt, aber habe nicht die volle Verantwortung. Auch der wertschätzende Umgang miteinander trägt dazu bei, dass ich mich hier sehr wohl fühle." Durch den Tipp einer Bekannten war sie auf die Jugendhilfestation Neumarkt aufmerksam geworden – gute Bedingungen für Praktikanten sprechen sich herum. Ein Interview von 2018:

Herr Schärdel, seit wann sind Sie sich der Bedeutung von Praktikanten für die Personalgewinnung bewusst?

Wir nehmen seit gut zehn Jahren regelmäßig Praktikanten. In diesem Zeitraum ist die Bedeutung für die Personalgewinnung durch vorhergehende Praktikanteneinsätze gestiegen. Bei uns bewerben sich oft mehr Praktikanten, als es Plätze gibt. In der Regel sammeln ein Halbjahrespraktikant und drei bis fünf weitere Praktikanten gleichzeitig Berufserfahrung.

Gibt es für die Praktikantenbetreuung ein Konzept, wird sie evaluiert?

Fest eingerichtet ist bisher, dass alle Bewerbungen für ein Praktikum bei der Jugendhilfestation ausführlich durch die Leitung geprüft werden. Bei grundsätzlicher Eignung geht die Bewerbung an einen dafür beauftragten Praktikantenbetreuer aus unserer Mitarbeiterschaft weiter, der die Möglichkeiten auslotet und mit dem Bewerber bespricht. Daraus wird dann ein individuelles Konzept für den Einsatz erstellt. Von Leitungsseite wird in Abständen überprüft, wie das Praktikum verläuft und am Ende ein Auswertungsgespräch geführt: Ich führe als Dienststellenleiter selbst regelmäßig Reflexionsgespräche mit den Praktikanten. So können sie Rückmeldung geben und ihre Wünsche und Anregungen mitteilen.

Wie viele der Mitarbeitenden der Jugendhilfestation sind ehemalige Praktikanten?

Rund 14 Prozent unserer Mitarbeitenden sind ehemalige Praktikanten.

Gehen Sie mit Schülerpraktikanten genauso um wie mit Studi-Praktikanten?

Es bewerben sich Praktikanten mit unterschiedlichsten Voraussetzungen. Bei Schülern handelt es sich meist um ein „Schnupperpraktikum". Sie sollen eine Vorstellung von unseren Arbeitsfeldern gewinnen, können aber in der Regel eher wenig direkt eingesetzt werden. Häufiger bewerben sich Sozialpädagogik-Studenten. Hier dauert das Praktikum meist 22 Wochen und es liegen beim Bewerber bereits sozialpädagogische Kenntnisse vor. Die Einsatzmöglichkeiten sind deshalb deutlich vielfältiger. Teilweise bleiben Kontakte auch nach Praktikumsabschluss bestehen. So hatten wir schon mehrere Praktikanten, die nach dem Ende des offiziellen Praktikums noch als geringfügig Beschäftige eine Zeit lang bei uns geblieben sind und ihre Aufgaben weitergeführt haben.

Wie gelingt es Ihnen, dass die Stammbelegschaft die Praktikanten nicht als zusätzliche Belastung empfindet?

In der Regel bringen Praktikanten, die sich im sozialen Umfeld engagieren, auch besondere Begabungen und Fähigkeiten mit. Unser Ziel ist es, diese wenn möglich mitzunutzen. Wir hatten einmal eine Praktikantin mit einer Gymnastiklehrerausbildung. Sie bot innerhalb unserer Familienarbeit auch Bewegungskurse für Mütter mit an, was eine tolle Bereicherung unserer Angebote war. Wichtig finde ich, dass sich Aufwand und Ertrag in etwa die Waage halten. Wenn wir durch Praktikanten auch Entlastung erfahren oder neue Anregungen bekommen, wird der Aufwand nicht als belastend empfunden. Zudem sind die vielen positiven Rückmeldungen von Praktikanten auch eine Motivation für Mitarbeiter, sich mit einzusetzen und gute Einblicke in die Arbeitsfelder zu gewähren.

Die Perspektive der Praktikanten

Magdalena Zäuner, die 22 Wochen in der Jugendhilfestation Neumarkt im Einsatz war, behielt besonders die Momente in Erinnerung, wo sie nicht nur zuschauen, sondern mit anpacken durfte: „Ich war von Anfang an bei der Arbeit mit unbegleiteten, minderjährigen Ausländern dabei und war in den Aufbau dieses Bereichs voll involviert", erzählt die 23-Jährige. Als sie ihrer Praxisanleitung sagte, dass sie gerne ihren Schwerpunkt auf dieses Fachgebiet legen würde, wurde ihr das ohne Weiteres ermöglicht. Nachdem das vergütete Praktikum dem Ende zuging, wollte Zäuner neben ihrem Studium weiter junge Flüchtlinge begleiten. Dienststellenleiter Herbert Schärdel bewilligte sofort ihre Anfrage, und so wurde die Studentin fest angestellt und kam an zwei Tagen in der Woche von ihrem damaligen Wohnort Regensburg nach Neumarkt. Mittlerweile ist sie in Vollzeit bei der Jugendhilfestation Neumarkt beschäftigt – eine Erfolgsgeschichte der Personalgewinnung durch intensive Praktikantenbetreuung.

3

Was zu einem professionellen Praktikanten-Programm gehört

3

- Der Bewerbungsprozess wird genauso professionell durchgeführt wie bei Festanstellungen.
- Es gibt einen Praktikantenbeauftragten oder eine konkrete Person (Praxisanleiter, Ausbildungsleiter), die sich um die Praktikanten kümmert.
- Zusätzlich gibt es für jeden Praktikanten einen „Tandempartner" oder „Mentoren" im Team, der sich verantwortlich für das Wohlergehen fühlt.
- Es gibt ein ausformuliertes Konzept zur Praktikantenbetreuung und Richtlinien zum Umgang mit Praktikanten, die für alle Mitarbeitenden verpflichtend sind.
- Das Praktikum wird vergütet.
- Die Praktikanten lernen verschiedene Arbeitsbereiche in der Einrichtung kennen und dürfen eigenverantwortlich kleine Aufgaben und Projekte übernehmen.
- Die Talente der Praktikanten werden systematisch ermittelt und durch einen Einsatz an passender Stelle gefördert.
- Der Praktikant wird von allen Mitarbeitenden wertschätzend behandelt. Sollten einzelne Praktikanten für die Teams eine Belastung im Arbeitsalltag darstellen, gibt es einen festgelegten Prozess, wie dieses Problem angezeigt und gemeinsam gelöst werden kann.
- Es gibt regelmäßig kurze Feedback-Gespräche mit den Praktikanten und ein Exit-Interview, in dem ihre beruflichen Pläne erforscht werden.
- Der ausscheidende Praktikant wird mit einem Vermerk zu seinem voraussichtlichen Schul- oder Studienabschluss in den Talentpool aufgenommen. Er wird regelmäßig kontaktiert und ihm wird etwa ein Jahr vor dem Abschluss ein Ausbildungsplatz oder eine Festanstellung angeboten.
- Studentischen Praktikanten wird idealerweise in der Zwischenzeit ein Studentenjob angeboten, um den Kontakt lebendig zu halten.

- Eine besondere Herausforderung sind Schülerpraktikanten, doch auch für sie lohnt sich der oben beschriebene Aufwand. Ihnen wird proaktiv ein Ausbildungsplatz oder ein (Vor-)Praktikumsplatz für ihr Studium angeboten.
- Das Praktikantenprogramm wird – vor allem in Bezug auf die Übernahmequote – evaluiert. Zahlen wie Abbruchquoten oder Vergleiche zwischen verschiedenen Einsatzabteilungen können Erkenntnisse über Verbesserungsmöglichkeiten des Praktikantenprogramms liefern.
- Die Praktikanten erhalten ein Zeugnis, das genauso sorgfältig erstellt wird wie ein Mitarbeitendenzeugnis.

Die Nachwuchsgewinnung für Praktika und die Freiwilligendienste Freiwilliges Soziales Jahr (FSJ) und Bundesfreiwilligendienst (BFD) im Sozial- und Pflegebereich kann mit denselben oben beschriebenen Methoden und Kanälen durchgeführt werden wie die Nachwuchsgewinnung für Ausbildungs- und Studienplätze. Ein Beispiel für ungewöhnliche Werbemethoden liefert noch einmal das Klinikum Dortmund.

Beispiel: BFD à la van Damme

Im Klinikum Dortmund ließ man sich von dem Volvo-Werbespot „Epic Split" inspirieren, in dem Action-Schauspieler und Kampfsportler Jean-Claude van Damme einen Spagat auf zwei fahrenden LKW macht – ein Bein auf jedem LKW. Zu Beginn fahren die Lastwagen noch eng nebeneinander, van Damme steht mit leicht gespreizten Beinen auf den Fahrerkabinen. Im weiteren Verlauf des 75-sekündigen Spots vergrößern die LKW-Fahrer langsam den Abstand zwischen den beiden Trucks, bis der Kampfsportler im perfekten Spagat zwischen ihnen hängt. Der Spot wurde bei YouTube 93 Mio. Mal angesehen. Das Klinikum Dortmund stellte den Spot mit einer jungen Krankenpflegerin nach (https://bit.ly/2ZqynTq): Sie macht ihren Spagat auf zwei Krankenhausbetten, die von ihren Kolleginnen langsam immer weiter auseinandergeschoben werden. Den Spot – und mit ihm die Werbung für den Bundesfreiwilligendienst im Klinikum Dortmund – haben immerhin 35.000 Menschen gesehen.

Im Anschluss an den Freiwilligendienst können die Teilnehmer als Zielgruppe für die zu vergebenden Ausbildungs- und Studienplätzen betrachtet werden. Viel zu häufig gehen uns solche jungen Menschen mit einem grundsätzlichen Interesse an der Branche „durch die Lappen". Gerade auch Freiwilligendienstleistende aus dem Ausland, die das FSJ als ersten Schritt sehen, um in Deutschland anzukommen, aber an einer weiteren Perspektive interessiert sind, werden mit der Bewerbung für einen Ausbildungsplatz alleine gelassen.

Freiwilligendienste sollen natürlich nicht zur Rekrutierung von Auszubildenden verzweckt, also einzig und allein mit diesem Hintergedanken angeboten werden. Der Gesetzgeber hat sie ganz deutlich als Bildungsprogramm definiert, es geht um die persönliche Entwicklung und Entfaltung der jungen Teilnehmer und um das Sammeln neuer Erfahrungen. Im Gesetz zur Förderung von Jugendfreiwilligendiensten ist in § 2 Abs. 1 formuliert, dass es sich um „einen freiwilligen Dienst ohne Erwerbsabsicht, außerhalb einer Berufsausbildung" handelt. Freiwillige sollen demnach auch nicht Aufgaben im Arbeitsalltag übernehmen, die sonst Auszubildende oder Fachkräfte übernehmen würden, nur weil gerade Personalnot herrscht.

„Eine solche kurzfristig orientierte Strategie widerspricht zum einen dem Wesen von Freiwilligendiensten als Bildungsprogramme und zum anderen kann sie kontraproduktiv für die mittel- und langfristige Personalgewinnung und -bindung sein, da die Freiwilligen sich als Lückenbüßer missbraucht fühlen könnten", heißt es im Diakonie Text 04/2010, *Das Freiwillige Soziale Jahr (FSJ) und sein Beitrag zur Personalgewinnung*, und weiter: „Trotzdem haben Freiwilligendienste dieses Element [den Personalgewinnungseffekt] in sich und werden sowohl von den Freiwilligen selbst (Berufsorientierung) als auch von den Einsatzstellen auch unter diesem Aspekt gesehen."

Laut der mir vorliegenden internen Statistiken von 2018 der evangelischen Träger, die in den Evangelischen Freiwilligendiensten zusammengeschlossen sind, beginnen rund 23 Prozent der FSJler, rund 22 Prozent der BFDler unter 27 Jahre und rund 16 Prozent der BFDler über 27 Jahre (Quereinsteiger) im Anschluss an ihren Dienst eine Ausbildung oder ein Studium im sozialen Bereich. Diese Zahlen ließen sich mit einer strategischen Herangehensweise noch weiter steigern. Gleichzeitig gibt es etwas genauso viele Abbrecher: Rund 21 Prozent der FSJler, rund 17 Prozent der BFDler unter 27 und rund 18 Prozent der BFDler über 27 hören vorzeitig auf. Diese Zahlen sollten mit einer strategischen Herangehensweise gesenkt werden. Denn in den wenigsten Fällen kam es zu einer Kündigung seitens des Trägers (z. B. wegen mangelnder Einsatzbereitschaft der Teilnehmenden) oder wegen der Aufnahme einer Ausbildung. Die Mehrheit der Abbrecher bricht aus anderen Gründen oder ohne Angabe von Gründen ab. Irgendetwas – stressige Arbeitsbedingungen, mangelnde Anleitung, private Krise – ist schiefgelaufen, sodass sie uns als spätere Auszubildende und Fachkräfte verloren gehen. Wir sollten uns darin üben, unsere Freiwilligendienstleistenden mindestens über die vorgesehenen zwölf Monate zu halten, idealerweise als Auszubildende darüber hinaus, um daraus auch für die Mitarbeiterbindung und -zufriedenheit in der gesamten Belegschaft zu lernen.

Im Rahmen des Freiwilligendienstes sind 25 Seminartage vorgesehen, an denen die Anwesenheit verpflichtend ist. Häufig geht es an diesen Tagen etwa um Pädagogik, um Teambuilding, um den Umgang mit dem Tod oder die Historie der Freiwilligendienste. Die Berufsorientierung kommt leider zu kurz. Jeder Freiwilligendienstleistende sollte im Rahmen der Seminartage ein professionelles Karrierecoaching erhalten, um sich unter Anleitung bewusst zu machen, was er während des Dienstes über sich und seine Berufswünsche gelernt hat und ob ein Sozial- oder Pflegeberuf infrage kommt. Idealerweise wird dies ergänzt durch ein Feedbackgespräch in der Praxiseinsatzstelle. Denn junge Leute können oft selbst gar nicht richtig einschätzen, welche Talente und Fähigkeiten, die im sozialen Bereich nützlich sind, sie im Vergleich zu Gleichaltrigen mitbringen. Ein Ansprechpartner „vom Fach" kann hier viel bewirken.

Weitere strategische Überlegungen lassen sich aus den Zahlen der FSJ-/BFD-Statistiken der Evangelischen Freiwilligendienste ablesen. So ist die Gruppe der Hauptschulabgänger unter den

Teilnehmern gegenüber den Teilnehmern mit (Fach-)Hochschulreife oder Mittlerem Schulabschluss unterrepräsentiert. Hauptschüler ließen sich daher als neue Zielgruppe definieren, um die verstärkt geworben werden könnte. Vielversprechend sind in diesem Zusammenhang Freiwilligendienste mit einem Extra für die Zielgruppe Hauptschüler. Sie heißen FSJ Plus oder ähnlich und umfassen je nach Anbieter das Nachholen des Mittleren Schulabschlusses, Bewerbungstrainings oder die Anbindung an eine Coachinggruppe. Ein FSJ „mit Extra" dauert dann auch schon mal zwei Jahre statt einem.

Von der Gesetzesänderung bis zum Kinostart: Anlässe für das Azubi-Marketing

Ein sehr wichtiger Faktor in der zeitgemäßen Nachwuchsstrategie ist das anlassbezogene Azubi-Marketing. Viele Unternehmen im Sozial- und Gesundheitswesen halten Nachwuchsgewinnung für ein zeitloses Thema, das man einmal in Form von Flyern, Messestand, Video und Webseite aufsetzt und das dann läuft. An den Curricula ändert sich schließlich wenig, und die Stellenanzeige für den Ausbildungsplatz veraltet doch auch nicht so schnell. Oder?

Falsch! Nachwuchsgewinnung braucht anlassbezogene Kommunikation, die die Botschaft „Wäre ein Sozial- oder Pflegeberuf nicht etwas für dich?" auf immer wieder neue Art und Weise ins Bewusstsein junger Menschen rückt. Die Generation Z liebt digitale Trends und Memes (Internet-Hypes). Wenn die öffentliche Aufmerksamkeit durch ein bestimmtes Ereignis auf ein Thema gelenkt wird, welches mit Ausbildung, Studium oder Sozial- und Pflegeberufen zu tun hat, oder wenn sich ein Internet-Phänomen viral verbreitet, lässt sich das wunderbar nutzen, um auf der Welle mitzuschwimmen. Verschiedenste Arten von Anlässen eignen sich dazu, zum Beispiel:

- Wirbelsturm in Mosambik: Hast du Lust auf einen Freiwilligendienst im Ausland oder eine Arbeit in der Entwicklungshilfe?
- Kinostart eines Films über einen Menschen mit Behinderung (z. B. *Mein Bester und ich, Ziemlich beste Freunde*): Hast du

schon mal über eine Ausbildung zum Heilerziehungspfleger nachgedacht?

- Gesetzesänderungen bei der Hebammen-Ausbildung: Wusstest du schon, dass der Hebammen-Beruf durch das neue Studium viel attraktiver wird?

Vielleicht denken die Fachleute in Ihrer Einrichtung das genaue Gegenteil: Die Hebammen-Ausbildung sollte lieber nicht zum Studium werden, sondern eine Fachschulausbildung bleiben. Vielleicht haben sie gute Argumente. Aber das zählt aus Sicht der Öffentlichkeitsarbeit bzw. des Personalmarketings nicht. Ist ein Anlass gegeben (in diesem Falle: die Gesetzesänderung beschlossen), gilt es, die Botschaften herauszuarbeiten, die sich im Marketing gut verwenden lassen, und die Azubi-Kommunikation für einen gewissen Zeitraum (bis zum nächsten Anlass) daran aufzuhängen. Fachliche Hintergrunddiskussionen haben dabei keinen Platz.

Ich habe mich im Jahr 2019 sehr gewundert, wie schwerfällig Pflegeeinrichtungen die generalistische Pflegeausbildung im Rahmen ihrer Kommunikationsstrategie aufgegriffen haben. Jahrelang war darüber diskutiert worden – auf politischer Ebene. Sollten Alten-, Kranken- und Kinderkrankenpflege zusammengeführt werden oder nicht? Und wenn ja, wie? Nun, da die Einführung kurz bevorstand, wurde die wichtigste Zielgruppe völlig im Dunkeln gelassen: der Nachwuchs, die Bewerber. Sie hatten – wie ich über die WhatsApp-Karriereberatung mitbekam – so viele Fragen! Wo können sie die neue Ausbildung absolvieren? Ab wann können sie sich bewerben? Und was ist, wenn sie bereits eine Pflegeausbildung begonnen hatten – war das jetzt alles umsonst gewesen? Für uns schienen die Antworten klar und nicht weiter erwähnenswert: Natürlich war nichts umsonst und natürlich würde die neue Ausbildung in denselben Fachschulen angeboten werden, in denen vorher die Alten-, Kranken- und Kinderkrankenpflege gelehrt wurde. Andere Fragen banden in den Ausbildungsstätten viel mehr Aufmerksamkeit: Wie sollte das neue Curriculum aussehen? Welche gesetzlichen Regelungen und Fristen waren zu berücksichtigen? *Wer* würde sich neben dem Alltagsgeschäft darum kümmern? Die Bewerber mit ihren Unsicherheiten setzten derweil ihre Suchen bei Google ab – und fanden wenig. Ein paar FAQ-Infoseiten der Ministerien (z. B. https://bit.ly/2K00y5T) und der Wohlfahrtverbände (z. B. https://bit.ly/32HmHOZ), die aber eher das sperrige Schlagwort „Pflegeberufereformgesetz" in den Mittelpunkt stellten. Manchmal nahmen Träger die Ausbildung unter dem Stichwort „Pflegefachfrau/mann" einfach ohne weitere Erklärungen in die Liste der angebotenen Ausbildungen auf. Vereinzelt sah ich Werbung nach dem Motto: „Wir bieten ab nächstes Jahr eine neue Ausbildung an", was ich sehr gut fand: Den jungen Bewerbern sind die Zusammenhänge zwischen alten und neuen Ausbildungsgängen nämlich weitgehend egal. Sie wollen nur wissen: Was gilt aktuell für mich? Und „neu" klingt immer gut.

Beispiel:

Für die Diakonie entwickelte ich eine kleine Serie von Argumenten, mit denen unseren Trägern anlassbezogene Berufewerbung ermöglicht wurde:

- 1 Ausbildung, 3 Berufe: SEI EINE*R DER ERSTEN! Werde Pflegefachfrau*mann . Die neue Pflegeausbildung beginnt ab 2020.
- 1 Ausbildung, 3 Berufe: WECHSLE JEDERZEIT! Werde Pflegefachfrau*mann . Die neue Pflegeausbildung führt Alten-, Kranken-, und Kinderkrankenpflege zusammen.
- 1 Ausbildung, 3 Berufe: ARBEITE EUROPAWEIT! Werde Pflegefachfrau*mann . Die neue Pflegeausbildung wird in allen EU-Ländern anerkannt.
- 1 Ausbildung, 3 Berufe: ÜBERNIMM VERANTWORTUNG! Werde Pflegefachfrau*mann . Pflegefachkräfte mit der neuen Pflegeausbildung dürfen eigenständiger entscheiden.

Die neue Pflegeausbildung ist einfach eine großartige Chance, das Thema Pflegeberuf noch einmal ganz neu inhaltlich zu füllen. Pflegenotstand und Fachkräftemangel haben es lange geprägt, doch Modernisierung, Globalisierung und Digitalisierung sind mindestens genauso wichtige Aspekte.

Aber Achtung: Die Benutzung des Begriffs „Pflegefachperson“, um das Gendersternchen in Pflegefachfrau*mann zu umgehen, ist im Rahmen von Ausbildungsplatz-Stellenanzeigen überhaupt nicht zielführend. Die Generation Z sucht emotionale Nähe zu ihrem zukünftigen Arbeitgeber. Wie soll diese Nähe aufgebaut werden, wenn man sachlich-distanziert als „Person“ angesprochen wird?

Abbildung: Webgrafik zur neuen Pflegeausbildung, © Diakonie Deutschland/Jana Müller-Heuser

Nicht zuletzt ist der anlassbezogene Ansatz auch für andere soziale Berufe umsetzbar. Immer mehr Fachschulen bieten beispielsweise Erzieher als berufsbegleitende oder Teilzeit-Ausbildung an. Immer mehr Fachschulen lehren Heilerziehungspflege dual und zahlen eine Ausbildungsvergütung. Doch auf die Idee, das zum Aufhänger für eine Werbekampagne zu machen, kommen sie meist nicht. Die Information steht irgendwo versteckt zwischen Ausbildungsdauer und Ausbildungsinhalten auf der Webseite oder im Berufeflyer. Bewerber finden sie entweder gar nicht erst oder verstehen nicht, dass es sich hier um etwas Neuartiges, Besonderes handelt, nämlich um ein Alleinstellungsmerkmal, das diese Fachschule oder diesen Ausbildungsgang von vielen anderen unterscheidet. Wenn Sie die einzige HEP-Ausbildungsstätte im Umkreis von 50 km sind, die eine Ausbildungsvergütung eingeführt hat, schreiben Sie das ganz vorne und ganz groß auf Ihre Webseite! Erklären Sie in wenigen klaren Worten, wie die Situation anderswo ist und welche Vorteile Schulabgänger bei Ihnen haben. Bespielen Sie die gesamte Klaviatur der Öffentlichkeitsarbeit – angefangen beim Azubi-Interview auf Facebook: „Was hast du dir von deiner ersten Ausbildungsvergütung gekauft?"

Anlässe für die Nachwuchskommunikation sind nicht zuletzt auch Internet-Phänomene, wie zum Beispiel die sogenannte „Ice Bucket Challenge", mit der vor einigen Jahren Spendengelder für die Erforschung einer Nervenkrankheit geworben wurden. Menschen aus der ganzen Welt gossen sich einen Kübel Eiswasser über den Kopf und posteten ein Video dieser Aktion in den sozialen Netzwerken. Darin forderten sie Freunde und Bekannte heraus, es ihnen gleichzutun, und überwiesen im Anschluss ihre Spende. Der ursprünglich ernste Hintergrund der Aktion geriet ein wenig aus dem Fokus, kaum noch jemand wusste am Ende, dass und wofür Geld gesammelt wurde. Organisationen, Privatpersonen und Prominente, die bei der Ice Bucket Challenge mitmachten, konnten sich aber gewiss sein, mediale Aufmerksamkeit zu erhalten und in der Generation Z als cool zu gelten. Einen solchen Trend kann man sich auch als Arbeitgeber zunutze machen.

Und dann gibt es noch das Thema Diversity, die Vielfalt in der Belegschaft, bezogen auf die ethnische, nationale oder soziale Herkunft, das Geschlecht, das Alter, Behinderungen oder sexuelle Identitäten der Mitarbeitenden. Auch dieses Thema gibt einen prima Aufhänger für das Ausbildungsmarketing ab.

„Diversity und Chancengerechtigkeit machen Arbeitgeber attraktiv", sagt Lea-Friederike Neubert, Stabsstelle Interkulturelle Orientierung und Öffnung bei der Diakonie Deutschland. „Junge Bewerber*innen wissen: In Unternehmen, die Diversity und Inklusion praktizieren, finden sie eher ein Arbeitsumfeld, das von Wertschätzung, Offenheit und Perspektivvielfalt geprägt ist. In einem solchen Arbeitsumfeld sind sie eher vor Diskriminierung geschützt, das wird zunehmend Thema. Vor allem aber schafft Vielfalt in einer Organisation Raum für Austausch, Kreativität und innovative Lösungen zu bekannten Problemen. Mitarbeitende können voneinander lernen und sich ergänzen. Das erhöht die Arbeitszufriedenheit und die Möglichkeit, sich mit der Organisation zu identifizieren."

Dabei sind nicht unbedingt die Unternehmen, die am lautesten über Diversity sprechen, diejenigen, die sie am besten umsetzen. Aber sprechen sollten Sie darüber auf jeden Fall – die Generation Z wird es Ihnen danken.

Beispiel:

Ein Beispiel ist die Geschichte über einen Heilerziehungspflegehelfer mit transsexuellem Hintergrund, die ich für das Diakonie Karriereportal aufgezeichnet habe (https://bit.ly/2ksP3v2). Der Kollege spricht über seine Operationen und seine Gesundheit genauso offen wie über seine beruflichen Pläne und die Reaktionen im Team. Ideal für das Azubi-Marketing wären ähnliche Geschichten über jüngere Kollegen. Unternehmen, die für gelebte Diversity stehen, sind in Deutschland zum Beispiel das Diakoniewerk Simeon oder Pfizer Pharma. In den USA gibt es den Forbes & Statista Diversity Index, der auf Grundlage von Mitarbeiteraussagen die Firmen Netflix, SAP, VISA und Walt Disney zu Vorbildern in Sachen Diversity kürt.

Von den Helikopter-Eltern zum Helikopter-Arbeitgeber? Eine Unternehmenskultur, in der sich die Generation Z wohlfühlt

Onboarding und Mitarbeiterbindung

Ist die Generation Z erstmal für Ihre Ausbildungsstätte oder Ihr Unternehmen gewonnen, beginnt die nächste Phase. Maßnahmen der Mitarbeiterbindung schließen sich unmittelbar an die Maßnahmen der Mitarbeitergewinnung an. Idealerweise ist hierfür nicht mehr dieselbe Person zuständig, die das strategische Recruiting betreut, sondern die Person, die Personalentwicklung als Thema auf ihrem Schreibtisch hat. Beide Disziplinen sind übrigens Vollzeitjobs. Was passiert, wenn die Aufgaben neben anderen miterledigt werden sollen, habe ich in der Handreichung *Sieben häufige Probleme mit Profi-Recruiter*innen in Sozial- und Pflegeeinrichtungen* beschrieben (vgl. https://bit.ly/2HhUHZj). Kurz gesagt: es funktioniert schlicht und einfach nicht.

4

Was wünscht sich die Generation Z nun von einer Ausbildungsstätte oder einem Arbeitgeber, bei dem sie einen Vertrag unterschrieben hat? Meine These lautet, dass es für sie idealerweise von den Helikopter-Eltern zum Helikopter-Arbeitgeber weitergeht. Damit sind allerdings nicht Überwachung und Kontrolle gemeint, sondern Unterstützung und Service. Helikopter-Eltern helfen ihren (erwachsenen!) Kindern beim Bewerbungenschreiben, begleiten sie zu Vorstellungsgesprächen und kommen zum „Bring in your parents day" (gibt es bei Google und LinkedIn) zu Besuch mit ins Unternehmen, schreibt Wirtschaftswissenschaftler und Generationenexperte Prof. Christian Scholz von der Universität des Saarlandes. Sie legen bei Professoren und Arbeitgebern ein gutes Wort für sie ein, wie früher bei den Erzieherinnen in der Kita. Da sei es keine Ungewöhnlichkeit, wenn die Mutter einer 24-jährigen Mitarbeiterin im Unternehmen anrufe, um die Tochter wegen „akuter Überforderung am Arbeitsplatz" krankzumelden. „Fehlt diese Umsorgung, an die sich die Generation Z derartig gewöhnt hat, reagiert die Generation Z mit Unverständnis und Unsicherheit", so Scholz. Und noch ein Beispiel: Von ihren Helikopter-Eltern ist es die Generation Z schon seit Kindesbeinen gewohnt, dass ihr alles erklärt und sie um Verständnis für Entscheidungen gebeten wird. Für den Helikopter-Arbeitgeber heißt das: Bevor die Generation Z Ihren Auftrag ausführt, möchte sie verstehen, weshalb sie etwas tun soll. Wozu es sinnvoll ist. Die Frage lautet nun, inwieweit wir als Arbeitgeber auf diese Bedürfnisse eingehen sollten, nur um die Generation Z zufriedenzustellen.

Tipps zum Umgang mit der Generation Z aus dem Buch „Generation Z: Wie sie tickt, was sie verändert und wie sie uns alle ansteckt" von Prof. Christian Scholz

- Machen Sie sich und Ihren älteren Mitarbeitenden klar, dass die vorhergehenden Generationen für viele Eigenschaften der Generation Z selbst mitverantwortlich sind. Wenn Vorstände aus der Babyboomer-Kohorte kein Problem damit haben, tausende Mitarbeitende zu entlassen und Mitarbeiterbindungsmaßnahmen zu vernachlässigen, brauchen sie sich nicht zu wundern, dass sich die Generation Z umgekehrt auch nicht ihrem Arbeitgeber verpflichtet fühlt. Wenn ältere Generationen in den Medien ständig davon sprechen, wie gut es die Generation Z auf dem Arbeitsmarkt habe, können sie sich anschließend nicht über eine gewisse Selbstüberschätzung der Jungen beschweren, sondern sollten über eine andere Kommunikationsstrategie nachdenken.

- Lernen Sie von der Generation Z, aber lassen Sie sich nicht alles von ihr bieten. Passen Sie Ihr Unternehmen nicht pauschal an die Bedürfnisse der Jungen an, sondern gestalten Sie die Unternehmenskultur so, dass ein Miteinander der Generationen und gegenseitiges Verständnis wachsen kann. Kein Weg führt daran vorbei, der Generation Z „on the job" beizubringen, dass ihre Sonderansprüche Auswirkungen auf alle Mitarbeitenden haben, und dass man ihr nur Zugeständnisse machen kann, wenn sie sich auf ein „Geben und Nehmen" einlässt.

  Regeln, die für die Generation Z eingeführt werden, müssen für alle Mitarbeitenden gelten. Zum Beispiel das Recht auf regelmäßigen unbezahlten Urlaub, das Recht auf Einhaltung der Arbeitszeit und ungestörte Frei- und Urlaubszeit oder das Homeoffice als Angebot für Tage, an denen es für den Mitarbeitenden bequemer ist.

Der Wunsch der Generation Z, von Führungsaufgaben und Verantwortung verschont zu bleiben, kann dagegen nicht erfüllt werden. Überdenken Sie die Stellenbeschreibung Ihrer Führungskräfte und lagern Sie Teilaufgaben an Spezialisten aus (z. B. die Personalentwicklung an einen eigenen Referenten in der Personalabteilung), um Führung wieder attraktiver zu machen. Ergreifen Sie aber gleichzeitig Maßnahmen, um der Generation Z verständlich zu machen, dass Freiheit und Selbstbestimmung am Arbeitsplatz zwingend mit Verantwortung einhergehen.

- Gewinnen Sie die Einsicht, dass Unternehmen nicht darum herumkommen, sich um die charakterliche und fachliche Nachqualifizierung der Generation Z zu kümmern, auch wenn es ihrer Meinung nach so nicht sein sollte. Reagieren Sie auf das Bildungsdefizit der Generation Z mit kleinteiligen Fördermodulen, deren Ergebnisse sofort sichtbar werden und eingesetzt werden können. Ein Beispiel wäre ein Webinar zum Umgang mit einer bestimmten Software, verbunden mit der Aufgabe, eine Woche später dem restlichen Team eine Einführung oder Auffrischung dazu zu geben.

  An der mangelnden Kritikfähigkeit der Jungen können Sie arbeiten, indem Sie positives Feedback euphorisch und öffentlich geben, während Sie im Kritikfall einfach gar kein Feedback erteilen. Das löst bei einer Generation, die gewöhnt ist, ständig und für alles gelobt zu werden, bereits einen Lernprozess aus. Der gelegentliche Hinweis darauf, dass man sich nur durch konstruktive Kritik weiterentwickeln kann, schadet nicht, denn an Entwicklung und Qualifizierung zu ihrem eigenen beruflichen Nutzen ist die Generation Z interessiert.

Ein schneller Bewerbungsprozess

Doch kehren wir zunächst noch einmal an den Anfang des Mitarbeitergewinnungsprozesses zurück und betrachten Dinge, die wir im Kontakt mit dem Nachwuchs unter den Oberbegriffen „Unternehmenskultur" und „Helikopter-Arbeitgeber" besser machen können. Geringe Frustrationstoleranz, kurze Konzentrationsspanne – Sie erinnern sich? Die Generation Z hat nicht viel Geduld, möchte ihre Jugend nicht mit Warten verschwenden. Ein schneller Bewerbungsprozess ist darum essenziell. Online-Bewerbungsformulare mit wenigen, nur den allernotwendigsten Eingabefeldern oder die Vertragsverhandlungen im WhatsApp-Chat sind nur zwei der möglichen Stellschrauben. Die Helios-Kliniken warben 2019 mit der „Express-Bewerbung". Damit war die feste Zusage gemeint, dass Bewerber innerhalb von 60 Minuten nach Eingang ihrer Unterlagen zurückgerufen werden würden. Das können Sie leicht nachmachen: Bieten Sie zum Beispiel schon in der Stellenanzeige Auswahltermine für ein Vorstellungsgespräch an. Die Recruiting App Omnium bietet eine integrierte Kalenderfunktion. Aber auch mit Terminbuchungsplattformen wie youcanbook.me können Sie es den Bewerbern leicht machen, das Vorstellungsgespräch zügig und nach ihren eigenen Wünschen zu planen und so schnell eine Verbindlichkeit herzustellen.

4

Abbildung: Schneller Bewerbungsprozess bei Helios, © Helios Kliniken GmbH/Agentur Serviceplan

Verhandeln Sie außerdem mit dem Betriebsrat oder der Mitarbeitervertretung, dass bei Engpassberufen der Prüfungszeitraum für die Besetzungsverfahren verkürzt werden oder ein Vertrag bereits vor Ablauf des Prüfungszeitraums ausgestellt werden kann. Mir sind Fälle bekannt, wo Recruiter den Verantwortlichen klarmachen konnten, dass die zweiwöchige Verzögerung, die durch die Prüfung im Betriebsrat normalerweise entsteht, bei Engpassberufen zum Nachteil für die eigenen Mitarbeitenden führen kann. Wenn nämlich Bewerber abspringen, die zwischenzeitlich anderswo ein Vertragsangebot bekommen haben, und die Teams weiter in Unterbesetzung arbeiten müssen. Und das kann der Betriebsrat nicht wollen, wenn er seine Aufgabe als Interessensvertretung der Beschäftigten richtig versteht.

Lassen Sie sich auch mit den Ausbildungsverträgen nicht so viel Zeit! Mir sind so viele Träger im Sozial- und Gesundheitswesen bekannt, die denken: „Die Zusage für den Ausbildungsplatz hat der Bewerber erhalten, jetzt kann der Vertrag bis kurz vor Ausbildungsbeginn warten." Doch das ist die falsche Einstellung! Ausbildungsstätten in anderen Branchen schließen Ausbildungsverträge bereits ein ganzes Jahr vor dem Ausbildungsbeginn ab (z. B. Techniker Krankenkasse). Wenn nun eine Schülerin von ihren Freundinnen erfährt, dass sie alle schon einen festen Vertrag in der Tasche haben, wird sie nervös werden. Und das Risiko, dass sie sich weiter bewirbt und Ihnen abspringt, wird mit jedem Tag größer.

Ein Bewerberservice nach dem Motto: „Der Bewerber ist König"

„Der Kunde ist König" – den Spruch kennen Sie. Er gilt genauso für Bewerber. Sie hatten technische Probleme mit Ihrem Online-Bewerbungsformular und schreiben einem Ausbildungskandidaten eine sachliche Zwei-Zeilen-Mail, dass er seine verloren gegangenen Bewerbungsunterlagen noch einmal per E-Mail nachreichen muss? Bloß nicht! Das ist nicht das, was wir unter Bewerberservice verstehen. Stellen Sie sich vor, die Bewerberin wäre eine Königin. Was würden Sie tun? Sich tausend Mal entschuldigen! Jede erdenkliche Maßnahme ergreifen, um den entstandenen Frust zu schmälern: mit Geschenken, mit Ausnahmeregelungen, mit ganz viel Freundlichkeit. Genauso sollten Sie mit Ihren Bewerbern verfahren. Auch im perfekt geplanten Bewerbungsprozess kann mal etwas schiefgehen. Aber am Ende ist auch ein verärgerter Bewerber meist zufriedenzustellen, wenn er das Gefühl vermittelt bekommt, nicht mit Standardnachrichten abgespeist, sondern mit seinem Unmut ernstgenommen zu werden.

WhatsApp-Rückmeldung am Tag des Bewerbungseingangs
Lieber Michael, toll, dass du dich für einen Ausbildungsplatz bei uns interessierst! Wann hast du Lust und Zeit vorbeizukommen, damit wir dich kennenlernen können? Wir hätten diesen Donnerstag oder Freitag Zeit. Ach, und bitte bringe doch noch dein aktuelles Schulzeugnis zum Gespräch mit, das fehlte in deinen Bewerbungsunterlagen.

Mindestens von 8 bis 18 Uhr an Werktagen, idealerweise auch danach und am Wochenende sollte jemand (per Diensthandy) zur Verfügung stehen, um Bewerberanrufe entgegenzunehmen. Bewerberangelegenheiten und insbesondere Bewerberbeschwerden haben oberste Priorität! Die Mitarbeitenden im Recruiting sollten die Anweisung erhalten, sich sofort darum zu kümmern. Zielsetzungen wie eine individuelle, sympathische Rückmeldung innerhalb eines Werktags (statt einer sachlichen Bewerbungseingangsbestätigung zwei Wochen später) sind sehr sinnvoll.

Terminerinnerung zwei Tage vor dem Vorstellungsgespräch per WhatsApp
Lieber Michael, hier nochmal eine kleine Erinnerung. In zwei Tagen, am Donnerstag um 10 Uhr, findet dein Vorstellungsgespräch statt. Wir sind schon total gespannt auf dich! Mach dir im Vorfeld nicht zu viele Gedanken, wir beißen nicht ;-) Es wird einfach ein nettes Gespräch, bei dem du herausfinden kannst, ob du ein gutes Bauchgefühl in unserer Einrichtung hast.

Legen Sie im Warteraum vor dem Vorstellungsgespräch einen kleinen Mutmacher-Snack mit einer handschriftlichen, persönlichen Botschaft auf den Stuhl: „Hier ein Müsliriegel für dich als kleine Stärkung!“ So brechen Sie das Eis schon vor dem ersten Handshake.

Können Sie es ermöglichen, in Engpassberufen den Ausbildungs- oder Berufseinsteigervertrag schon gleich beim Vorstellungsgespräch vorzulegen, wenn sich die Verantwortlichen per Augenkontakt oder in einer kurzen Beratung einig geworden sind? Wenn dies so in Ihrem Unternehmen nicht umsetzbar ist, bekommt der Bewerber am Ende des Gesprächs zumindest einen nächsten verbindlichen Schritt genannt. Das kann ein Hospitationstermin sein, ein Termin für ein nächstes Telefonat oder eine Einladung zum Azubi-Stammtisch in der kommenden Woche. Sollte der Vertrag noch nicht beim Bewerbungsgespräch unterzeichnet worden sein, hält der Recruiter von sich aus engen Kontakt zum Bewerber, bis das erledigt ist: alle zwei Tage ein Anruf, eine E-Mail oder WhatsApp-Nachricht hält ihn bei der Stange.

Best Cases – Bewerberservice bei der Personalvermittlung

„Wenn ein Bewerber klingelt, rennen wir"

Schauen wir uns einmal an, was eine Personalvermittlung im Bereich Pflege unter Bewerberservice versteht und was wir daraus lernen können – auch für die Nachwuchsgewinnung. Denn das ist so einiges! Personalvermittlungen müssen schließlich ständig für Nachschub sorgen und Arbeitskräfte liefern können, um im Geschäft zu bleiben. Das schaffen sie einerseits mit Arbeitsbedingungen, die viele Träger im Sozial- und Gesundheitswesen nicht bieten können (vermeintlich, darüber ließe sich im Einzelnen diskutieren): Schichten frei nach Wahl, verlässliche Dienstpläne, Antrittsprämien, übertarifliche Bezahlung, Zuschläge, Leistungsprämien. Andererseits perfektionieren die Personalvermittler vor allem auch ihren Bewerberservice. Geschäftsführer Heiko Baur von der Human One GmbH berichtet. Das Unternehmen ist in der Arbeitnehmerüberlassung und Personalvermittlung im Bereich Pflege und Gesundheit tätig.

Wie gelingt es Ihnen, Menschen für die Pflege zu begeistern?

Wir gehen von der Annahme aus, dass es nur eine Grundgesamtheit X an Pflegekräften gibt, die für alle Arbeitgeber zur Verfügung stehen. Die Frage lautet: Wer kommt am schnellsten an die Leute heran? Darum schießen wir das volle Feuerwerk der Recruiting-Maßnahmen ab. Da ist extrem viel Marketing notwendig. Klassische Stellenanzeigen in Zeitungen oder Online-Stellenbörsen gibt es bei uns nicht. Wir schreiben auf XING und LinkedIn Leute an. Das Active Sourcing übernehmen bei uns Kollegen, denen wir „beibringen", individuelle Texte zur Kontaktaufnahme zu verfassen, und dann ist es nur noch eine Fleißarbeit. Doch noch größeren Erfolg bringt bei uns das Social Recruiting bei Facebook.

Wie genau machen Sie das?

Wir nutzen Facebook Jobs, schalten also kostenfrei Stellenanzeigen mit Bild und streuen sie in Facebook-Gruppen rund um die Pflege oder in regionale Gruppen. Auch in verschiedenen Facebook Job Boards posten wir unsere Anzeigen. Dabei nutzen wir unser Motto „Wir suchen die stillen Helden der Pflege". Damit erreichen wir Bewerber, die nicht aktiv auf Jobsuche, aber trotzdem an einem Wechsel interessiert sind. Passend dazu nennen wir unsere Einstiegsprämie „Heldenbonus". Facebook Jobs hat ein richtiges kleines Bewerbermanagement-System mit Statistik hinten dran, in dem ich sehe, wen ich angeschrieben und wen ich eingeladen habe.

Noch besser klappt es aber mit unserer „gesprochenen Stellenanzeige". Wir nennen das „Emotional Entertainment (Emotainment)". Mein Geschäftspartner Chris dreht ein Video mit ganz einfachen Mitteln, ohne Kameramann, am Selfie-Stick: „Schaut mal hier, das ist unser Office, wir suchen euch, wenn ihr examinierte Pflegekräfte seid, kommt doch zu uns!" Da sind alle „Ahs" und Versprecher mit drin. Wir möchten, dass die Bewerber sehen, wie wir ticken, und dass sie genauso wenig perfekt sein müssen, wie wir es sind. Ganz wichtig ist der Call to Action: „Wenn das für dich interessant ist, dann klicke hier auf den Facebook-Messenger-Link".

Wie sorgen Sie für eine hohe Reichweite Ihrer Video-Stellenanzeige?

Dazu arbeiten wir mit Lead Ads-Kampagnen, also bezahlten Anzeigen, die Agenturen für uns schalten. Die kennen sich damit viel besser aus als wir. Wir geben die Zielgruppe vor: Personen aus dem Großraum Stuttgart, die ein Stichwort wie „Krankenpflege" in ihrem Profil genannt haben. Die Service-Agenturen hängen an unsere Stellenanzeige ein niedrigschwelliges Bewerbungsformular mit dran, in dem man nur Berufsabschluss, derzeitigen Jobtitel, Telefonnummer und Adresse angeben muss. Per „Sponsored Posts" wird das an die Zielgruppe verbreitet und gibt einen immens guten Rücklauf.

Und wie ist der weitere Bewerbungsprozess?

4

Geschwindigkeit zählt. Wir sammeln nicht erstmal Bewerbungen, sondern rufen sofort an, führen ein Telefoninterview, entscheiden direkt danach, wen wir persönlich einladen, wer in die Datenbank kommt und wer gar nicht passt. Als Reaktionszeit haben wir uns 30 bis 60 Minuten verordnet: In dieser Zeitspanne nach Eingang der Bewerbung hört der Bewerber zum ersten Mal von uns. Das können wir nicht immer einhalten, aber eine längere Wartezeit als einen Tag gibt es bei uns definitiv nicht. Unser Ziel ist das Facebook-Zertifikat „Antwortet innerhalb einer Stunde". Bald haben wir es erreicht.

Messen Sie die Erfolge Ihrer Maßnahmen und Methoden?

Unser größtes Erfolgserlebnis waren neun neue Einstellungen in einer Woche. Wir hatten zwei Mitarbeitende angeworben, die haben uns weiterempfohlen und das gab einen Schneeballeffekt. Natürlich gibt es auch viele Bewerbungen aus dem Ausland, wenn man bei Facebook Stellenanzeigen streut. Dabei sind leider die Bedingungen für Personaldienstleister am strengsten. Wir antworten internationalen Bewerbern bewusst auf Deutsch und bitten sie, ihre Unterlagen bei uns hochzuladen. Meist kommt dann nichts mehr. Aber wenn sie kein Deutsch verstehen, können wir ihnen sowieso nichts anbieten.

Was gehört für euch noch zu einer guten Bewerbererfahrung?

Wir duzen von Anfang an, das gehört zur Firmenphilosophie. Mit Kritik gehen wir offen um, fühlen uns nicht beleidigt und fürchten auch keinen Shitstorm. Wenn jemand bei Facebook schreibt: „Was ihr versprecht, versprechen doch alle, und dann wird es doch nicht gehalten", versuchen wir, durch eine persönliche Nachricht in den Facebook Messenger zu wechseln. Neulich hat aber, bevor wir überhaupt reagieren konnten, ein zukünftiger Mitarbeiter von uns dem Kritiker geantwortet: „Nein, stimmt nicht, hier halten die Chefs, was sie sagen, kann ich nur empfehlen!" Selbst zu Bewerbern, die nicht zum Zuge kommen oder die wir nicht für uns gewinnen können, sind wir sehr freundlich und fragen, ob sie nicht trotzdem auf auf kununu.de unseren Bewerbungsprozess bewerten wollen. Und neuen Mitarbeitenden sagen wir natürlich erst recht, dass wir uns über Bewertungen und Empfehlungen in den einschlägigen Portalen (Facebook, Google, kununu) freuen. Bewertungen und Empfehlungen sind eine wichtige Währung, wir arbeiten aktiv darauf hin. Empfehlungen, die dann zu Einstellungen führen, belohnen wir mit unserer oben schon genannten Empfehlungsprämie.

Könnte eine Sozial- oder Pflegeeinrichtung so einen Service selbst auf die Beine stellen – auch für das Ausbildungsmarketing?

Auf jeden Fall, das ist alles kein Hexenwerk. Es scheitert meist nicht am Können, sondern oft am Dürfen. Wenn man sich in Strukturen verliert, darüber streitet, wer was darf, dann kann es nicht funktionieren. Wenn man Bewerber gleich aussortiert, nur weil sie einen Rechtschreibfehler machen, auch nicht. Wir haben hier bei uns auch kein großes Recruitment-Budget und -Team. Aber jeder gibt, was er kann! Selbst ich als Chef bin mir keineswegs zu schade, sofort Kontakt zum Bewerber aufzunehmen. Wenn nicht gerade das Büro brennt, lasse ich alles stehen und liegen, wenn einer anklopft. Der Bewerber steht bei uns im Zentrum von allem. Wenn er klingelt, müssen wir rennen! Guter Bewerberservice bedeutet andererseits aber auch nicht, dass man den ganzen Tag vor dem PC sitzen und auf Facebook starren muss, ob eine Bewerbung reinkommt. Man bekommt ja eine automatische Benachrichtigung per Mail oder aufs Handy, wenn das passiert, und kann dann sofort reagieren.

Wird das Recruiting über Facebook auf Dauer funktionieren? Für Azubis ist es ja ohnehin als Kanal nicht die erste Wahl.

Sicher gibt es einen Sättigungsgrad. Darum muss man immer am Puls der Zeit sein. Wir schauen uns neue Technologien an: Künstliche Intelligenz, wie kann die uns helfen? Die Frage ist immer: Was macht es dem Bewerber so einfach wie möglich, mit uns in Kontakt zu treten?

Job Rotation: Abwechslung im Unternehmen

Nun sind die Ausbildungsverträge unter Dach und Fach, die jungen Auszubildenden oder Berufseinsteiger haben bei Ihnen angefangen. Bieten Sie ihnen an, in den ersten Berufsjahren mehrere Stationen im Unternehmen zu durchlaufen, verschiedene Aufgaben oder Funktionen auszuprobieren, bevor sie sich festlegen, wo sie arbeiten möchten. In den Praxisphasen der Ausbildung ist das ja vielerorts üblich, aber diese Probierphase lässt sich auch bis in die Berufseinstiegsphase hinein verlängern. Drei Jahre lang jedes Jahr eine andere Station in Ihrem Krankenhaus oder eine andere Kita aus Ihrem Verbund – so bauen Sie einen Spannungsbogen auf, es entsteht nicht so schnell Langeweile und die Berufseinsteiger müssen das Abenteuer nicht bei der Konkurrenz suchen.

Projektarbeit: Der eigene kleine Verantwortungsbereich

Denken Sie sich Projekte extra für den Nachwuchs aus, die er schon gleich am Anfang seiner Azubi- oder Berufslaufbahn eigenverantwortlich übernehmen darf. Führen Sie dafür spannende Bezeichnungen ein, die nicht nach Fachchinesisch, sondern nach moderner Arbeitswelt klingen (selbst eine Bundesfamilienministerin titelt heute: „Gute-Kita-Gesetz" oder „Starke-Familien-Gesetz"). Es besteht das Risiko, dass die Berufseinsteiger die Projekte in ihrer grenzenlosen Selbstüberschätzung an die Wand fahren. Andererseits besteht auch die Chance, dass sie auf innovative Lösungen kommen, an die Ihr Unternehmen vorher noch nicht gedacht hat. In jedem Fall weiß es die Generation Z zu schätzen, wenn Sie ihr einen Raum geben, um ihr Engagement und ihre Kreativität zu entfalten. Was das für Projekte sein könnten? Nun, ein Seminarteilnehmer berichtete mir zum Beispiel, dass eine Nachwuchskraft ein tolles Konzept zum Thema „Pflege hörgeschädigter Patienten" entwickelt habe.

Peer Recruiting: „Recruiting is everybody's job"

Aus irgendwelchen Gründen – ein Glücksfall für uns! – engagieren sich die Generationen Y und Z ganz besonders gern in Projekten im Bereich Personalgewinnung. Vielleicht, weil man dabei in den sozialen Netzwerken spielen darf oder weil es ein Trendthema ist. Wenn Sie jemanden suchen, der per Insta-Story Einblicke in seinen Azubi-Alltag bietet, der einen Blogbeitrag für Ihren Karriereblog schreibt oder mit der GoPro-Kamera ein Action-Video über den Teamausflug dreht, werden Sie unter Ihren Nachwuchskräften bestimmt fündig. Wirtschaftsunternehmen setzen die Generation Z darum gerne für das sogenannte Peer Recruiting (Personalgewinnung auf Augenhöhe) oder als Corporate Influencer (geschulte Arbeitgebermarkenbotschafter) ein.

Unter die Lupe genommen handelt es sich hier um die Umkehrung eines Trends der vergangenen Jahre. Seit die Nachwuchs- und Fachkräfte knapp wurden, hat man damit begonnen, Recruitingprozesse zu standardisieren, zu zentralisieren, auszuwerten und zu kontrollieren, um sie schließlich zu optimieren. Nachdem es inzwischen aber überall standardisierte und in hohem Maße automatisierte Prozesse gibt, nervt das die Bewerbenden schon wieder. Und Arbeitgeber können sich durch ein Bewerbermanagementsystem oder ein Online-Bewerbungsformular nicht mehr von der Konkurrenz abheben. Also schlägt das Pendel zurück in Richtung Chaos. Denn Peer Recruiting bedeutet, dass man die Teams mal machen lässt: Programmierer rekrutieren Programmierer, Erzieher rekrutieren Erzieher und Azubis rekrutieren Azubis – weil man sich doch untereinander viel besser kennt und versteht. Die Personalabteilung oder hauptamtlichen Recruiter stehen beratend zur Seite.

„Mitarbeiter werben Mitarbeiter" ist dabei noch nicht einmal weit genug gedacht. Beim Peer Recruiting geht es darum, den gesamten Recruitingprozess von den zukünftigen Kollegen durchführen zu lassen. Dabei kommen dann lustige Recruiting-Events wie das Billardturnier in der Kneipe heraus und Bewerbungseingangsbestätigungen in Umgangssprache. Bewerber bekommen die Möglichkeit, nach dem offiziellen Vorstellungsgespräch mit einem zukünftigen Teamkollegen zu sprechen und ihn zu fragen, ob denn die Versprechen bezüglich der Arbeitsbedingungen im Arbeitsalltag eingehalten werden. Der zukünftige Teamkollege, der idealerweise für jeden Bewerber einzeln und ganz bewusst nach möglichst ähnlichen Hobbies und Lebensläufen ausgewählt wird, heißt übrigens „Candidate Buddy" (früher: Pate). Die hohe Kunst ist es heute, ganz besonders für die Generation Z Schritte im Bewerbungsprozess individuell aussehen zu lassen, obwohl sie längst standardisiert sind.

Um das Peer Recruiting von der Ausprobierphase in einen Standardprozess zu überführen, haben Unternehmen damit begonnen, sogenannte Corporate Influencer zu schulen. Das sind Auszubildende oder Mitarbeitende, die in internen Seminaren dazu weitergebildet werden, wie man seinem Arbeitgeber bei der Personalgewinnung helfen kann – während sie außerdem ihrer normalen Arbeit in ihrer Fachabteilung weiter nachgehen. „Recruiting is everybody's job", lautet das Motto. Spätestens seit der Versandhändler Otto im Jahr 2017 mit seinem Jobbotschafter-Programm an die Öffentlichkeit ging, ist dieser HR-Trend in aller Munde. Unternehmen nutzen dabei die eigenen Mitarbeitenden, um Bewerber neugierig zu machen – nicht mehr nur als Plakatmotiv oder mit einem kurzen Statement auf der Webseite, sondern in viel größerem Umfang.

Beispiel:

Otto bildet 200 interessierte Kollegen in verschiedenen Rollenprofilen und umfangreichen Weiterbildungsmodulen aus: Die Multiplikatoren liken, teilen und kommentieren Karriereposts in den digitalen Kanälen des Unternehmens. Die Socializer werden auf Messen und anderen Veranstaltungen eingesetzt. Die Fachexperten halten Vorträge auf Konferenzen. Die Kontakter werden in Stellenausschreibungen mit Bild und WhatsApp-Kontakt als Ansprechpartner für Bewerber genannt und laden sie in der Onboarding-Phase zum persönlichen Kennenlernen ein. Die Co-Recruiter sind im Vorstellungsgespräch dabei und die Impulsgeber liefern neue Ideen für das Recruiting und beobachten als Trend-Scouts die Konkurrenz. Dafür werden sie stundenweise von ihrer eigentlichen Tätigkeit freigestellt, opfern aber auch ihre Freizeit. Mehr Infos zum Otto-Jobbotschafter-Programm, das für Programmierer genauso funktioniert wie für Küchenpersonal, hier: https://bit.ly/2kmXV5t

Fazit: Nirgendwo lässt sich ein solches Format so erfolgversprechend einsetzen wie im Azubi-Marketing.

Boomerang Recruiting: Gehen und wiederkommen

Da es garantiert keine Maßnahme gibt, die hundertprozentig verhindern kann, dass sich die junge Generation ausprobieren möchte und den Arbeitgeber immer wieder wechselt, hilft ein gutes Austrittsmanagement. Führen Sie Exit Interviews! Das macht nicht unbedingt die Chefin, sondern vielleicht der Teamkollege, um eine ehrlichere Antwort zu bekommen. Er fragt: „Warum verlässt du uns?" Man trennt sich im Guten, versucht aus Fehlern zu lernen und gibt dem ehemaligen Mitarbeiter oder Auszubildenden auf den Weg, dass er sich jederzeit wieder melden kann, wenn er festgestellt hat, dass anderswo auch nur mit Wasser gekocht wird.

„Wie fühlst du dich heute?" – Coachingformate und Instant Feedback

Es geht nicht anders, als dass man den jungen Leuten Händchen hält. Trotz allen Selbstbewusstseins sind sie meist unselbstständig und brauchen viel Zuspruch und Anleitung. Sie sind es schließlich von ihren Eltern gewohnt! Einmal im Jahr ein Mitarbeitergespräch reicht da nicht aus. Onboarding-Interviews, regelmäßige „Wie fühlst du dich?"-Meetings nicht nur mit der Praxisanleitung, sondern auch mit einer neutralen Person, zum Beispiel der Personalentwicklerin, werden gewünscht. Dabei kann man als Arbeitgeber ruhig auch mal Kritik üben, wenn ein Vertreter der Generation Z allzu arrogant daherkommt oder allzu unrealistische Ansprüche hat.

Neu ist das sogenannte Instant Feedback mit Werkzeugen wie teambay.com oder hr-instruments.com. Damit sind digitale Mitarbeiterbefragungen gemeint, mit denen man regelmäßig und schnell ein Stimmungsbild einholen kann, um demotivierte Auszubildende oder Teams frühzeitig zu identifizieren und rechtzeitig gegenzusteuern. Instant Feedback löst die herkömmliche Mitarbeiterbefragung ab, die zu umfangreich und zu umständlich ist und auch viel zu selten durchgeführt wird, um Mitarbeitenden wirklich das Gefühl zu geben, dass sie dadurch eingebunden werden. Instant Feedback ist eine gute Möglichkeit, um die Generation Z besser zu verstehen und im Unternehmen im Auge zu behalten. Allerdings entstehen durch die digitalen Tools, die dazu notwendig sind, Kosten.

Stimmungsbilder einfangen per Instant Feedback und Pulsbefragung

Sarah Bohlmeier, Gründerin von teambay.com, erklärt die Methode.

Was ist der Vorteil von Instant Feedback?

Dahinter steckt ein wichtiges Kommunikationstool, mit dem man einfach mal schnell bei den Mitarbeitenden nachfragen kann: Verstehst du dich mit deiner Praxisanleiterin? Magst du dein Projekt? Wie läuft's im Team? Funktionieren die digitalen Tools an deinem Arbeitsplatz gut? Fragen aus dem Alltag eben. Wichtig ist dabei, dass es nicht in der Hauptsache darum geht, Umsatzsteigerungen zu erreichen oder die Produktivität zu erhöhen. Mitarbeiterbefragungen sollten nicht durchgeführt werden, „weil man das halt so macht" und sie sollen auch nicht das Mitarbeiterjahresgespräch ersetzen. Es geht darum, ein besserer Arbeitgeber zu werden, Veränderungsprozesse eng zu begleiten und die Mitarbeitenden mitzunehmen. Es geht darum, dass Führungskräfte besser verstehen, was ihr Team gerade braucht. Die Mitarbeiterzufriedenheit kann erwiesenermaßen gesteigert werden, wenn man den Mitarbeitenden ermöglicht, ihr Unternehmen mitzugestalten.

Wie funktioniert so eine moderne Mitarbeiterbefragung zum Beispiel mit teambay?

Der Benutzer, also zum Beispiel eine Führungskraft, stellt einen Fragenkatalog zusammen, der dann an die Mitarbeitenden ausgespielt wird. Man kann ihn über eine App mit Push Notifications (das heißt, auf dem Smartphone blinkt eine Info auf, wenn es eine neue Befragung gibt) oder per E-Mail an die Mitarbeitenden verbreiten. Die Fragen werden dann online beantwortet. Die Idee ist, keine langen Fragenkataloge zusammenzustellen, sondern regelmäßig kurze Befragungen durchzuführen, die sich auf einen konkreten Aspekt konzentrieren. Es geht darum, die aktuelle Stimmung unter den Mitarbeitenden zu erfassen (auch Pulse Check oder Pulsbefragung genannt) und ihre Verbesserungsvorschläge einzusammeln. Manche Unternehmen stellen jede Woche dieselben Fragen, um Tendenzen ablesen zu können, andere nehmen sich jede Woche einen anderen Aspekt vor. Es gibt Fragen, die man im Punktesystem beantworten kann, und offene Fragen wie „Welche Verbesserungsvorschläge möchtest du noch machen?". Die Auswertung erfolgt in Echtzeit. Und dann gibt es noch eine Dankeschön- und eine Peer Feedback-Funktion. Mit der Letzteren können sich Mitarbeitende gegenseitig Rückmeldung geben nach dem Motto: „Deine Präsentation gestern in der Teamsitzung fand ich echt toll, mir ist allerdings aufgefallen, dass du eine wichtige Zahl vergessen hast ..." Erstere fördert die Dankeschön-Kultur im Unternehmen. Es ist schön, wenn man morgens den Rechner hochfährt und erstmal einige nette Komplimente von den Kollegen zu lesen bekommt.

Welche Hürden gibt es bei der Einführung von Instant Feedback für die Generation Z?

Wir haben gemerkt, dass ganz junge Mitarbeitende, die ohnehin viel digital unterwegs sind und häufig über Push Notifications von verschiedensten Apps kontaktiert werden, manchmal wenig Lust haben, sich an noch einer weiteren digitalen Aktion zu beteiligen. Sie können die Push Notifications aber ausschalten und für die Teilnahme gewonnen werden, indem man ihnen zeigt, dass ihr Engagement wirklich etwas bringt. Die App ist vor allem in Unternehmen interessant, in denen nicht jeder Mitarbeitende eine eigene Mailadresse oder einen eigenen Bürocomputer hat, zum Beispiel in der Pflege oder in pädagogischen Berufen. Man kann aber auch Tablets in der Kantine oder im Pausenraum aufstellen, an denen das Instant Feedback abgegeben werden kann.

Welche Tipps haben Sie rund um die Einführung des Instant Feedbacks?

Es geht vollkommen nach hinten los, wenn man das Tool in einem Unternehmen einführt, in dem die Kultur dafür nicht vorhanden ist. Grundsätzlich muss Kritikfähigkeit vorhanden sein.

Zweitens: Der perfekte Zeitabstand zwischen den Befragungen muss gefunden werden. In manchen Unternehmen ist alle zwei Wochen schon zu viel und die Befragungen überfordern die Mitarbeiter oder es tritt ein Ermüdungseffekt ein. Andere Unternehmen starten dagegen erfolgreich jede Woche eine Befragung mit 90 Prozent Beteiligung. Im Sommer und zu Weihnachten ist die Teilnahmequote erfahrungsgemäß am niedrigsten.

Drittens: Am schlimmsten ist es, wenn man Mitarbeiterfeedback einholt und dann nichts im Unternehmen ändert. Die Mitarbeitenden müssen merken, dass das Instant Feedback auch Auswirkungen hat. Wir haben für diesen Zweck Aufkleber eingeführt. Wenn bei einer Mitarbeiterbefragung herauskommt, dass in einem Großraumbüro zu wenige Mülleimer stehen, werden neue Mülleimer gekauft und mit dem Aufkleber beklebt. So wissen alle, dass die Mitarbeiterbefragung der Auslöser dafür war, diesen Missstand zu beheben. Dadurch steigt das Interesse, an der nächsten Umfrage teilzunehmen.

Viele Mitarbeiterbeschwerden, die in den Befragungen herauskommen, betreffen solche schlichten Themen wie Fahrradständer oder die Kaffeeküche. Aber es gibt natürlich auch inhaltliches Feedback. Auch das muss ernstgenommen werden. Die Teamleiter können zum Beispiel die Auswertungen regelmäßig mit in die Teamsitzungen nehmen oder Feedback-Workshops veranstalten, um sich die Ergebnisse gemeinsam anzusehen. Man muss nicht jeden Verbesserungsvorschlag umsetzen oder eine Führungskraft gleich entlassen, nur weil sich ein Mitarbeiter unzufrieden äußert. Aber wenn man einen Vorschlag nicht umsetzt, muss man erklären, warum. Manche Unternehmen haben ein Ampelsystem eingeführt und versehen die Vorschläge mit Farben. Rot heißt: Machen wir nicht. Gelb bedeutet: Ist in Arbeit. Grün heißt: Wurde umgesetzt.

Trainee-Programme und nächste Zwischenziele nach der Ausbildung

Neben dem Problem, den Nachwuchs zu binden, schlagen sich Sozial- und Pflegeeinrichtungen meist noch mit einem zweiten Problem herum: Führungskräfte zu finden. Gute Führungskräfte, die gleichzeitig das Sozial- und Gesundheitswesen kennen, aber auch eine moderne, wirtschaftliche Denke mitbringen, sind rar. Und der Nachwuchs, der flattert durchs Leben wie ein Schwarm Schmetterlinge, bricht Ausbildungen, Studiengänge und Arbeitsverhältnisse ab, entscheidet sich um, hat hohe Ansprüche an Arbeitgeber. Beide Probleme lassen sich mit ein und demselben Werkzeug lösen: mit Trainee-Programmen.

Sie sind dazu da, die Art von Führungskräften zu entwickeln, die wir in unserer Branche brauchen, statt sich über nur so halb passende Bewerber zu grämen. Zudem bieten sie dem Nachwuchs direkt nach dem Ausbildungs- oder Studienabschluss eine tolle Perspektive, die ihn zur Ruhe kommen lässt und ans Unternehmen bindet.

Doch achten Sie bei der Entwicklung unbedingt darauf, dass Ihre Trainee-Programme nicht zu komplex wirken, denn dadurch werden sie für die Generation Z unattraktiv. Statt altmodischer Frontalseminare sind moderne, interaktive Formate und Blended Learning (Mischung aus Präsenzveranstaltungen und eLearning) gefragt.

Aufbau eines Trainee-Programms

- Dauer: etwa 1,5 bis 2 Jahre
- Verschiedene Module zu Themen wie Selbstführung, Mitarbeiterführung, Führungskultur, wirtschaftliches Führen, agiles Arbeiten, BWL, Recht, Personal- und Organisationsentwicklung usw.
- Hospitationen/Praxiseinsätze an der Seite einer Führungskraft
- Übernahme der Trainees in einen Talentpool, aus dem Stellenbesetzungen vorgenommen werden
- Frühzeitige Identifikation zukünftig offener Führungspositionen und Zuordnung eines konkreten Trainees

Beispiel: Karina Winterlik (28)

Karina ist Hausdirektorin in einem Neubauprojekt der Evangelischen Heimstiftung in Heidenheim in der Nähe von Stuttgart. Vom Jahrgang her Vertreterin der Generation Y, ist Karina zuerst wie so viele in die Falle getappt, einen dieser neuen Bachelorstudiengänge zu wählen, bei dem man am Ende eigentlich gar nicht weiß, was man damit machen soll. Gesundheitsförderung in diesem Fall. Karina erzählt: „Ich habe ein Praktikum in einem Wirtschaftsunternehmen im Bereich Betriebliches Gesundheitsmanagement gemacht, aber das war nicht meins. Also habe ich mich entschlossen, einen zweiten Bachelorstudiengang zu belegen. Andere würden sagen: ‚Wie kann man sowas machen!' Aber für mich war es ein Glücksgriff!" Karina hat dann Sozialmanagement studiert mit dem ganz konkreten Ziel, Heimdirektorin zu werden, und ist schließlich im Trainee Programm der Ev. Heimstiftung untergekommen.

Beispiel: Petra K. (34)

Genau wie Petra aus Berlin, die Trainee bei der Stephanus Stiftung in Berlin war. „Ich habe zuerst etwas ganz anderes studiert, Islamwissenschaften, und neben dem Studium in der Pflege gearbeitet“, erzählt die junge Frau, die Heimleiterin im Haus Müggelspree ist. „Schon nach der ersten Schicht war ich total begeistert, weil das ein tolles Haus war, tolle Bewohner, ein tolles Team, und mir neben dem sehr theorielastigen Studium die direkte Arbeit mit Menschen sehr zugesagt hat. Mir wurde klar, dass ich in diese Richtung gehen wollte.“ Das berufsbegleitende Studium Sozialmanagement wurde ihr Weg.

Die Geschichten zeigen, dass es für die Nachwuchsgenerationen noch kein Beinbruch ist, wenn sie nicht gleich im ersten Anlauf die richtige Ausbildung gefunden haben. Es wird vorwärts orientiert gedacht und einfach nochmal neu gestartet – auch entgegen der Kritik oder Verblüffung von Freunden und Familie. Manche entscheiden sich trotz Abitur und angefangenem Studium doch lieber für eine Ausbildung – und begreifen das ganz und gar nicht als Rückschritt.

Beispiel: Gina (21)

Gina hat ihr Lehramtsstudium geschmissen, um Altenpflegerin zu werden (https://bit.ly/2PhcA0S): „Ich bin ein Mensch, der sehr quirlig ist und sehr viel redet. Während des Studiums bin ich plötzlich ganz still geworden. Meine Familie hat gemerkt, dass mir das nicht gut tat, und ist stolz auf mich, dass ich mich selbst aus der Situation befreit habe. Alle haben gesehen, dass ich in die Pflege gehöre. Einen Beruf zu finden, der einem so sehr entspricht, ist so schön, das kann man mit Geld nicht aufrechnen.“ Ginas langfristiges Ziel ist es, vielleicht Heimleiterin, vielleicht aber auch Heilpraktikerin zu werden. Also werden Trainee-Programme vielleicht eines Tages für sie auch interessant. Ein bisschen Unentschlossenheit ist weiterhin da – aber Gina ist ja auch erst 21 und gehört damit zur Generation Z.

Betrachten Sie die anfängliche Wankelmütigkeit nicht als Schwäche der Jungen. Helfen Sie ihnen, sich zu orientieren. Finden Sie in regelmäßigen Feedbackgesprächen und -fragebögen schon früh heraus, wer sich in der Ausbildung fehl am Platz fühlt, und bieten Sie Alternativen im eigenen Träger an, bevor der Frust so groß wird, dass der junge Mitarbeiter geht. Nehmen Sie auch Studienabbrecher aus anderen Fachrichtungen als Zielgruppe ins Visier. Manchmal ist eine Neuorientierung nicht unbedingt selbst gewollt.

Beispiel: Linda Kolossa (31)

Linda ist Praxisanleiterin im Seniorenzentrum Helene Schmieder in Riesa-Großenhain und hat nach dem mittleren Schulabschluss Ergotherapeutin gelernt: „Nach drei Jahren Ausbildung habe ich leider die Prüfung nicht bestanden. Das war ein steiniger Weg, aber heute hilft mir diese Erfahrung, mich in die Azubis hineinzuversetzen und ihre Sorgen zu verstehen. Nach einem Übergangsjahr habe ich meine Altenpflege-Ausbildung gemacht und es diesmal auch geschafft!"

Junge Leute wie Linda brauchen umso mehr jemanden, der ihnen hilft, in die richtige Spur zu finden, statt sich über die klischeehafte Unzuverlässigkeit der Generationen Y und Z zu beschweren.

Der erste Ausbildungsabschluss ist für junge Leute nicht das Ziel, sondern gerade erst der Anfang. Danach erstmal in Ruhe ein paar Jahre Berufserfahrung sammeln, um später weiterzusehen? So denkt der Nachwuchs nicht. Nach der Ausbildung werden neue Ziele entdeckt und angepeilt. Selbstbewusst werden sie ausgesprochen, wird ein Mentor und ein Weg dorthin gesucht. „Die Intensivmedizin hat mich während meiner Ausbildung so überwältigt, dass ich da unbedingt hin musste!", erinnert sich Krankenpflegerin Stefanie in einem Video des Bundesbildungsministeriums, das ihr zu einem Weiterbildungsstipendium verhalf. Damit konnte sie gleich nach dem Ausbildungsabschluss die Fachweiterbildung Intensivpflege machen.

Karina Winterlik, die 28-jährige Heimdirektorin aus Heidenheim, sagt:

> „Nach meinem zweiten Bachelorabschluss hätte ich bei meinem Träger bleiben können, er bot mir eine Stelle in der Verwaltung an. Aber das hat mir als Perspektive nicht gereicht. Ich habe im Internet recherchiert, wie man Heimleitung wird, und bin auf das Trainee Programm gestoßen."

Petra K. vom Haus Müggelspree in Berlin-Köpenick erinnert sich an den Moment, in dem sie den Grundstein für ihre Karriere legte:

> „Ich habe den Einrichtungsleiter gefragt: ‚Was muss ich tun, um eines Tages Ihren Job zu machen?' Weil mir der Weg über die Ausbildung zur Altenpflegerin zu lange dauerte, habe ich nebenberuflich Sozialmanagement studiert und währenddessen als ‚Trainee zur Einrichtungsleitung' in der Stephanus-Stiftung angefangen. Ich war die Erste, die dieses Programm absolviert hat. Danach habe ich ein Jahr als Referentin der Geschäftsführung gearbeitet und bin jetzt seit zweieinhalb Jahren Einrichtungsleiterin."

Beeindruckend, wie die jungen Leute angebotene Stellen ausschlagen, weil sie sicher sind, etwas Besseres zu finden, selbstbewusst gegenüber viel älteren Führungskräften auftreten und klar formulieren, was sie wollen.

Fazit: Bieten Sie dem Nachwuchs Perspektiven – zum Beispiel in Form von Trainee-Programmen oder horizontalen Karrieren, anstatt ihnen nach dem Ausbildungsabschluss einen Übernahmevertrag vorzulegen und zu denken, damit sei er jetzt glücklich. Personalentwicklung beginnt schon während der Ausbildung. Welche Azubis sind leistungsorientiert? Welche Weiterbildung kann man ihnen anbieten? Auf welche Position, die innerhalb der nächsten fünf Jahre frei werden wird, könnte man sie hin entwickeln? Aber auch: Welche Azubis sind eher nicht leistungsorientiert und müssen trotzdem mit Entwicklungsmöglichkeiten geködert werden? Welche könnten das sein?

Wenn die Jungen sie nicht von selbst äußern, fragen Sie sie nach ihren Plänen. Je früher Sie davon wissen, desto besser können Sie mitgestalten und den Nachwuchs binden. Natürlich kann man fragen: Ja, aber wer soll denn die Pflege machen, wenn sich jeder Azubi nach der Ausbildung gleich weiterentwickeln will? Wir brauchen die jungen Leute doch auf den Fachkraftstellen! Doch nur weil jemand eine Weiterbildung macht, ist er ja noch nicht gleich weg. Erstmal dauert die Weiterbildung ihre Zeit. Und abgesehen davon sind auch nicht alle jungen Leute auf der Überholspur unterwegs. Jede Generation bringt unterschiedliche Charaktere hervor. Linda Kolossas Karriere hat sich zum Beispiel etwas defensiver entwickelt: „Ich wurde nach der Ausbildung übernommen, habe zwei Jahre Berufserfahrung gesammelt und wurde dann angesprochen, ob ich nicht Lust auf die Weiterbildung zur Praxisanleiterin habe", erzählt sie. Aber obwohl die Initiative nicht von ihr selbst kam, hat sie sich etwas zugetraut und sich über die Chance gefreut.

Besonders interessieren sich junge Menschen dafür, innovative Aufgabengebiete mit zu entwickeln.

Beispiele:

Der Gustav-Schatz-Hof in Kiel verfolgt zum Beispiel ein Multi-Kulti-Konzept mit einem bewusst hohen Anteil an Mitarbeitenden mit Migrationshintergrund (https://bit.ly/30F4HmW). Die sogenannte WohnenPLUS-Residenz, die Karina Winterlink als Heimdirektorin übernimmt, ist kein normales Pflegeheim. „Das ist auch etwas, was mich an meiner Aufgabe sehr gereizt hat!", gibt Karina zu. „WohnenPLUS ist ein Haus mit Pflegewohnungen, einer Pflege-WG und einem ambulanten Pflegedienst der Heimstiftung. Der Pflegedienst versorgt die Bewohner, doch betreut werden sie Tag und Nacht von einem Team aus Alltagsbegleitern. Das Haus liegt zentral in der Stadtmitte und ich habe es von Anfang an mit konzipiert und aufgebaut. Derzeit bin ich oft auf der Baustelle und überwache den Kücheneinbau, bevor im März die ersten Bewohner einziehen."

Nicht nur IT-Studenten träumen von Start-up-Atmosphäre und Gründererfolg. Auch der Nachwuchs in den Sozial- und Pflegeberufen möchte die Welt verändern, neue Dinge tun, mit denen er sich auch beruflich von den vorherigen Pflege- und Erziehergenerationen abgrenzen kann. Mehr dazu werden wir später noch im Zusammenhang mit den Themen New Work und Arbeit 4.0 besprechen.

Der Generationenkonflikt: Wenn die Babyboomer es der Generation Z schwer machen

Die Generation Z ist anstrengend, aber sie ist auch bereichernd.

Beispiele:

In einem Seminar erlebte ich eine Anfang 20-jährige Teilnehmerin mit der beeindruckenden Fähigkeit, ein konstruktives Feedback zu geben. Während wir älteren Teilnehmer vorsichtig um Worte rangen, um unsere Kritik anzubringen, oder müde in uns hinein dachten: „Ach, jetzt bist du einfach still, damit wir alle bald nach Hause können", war sie ganz anders drauf. Wach, fair, deutlich, ehrlich, fachlich versiert und ohne jede Scheu vor dem um einige Jahre älteren Trainer merkte sie Stärken und Schwächen des Seminars an, forderte bessere Anleitungen zu bestimmten Übungen mit konkreten, hilfreichen Vorschlägen und brillierte mit dem einen oder anderen Fachwort, welches ihrer Meinung nach im Zusammenhang mit dem Thema noch erklärt gehört hätte.

In einem sozialen Komplexträger begegnete ich dagegen einem jungen Hochschulabsolventen, der es vom Praktikanten zum festangestellten „Mädchen für alles" in der Öffentlichkeitsarbeit gebracht hatte und es den Kollegen schwer machte, mit ihm umzugehen. Er trug auch in wichtigen Meetings betont locker seine Mütze und formulierte Kritik harsch und ohne Einfühlungsvermögen. Als ich mir Zeit für ihn nahm, um ihm ein wenig von meiner Arbeit zu berichten, sammelte er keinesfalls nach den üblichen 60 Minuten sein Tablet ein, um mich an meine Arbeit zurückkehren zu lassen, sondern plauderte so lange munter drauflos, bis ich ihm wirklich deutlich sagte, dass ich noch einiges zu erledigen hätte. Dann allerdings stand er anstandslos und überhaupt nicht beleidigt auf und ging. Meine Schuld, dass ich nicht früher deutliche Signale gesendet hatte.

Die Generation Z braucht klare Worte. Sie ist meist nicht bewusst widerspenstig, sondern merkt einfach nicht, wann sie zu weit geht. Weil sie es von ihren Helikopter-Eltern nicht beigebracht bekommen hat. Respekt gegenüber Alter und (Berufs-)Erfahrung sind heute in der Erziehung keine zentralen Werte mehr. Andererseits hat es auch in früheren Generationen immer schon Berufseinsteiger gegeben, die mit ihren selbstbewussten Ideen auf Vertreter des Lagers „Haben wir schon immer so gemacht" gestoßen sind und Konflikte heraufbeschworen haben. Jeder von uns hat in den ersten Berufsjahren verächtlich auf die eine oder andere Praxis geschaut, um dann später einzusehen, dass sie doch ihren Sinn oder zumindest eine erklärliche Herkunft hatte. Wiederholt wird berichtet, dass die Generation Z mit zunehmendem Alter und zunehmendem Berufserfolg ihre widerspenstige Haltung aufgibt und sich ins System fügt (ob das gut oder schlecht ist, wäre zu diskutieren). Ob flache Hierarchien nur so lange interessant sind, wie man selber auf der untersten Hierarchiestufe steht, damit werden wir uns im nächsten Kapitel ausführlicher beschäftigen.

Der Generation Z-Experte Prof. Christian Scholz beobachtet jedenfalls umgekehrt eine Ernüchterung der Generation Y, die von Arbeitgebern und der Ungerechtigkeit der Arbeitswelt, von Politikern und der nicht zusammenhaltenden Gesellschaft enttäuscht wurde:

> „Die Generation Y hat eine durch die wirtschaftspolitische Entwicklung bedingte Neigung, in die skeptisch-realistische Denkhaltung der Generation Z zu wechseln [...] Geht dieser Trend ... weiter, so wird bald der größte Teil der Generation Y infiziert und zur Generation Z mutiert sein ... und die Generation Y weitgehend aussterben."

Und was bedeutet diese gegenseitige Angleichung nun für den Umgang mit den Jungen? Anstatt Ihren Ärger über die Jungen in sich hineinzufressen, denken Sie an Ihren eigenen Berufseinstieg zurück. Und sagen Sie deutlich: „Ich respektiere, dass die Mütze ein Teil deiner Persönlichkeit ist. An Bürotagen ist es okay, wenn du sie trägst. Aber es gibt Gelegenheiten, da möchte ich dich bitten, sie abzuziehen. Dazu gehören Meetings mit der Geschäftsführung." Oder lassen Sie den jungen Mann seine Mütze tragen und sagen aber: „Weißt du, wenn du ernstgenommen werden möchtest, musst du anderen Menschen auch zeigen, dass du sie respektierst. Indem du zum Beispiel deine Mütze bei wichtigen Meetings abnimmst."

Damit das Teambuilding zwischen dem Nachwuchs und erfahrenen Mitarbeitenden funktioniert, ist es wichtig zu verstehen, dass sich beide Lager oft gegenseitig das Leben schwer machen. Nicht nur die Jungen sind die Querulanten. Nehmen wir das Beispiel Weihnachtsfeier: Die Generation Z möchte „richtig" feiern, mit Craft Beer, einem lustigen Karaoke-Wettbewerb und einer Chefin in Freizeitklamotten, die sich nahbar zeigt. Und das idealerweise während der regulären Arbeitszeit, sodass der Feierabend dadurch nicht verkürzt wird. Die Mitarbeitenden der älteren Generation aber weigern sich, aus der Weihnachtsfeier eine solche „Comedy-Veranstaltung" zu machen und bestehen, auch wenn sie sich dabei etwas langweilen, auf die traditionellen Ansprachen der Führungskräfte, das Drei-Gänge-Menü und die dezente Jazzband. Solange keine Partei von ihren Vorstellungen abrückt, wird der Generationenkonflikt ausgerechnet durch ein Event, das eigentlich teambildend wirken soll, verschärft.

Ich weiß von einer renommierten Fachklinik, in der Fachkräfte, die gerade ihre Ausbildung abgeschlossen haben, von den langjährigen Pflegerinnen mit der Einstellung begrüßt werden: „Du kannst gar nichts. Das hier ist ein so spezielles Einsatzgebiet – bevor du nicht mindestens ein Jahr hier gearbeitet hast, hörst du einfach zu und machst besser nicht den Mund auf." Und das, obwohl die Fachklinik händeringend Nachwuchs sucht und bereits Operationen absagen muss, weil bestimmte Fachpflegekräfte fehlen. Dem gegenüber stehen Krankenhäuser, in denen von ganz oben in der Hierarchie eine Wertschätzung der Basis vorgelebt wird. Die ehemalige Krankenpflegerin und heutige Unternehmensberaterin Andrea Lehwald berichtet in einem Interview (https://bit.ly/2ZjPJpN):

> „Auch wenn es banal klingt: Wertschätzung ist die Lösung: Der Pflegedirektor muss mal auf Station kommen und fragen: ‚Wie geht's euch?' Ich kenne Krankenhäuser, da arbeitet der Pflegedirektor im Spätdienst mit oder geht persönlich in die Küche, um den Mitarbeitenden zu erklären, dass sie in die

Veränderungsprozesse einbezogen werden. Das hat einen wahnsinnig positiven Effekt. Wenn man davon nur ein bisschen was übernehmen könnte, hätte man sehr, sehr viel gewonnen!"

Der Wirtschaftswissenschaftler Prof. Christian Scholz beschreibt die Lösung des Generationenkonflikts so:

„Die Generationen haben ihre eigene Prägung, ihre eigenen Stärken und Schwächen, ihre eigene Entwicklungsgeschichte. Sie gilt es zu verstehen, wobei dieses ‚Verstehen' in alle Richtungen gehen sollte: So sollte die Generation Z sich in der gleichen Form mit Babyboomern [...] auseinandersetzen wie die Babyboomer [...] mit der Generation Z."

Best Cases – Vermitteln mit Spaß im Seniorenzentrum in Riesa-Großenhain

4

„Mir macht es Spaß, junge Leute an die Hand zu nehmen"

Als Praxisanleiterin im Seniorenzentrum Helene Schmieder in Riesa-Großenhain vermittelt Linda Kolossa zwischen erfahrenen Pflegekräften, die sich teils monatlich auf neue Kollegen einstellen müssen, wie auch auf junge Schüler oder Praktikanten, die zu Hause nicht gelernt haben, ein Bett zu beziehen. Von ihrem Umgang mit dem Generationenkonflikt berichtet sie hier.

Wie ist Ihr Arbeitsalltag als Praxisanleiterin?

Ich bin für meine Arbeit als Praxisanleiterin – oder wir sagen auch Mentorin – freigestellt. Das ist nicht in allen Einrichtungen so. Ich arbeite ganz eng mit unserer Heimleiterin und der Pflegedienstleitung zusammen. Wenn ich sage, ich brauche mit einer bestimmten Schülerin einen oder zwei Tage, um ihr bestimmte Dinge noch einmal zu zeigen, dann wird das ohne Nachfrage organisiert. Die Schülerinnen sind immer froh, wenn sie Zeit mit mir haben, in der uns niemand stört.

Außerdem organisiere ich Azubi-Events, zum Beispiel einen gemeinsamen Kaffeeklatsch mit den ausscheidenden Azubis im dritten Lehrjahr und den neuen, die danach mit der Ausbildung anfangen. Oder den jährlichen Azubi-Tag gemeinsam mit einer Partnereinrichtung. Früher wurde da hauptsächlich Frontalunterricht gemacht, heute schicke ich die jungen Leute mit verbundenen Augen in die Stadt, wo sie sich gegenseitig herumführen, um ein Gefühl für Sehbehinderungen zu bekommen. Oder ich gebe ihnen einen Fragebogen, den sie sich in einer sozialtherapeutischen Wohnstätte beantworten lassen sollen. Anschließend bereiten sie zusammen eine Präsentation vor. Interaktivität und Gruppenarbeit sind gefragt.

Wie sind Sie Praxisanleiterin geworden?

Nach der Altenpflege-Ausbildung habe ich zwei Jahre Berufserfahrung gesammelt und wurde dann angesprochen, ob ich nicht Lust auf die Weiterbildung zur Praxisanleiterin habe. Niemand anders konnte sich vorstellen, diese Aufgabe zu übernehmen, und mir hat es schon immer Spaß gemacht, junge Leute an die Hand zu nehmen.

Warum konnte es sich niemand anders vorstellen?

Es gibt eine Art Generationenkonflikt zwischen den jungen und den erfahrenen Pflegekräften. Als ich lernte, war es noch so, dass wir Azubis und die Praktikanten unsere Pause in einem anderen Raum verbringen mussten als die examinierten Pflegekräfte. Auch zu den Weihnachtsfeiern nahmen die Wohnbereiche ihre Azubis nicht mit. Ich verstehe da beide Seiten: Für den Azubi fühlt es sich nicht schön an, ausgeschlossen zu werden. Andererseits ist es nach vielen Jahren in der Pflege nicht so leicht, sich ständig auf neue Kollegen einzulassen. Phasenweise kommt monatlich ein neuer Kollege, dazwischen noch Praktikanten. Da setzt man sich irgendwann Scheuklappen auf. Manchmal möchte man mit den langjährigen Kollegen in der Pause private Dinge besprechen, die die Neuen nicht hören sollen. Und die jungen Leute von heute anzuleiten, kann wirklich anstrengend sein.

Wie erleben Sie die Generation Z?

Jeder Azubi hat seinen eigenen Charakter, manche brauchen länger als andere. Mir fällt aber auf, dass wir mit den ganz jungen Schülerinnen und Praktikanten wirklich flächendeckend bei null anfangen. Sie haben zu Hause nicht gelernt, wie man ein Bett bezieht oder den Tisch deckt. Ich erkläre das gerne fünfmal. Und es nervt mich auch nicht, ich muss eher schmunzeln. Aber es ist schon völlig anders als bei Quereinsteigern, die vielleicht selber schon Familie und einen Haushalt haben und auf einem ganz anderen Niveau einsteigen.

Was haben Sie als Praxisanleiterin geändert?

Ich habe durchgesetzt, dass die Pausen zusammen verbracht werden, auch wenn anfangs manche die Augen verdreht haben. Private Themen, die der Azubi nicht hören soll, muss man eben zwischendurch besprechen. Weihnachten gibt es nun eine eigene Feier für die Azubis, ich gehe mit ihnen zum Weihnachtsmarkt oder ins Café und die Pflegedienstleitung kommt mit. Mit dieser Lösung sind alle glücklich. Es bringt nichts, den erfahrenen Teams die gemeinsame Weihnachtsfeier aufzuzwingen.

Woher nehmen Sie Ihre Motivation und Ideen?

Wir haben immer weniger Bewerbungen, auch für die Ausbildung. Wenn wir neue Auszubildende finden wollen, müssen wir zuhören. In den Feedbackgesprächen wünschen sich alle immer mehr Zeit mit der Mentorin. Ich versuche, ihnen so viel Zeit zu geben, wie ich kann. Sie bei privaten Krisen aufzufangen. Dinge einfach und in Jugendsprache zu erklären. Und ich weiß, dass sich schlechte Erfahrungen herumsprechen. Es ist also wirklich wichtig, sich selbst bei den Praktikanten Mühe zu geben. Ich hole mir am letzten Tag ein ehrliches Feedback von ihnen und frage: „Was hat dir nicht gefallen? Wer ist nicht gut mit dir umgegangen?" Es geht nicht darum, Namen zu nennen, sondern strukturelle Probleme aufzudecken. Aber es kommt durchaus deutliche Kritik. Es geht nicht anders, als dass die erfahrenen Pflegekräfte lernen, umzudenken. Grundsätzlich versuche ich, mit den jungen Leuten auf einer Wellenlänge zu kommunizieren. Und ich versuche, aus ihnen herauszukitzeln, wie man sie für die Pflege begeistern kann, wo sie sich über Berufe informieren. Was ich hier mache und aufgebaut habe, das sind alles meine eigenen Ideen, und bis jetzt habe ich nur positive Rückmeldungen bekommen.

Was wünschen Sie sich für die Zukunft?

Ich denke, beruflich bin ich angekommen. Ich hoffe, dass ich nach 30 Jahren in der Pflege nicht auch sage: „Das haben wir schon immer so gemacht", wenn jemand mit einer neuen Idee kommt. Wir werden sehen!

Um in Ihrem Träger mehr Verständnis für die Generationen Y und Z zu wecken, kann es auch helfen, sich einen ihrer Vertreter einmal für einen Workshop ins Haus zu holen. Das könnte Philipp Riederle sein, Podcaster und einige Jahre lang als jüngster Unternehmensberater Deutschlands in den Medien gewesen, der mit seinen Büchern *Wer wir sind, und was wir wollen: Ein Digital Native erklärt seine Generation* (Knaur, 2013) und *Wie wir arbeiten, und was wir fordern: Die digitale Generation revolutioniert die Berufswelt* (Droemer Verlag, 2017) zum Erklärbär Nummer 1 in dieser Sache geworden ist. Die von Bodelschwinghschen Stiftungen Bethel haben dagegen Musiker und YouTuber MaximNoise zum Personaler-Fachtag eingeladen, um von ihm Nachhilfe rund um das Azubi-Marketing in digitalen Kanälen zu nehmen (https://bit.ly/33VGaMu). Oder Sie suchen sich sogar noch jüngere Experten (Influencer) für Ihre Workshops, in denen Sie Führungskräfte, Fachkräfte und Auszubildende gemeinsam auf die neuen Ansätze der Nachwuchsgewinnung einschwören.

New Work, agiles Arbeiten oder Arbeit 4.0: Die neue Weltsicht, Beispielmethoden, Vorteile und Grenzen

5

Wie traditionelle Unternehmen mit Start-up-Spirit experimentieren und den Nachwuchs faszinieren

In Zeiten, in denen immer mehr Arbeitgeber einen Employer Branding-Strategieprozess durchlaufen und ihre Arbeitgebermarke zu definieren versuchen, wird es schwerer, Alleinstellungsmerkmale zu finden, die nicht von der Konkurrenz schon tausendfach benutzt wurden. Angemessene Bezahlung, umfangreiche Fort- und Weiterbildung, perfekte Work-Life-Balance und Co. werden überall bemüht. Solche Argumente gehören heute zum Standard, den man bieten muss, um als Arbeitgeber überhaupt in Betracht gezogen zu werden. Auffallen tut man damit schon lange nicht mehr. Es gibt aber tatsächlich eine Möglichkeit, sich von anderen abzuheben, und das ist das Thema New Work, agiles Arbeiten oder Arbeit 4.0, das gerade bei der Generation Z sehr zugkräftig ist – auch wenn sie vielleicht die beschreibende Begrifflichkeit gar nicht kennt. Nicht, dass Sie auf die Idee kommen, auf die
5 Azubi-Flyer zu schreiben: „Agilität wird bei uns großgeschrieben". Vielmehr geht es darum zu vermitteln, in welcher konkreten Ausprägung die neuen Formen der Zusammenarbeit in Ihrem Unternehmen angewandt werden. Sie halten – auch in der Wirtschaft – gerade erst Einzug und Sie haben als Arbeitgeber (noch) die Möglichkeit, ganz vorne mit dabei zu sein.

New Work lässt sich als zentrales Argument der Recruiting-Strategie genauso einsetzen wie als zentrales Element der Mitarbeiterbindung. Allerdings gibt es auch ein „Aber": Mit den Themen agiles Arbeiten und Generation Z treffen zwei Welten aufeinander, die zwar einerseits wie gemacht füreinander scheinen, andererseits aber auch nicht konfliktfrei zusammengehen. Ausgedacht haben sich das agile Arbeiten nämlich nicht Vertreter der Generation Z, sondern Vordenker früherer Generationen (Buurtzorg-Gründer Jos de Blok, den wir noch kennenlernen werden, ist Jahrgang 1960, also ein Babyboomer). Die Generation Z springt auf viele Aspekte des agilen Arbeitens gerne an: die Augenhöhe mit den Führungskräften, die Befreiung von einengenden Strukturen. Gleichzeitig ist sie aber nicht mit allem einverstanden und bringt Eigenschaften mit, die nicht zum agilen Arbeiten passen: ihre Scheu vor Verantwortung und ihre mangelnde Loyalität gegenüber Unternehmen. Dies sollten wir im Hinterkopf behalten, wenn wir uns nun ansehen, wie sich New Work im Zusammenhang mit der Generation Z einsetzen lässt.

Junge Leute lieben alles, was irgendwie frisch, neu und anders klingt. Wie schon damals die 68er erleben sie die heutige Arbeitswelt mit ihren alteingesessenen Unternehmen und Organisationen als ein Meer voller verstaubter, unendlich langsamer, von den eigenen Prozessen strangulierter Tanker. Viele nervt der Kapitalismus und die sture Gewinnorientierung der Wirtschaftsunternehmen, aber auch der ermüdende Fokus auf die Refinanzierung im Sozial- und Gesundheitswesen. Ohne sich im Detail mit dem Wie und Warum auseinanderzusetzen, steht für sie eines fest: So möchten sie auf gar keinen Fall arbeiten. Dass die Generation Z steile Hierarchien und Führung von oben herab ablehnt, haben wir schon gehört. Prof. Christian Scholz skizziert dazu das fiktive Beispiel der 24-jährigen Emily: „Gibt … die Führungskraft das Feedback ‚Ihre Leistung ist mangelhaft', so überlegt sich Emily in Ruhe, ob sie dieses Feedback überhaupt annehmen oder es als irrelevant ignorieren will." Die Generation Z, so Scholz, sehe im Falle eines negativen Feedbacks den Fehler erstmal beim Feedbackgeber. Aber wie funktioniert nun stattdessen Führung auf Augenhöhe? Das Schlagwort der Stunde lautet: agiles Leadership. Wer sich damit beschäftigt und es im Azubi-Marketing zum Thema macht, sammelt beim Nachwuchs wichtige Punkte.

Junge Menschen möchten irgendwo dabei sein, wo ein frischer Wind weht, wo Start-up-Atmosphäre herrscht. Und damit ist nicht unbedingt der Kickertisch im Büro gemeint. Es geht um einen Arbeitsort, an dem neue Dinge möglich sind, wo man das Gefühl hat, bei etwas Wegweisendem dabei zu sein. Wo nicht mehr das Geld im Mittelpunkt steht, sondern der Wunsch, unsere Gesellschaft schöner und besser zu machen. Wo Arbeit wieder Spaß macht. Ein Pausenraum mit Sitzsäcken, Aquarium und Bionade-Kühlschrank kann dabei helfen, diese Stimmung zu erschaffen, aber darum geht es nicht im Kern. Es ist kein Zufall, dass nicht nur der Nachwuchs Sehnsucht nach etwas Neuem hat. Auch viele berufserfahrene Fachkräfte und Führungskräfte sind unzufrieden. Die gesamte Arbeitswelt ist offenbar an einem Punkt angelangt, an dem es nicht mehr weitergeht wie bisher. Einige wenige Unternehmen und Organisationen haben das bereits erkannt und einen Wandel eingeleitet, der – hoffentlich! – in naher Zukunft alle anderen auch erfassen wird. Unternehmen, die ganz vorne mit dabei sind, stehen beim Nachwuchs hoch im Kurs. Die Jungen setzen sich gar selbst damit unter Druck, einen Arbeitgeber zu finden, der die Arbeitgeber ihrer Freunde in Sachen Coolnessfaktor übertrumpft – so habe ich es beim HR Barcamp 2019 in einer Session zum Thema „New Work" mit lauter Berufseinsteigern aus den Personalabteilungen dieses Landes erlebt. Das soll nun aber nicht heißen, dass alle jungen Menschen selbst ein Unternehmen gründen und dort kostenlose Energydrinks an die Mitarbeiter ausschenken möchten. Im Gegenteil: Wie wir gelernt haben, legt die junge Generation beruflich wieder mehr Wert auf Stabilität und Sicherheit als die Vorgängergeneration. Traditionelle Unternehmen und Organisationen wie die des Sozial- und Gesundheitswesens sind für sie also potenziell als Arbeitgeber genauso interessant wie Neugründungen. Die Generation Z liebt „nine to five"! Wenn, und genau das macht den Unterschied aus, es den traditionellen Unternehmen und Organisationen gelingt, eine gewisse Aufbruchstimmung zu kreieren. Das sieht auch der Generation Z-Forscher Prof. Christian Scholz so. Auf seinem Blog die-generation-z.de erläutert er es am Beispiel der Verwaltungsberufe:

5

> „War für die Generation Y der Öffentliche Dienst ein absolutes No-Go, könnte er prinzipiell für die Generation Z hoch attraktiv sein. Das setzt aber voraus, dass sich der Öffentliche Dienst offensiv und richtig auf die Generation Z einstellt."

Zum Beispiel eben mit Arbeitsweisen aus dem New Work.

Versuche einer Definition

Beim New Work – auch agiles Arbeiten oder Arbeit 4.0 genannt – geht es um neue Formen der Zusammenarbeit in Unternehmen und Organisationen. Der Begriff wurde geprägt durch den austroamerikanischen Sozialphilosophen Frithjof Bergmann. Es ging ihm um die Beschreibung der Auswirkungen der Globalisierung und Digitalisierung auf die Arbeitswelt. Um den Entwurf eines Gegenmodells zum Kapitalismus. New Work beschreibt den Wandel von der Industrie- zur Wissensgesellschaft, in der Flexibilität, Kreativität, Handlungsfreiheit, gemeinsame Lösungsarbeit verschiedener Disziplinen, Teilhabe am Unternehmenswissen und -erfolg für alle Mitarbeitenden, flache Hierarchien, schnelle Entscheidungen, Learning by doing und Trial and Error befürwortet werden.

Viele Unterstützer der Organisationsentwicklung in Richtung New Work begründen ihre Konzeptionen auf dem Bestseller *Reinventing Organizations* von Frédéric Laloux (Vahlen Verlag, 2015), welchen ich im Folgenden kurz skizzieren möchte. Wobei man ganz deutlich unterscheiden muss zwischen Arbeitgebern, die entlang eines Modells wie Reinventing Organizations oder auch Holokratie oder Soziokratie vorgehen und solchen, die einfach ein bisschen Start-up-Spirit gewinnen möchten, indem sie die eine oder andere neue Meeting-Methode ausprobieren und eine Dartscheibe kaufen. Beides ist okay und hat gewisse Vor- und Nachteile, aber Sie sollten sich bewusst machen, welches Ihr Ansatz ist.

Definitionen: Soziokratie und Holokratie

Soziokratie ist eine Organisationstheorie, nach der eine Organisation oder ein Unternehmen von den Mitarbeitenden selbst organisiert wird. Holokratie ist eine Weiterentwicklung der Soziokratie.

Sollten Sie sich für Laloux entscheiden: Er versteht moderne („evolutionäre“) Organisationen und Unternehmen als lebendige Systeme, die sich selbst regulieren, ohne dass es eines starren Führungskorsetts bedarf. Die Natur als Ökosystem, aber auch die Weltwirtschaft dienen dabei als Vorbild. Eines der Kernelemente des evolutionären Unternehmens ist die Selbstführung durch die Mitarbeitenden, weshalb synonym der Begriff „selbstführende Unternehmen“ verwendet wird. Auch „agiles Arbeiten“ bedeutet nicht einfach, ein wenig dynamischer und flexibler zu werden, was die direkte Übersetzung des Adjektivs vermuten lässt, sondern die gesamte Organisation entlang der Weltsicht eines evolutionären oder selbstführenden Unternehmens auf neue Beine zu stellen.

Laut Laloux funktioniert in großen Einheiten die Führungsspitze mit einem pyramidenartigen Organigramm nicht mehr, weil sich einzelne Führungspersonen nicht mehr in die Vielzahl der komplexen Herausforderungen hineindenken können, die in großen Organisationen entstehen. Dadurch wird die Idee, dass Entscheidungen am besten durch eine erfahrene, gebildete Persönlichkeit getroffen werden sollten, die einen Überblick über das gesamte Unternehmen behält, obsolet. Es geht um die Abschaffung der Hierarchie bei gleichzeitiger Verteilung der Entscheidungsautorität auf die Mitarbeitenden. Dieses Organisationsmodell hat Auswirkungen auf alle Handlungsfelder im Arbeitsalltag.

Zentrale Bestandteile der agilen Unternehmenskultur

- Flexible Rollenverteilung: Die Aufgaben im Team wechseln, statt dass jeder Mitarbeitende zum Fachspezialisten wird und das alleinige Wissen für seinen Aufgabenbereich hortet.
- Selbstmanagement: Die Arbeit wird im Team organisiert statt der ständigen Anleitung von außen/oben zu bedürfen.
- Der Mitarbeiter als Mensch: Mitarbeitenden wird emotionale Authentizität zugestanden, statt von ihnen zu verlangen, Gefühle und persönliche Bedürfnisse aus dem Berufsalltag herauszuhalten.
- Größtmögliche Transparenz: Die Unternehmensziele werden in einer gemeinsamen Vision mit der gesamten Belegschaft geteilt, statt per Strategiepapier exklusiv auf Führungsebene herumgereicht zu werden. Software-Lösungen sind im Einsatz, die jedem Mitarbeitenden ermöglichen, Konzepte, Finanzströme oder andere Interna einzusehen.
- Evolutionärer Sinn: Das Unternehmensziel ist das Anliegen, die Welt in einem bestimmten Aspekt zu verbessern und der menschlichen Gemeinschaft zu dienen. Umsatzsteigerungen sind keine geeigneten Unternehmensziele mehr.
- Kürzere Planungszyklen: Statt in unüberschaubaren Jahreszeiträumen zu planen und den ständigen Frust darüber

hinzunehmen, dass die Ziele nicht eingehalten werden können, weil unterwegs zu viele unvorhergesehene Dinge passieren, werden Ziele für übersichtliche Zeiträume wie Quartale festgelegt.

- Begrenzte Anzahl von in Arbeit befindlichen Aufgaben: Ideen für zukünftige Weiterentwicklungen werden strikt von den in Arbeit befindlichen Weiterentwicklungen getrennt. Die Anzahl der Aufgaben, die zeitgleich in Umsetzung sein dürfen, wird reguliert.
- Ständige Wiederholung: Neue Methoden und Prozesse werden intensiv angewandt statt vorsichtig ausprobiert. Nur so können sie schnell optimiert werden und nur so kann zügig eine sinnvolle Beurteilung stattfinden, ob die neuen Methoden und Prozesse nützlich sind und dauerhaft eingesetzt werden sollen – oder eben nicht („Fail fast!“).
- Regelmäßige Reflexion: Statt einer einzigen finalen Evaluation finden regelmäßige Zwischenauswertungen statt, bei denen die Prozesse weiter optimiert werden. So wird auch gewährleistet, dass alle Teammitglieder hinter einem Projekt oder einer Vorgehensweise stehen und nicht einige auf der Strecke verloren gehen.
- Visualisierung der Prozesse und des aktuellen Status quo: Statt schriftlicher Prozessbeschreibungen oder komplexer Pflichtenhefte werden die Aufgaben in kleine Bausteine zerlegt und in einem übersichtlichen digitalen Planungstool oder an einer analogen Planungswand veranschaulicht.

Gehen wir nun noch ein wenig ins Detail, damit Sie sich überlegen können, welche Aspekte des agilen Arbeitens Sie spannend finden und sich vorstellen können, in Ihrer Einrichtung umzusetzen.

Meetings in selbstführenden Organisationen

In evolutionären Unternehmen werden neue Meeting-Praktiken eingeführt. Als guten Auftakt empfiehlt Frédéric Laloux beispielsweise eine Schweigeminute oder eine Dankeschön-Runde, bei der jeder Mitarbeitende einem Kollegen für eine konkrete Unterstützung in der vergangenen Woche dankt. Andere Unternehmen nutzen sogenannte Gefühlsmonster-Karten (z. B. https://bit.ly/2ksb3X2), um zu fragen „Wie geht es dir (in Bezug auf das anstehende Thema/den anstehenden Arbeitstag)?" und die Mitarbeitenden so abzuholen. Mitarbeitende einigen sich einmal gemeinsam auf Gesprächsregeln (kurze, auf den Punkt gebrachte Wortbeiträge/kein Augenrollen, wenn jemand vermeintlich naive Fragen stellt) und unterschreiben diese. Regelbrüche wie lange Monologe oder wenig wertschätzendes Verhalten im Meeting werden durch eine Triangel oder Klangschale unterbrochen, die jede Woche von einem anderen Mitarbeitenden bedient wird.

Die Übergabe auf Station oder in der Wohngruppe wird zwar ein paar Minuten länger dauern, wenn jedes Teammitglied zu Beginn angehalten wird, einem anderen Teammitglied ein Kompliment für eine heute besonders gut gemeisterte Aufgabe zu machen. Doch der Aufwand lohnt sich. Denn die Mitarbeitenden bemerken die zunehmende Wertschätzung ihrer Arbeit schnell. Die Verbindung zwischen jungen und älteren Mitarbeitenden wird gestärkt, wenn regelmäßig auf Augenhöhe konstruktiv kritisiert und gelobt wird. Oft gelingt den jungen Mitarbeitenden das konstruktive Kritisieren, gegenseitige Loben und Aussprechen ihrer Gefühle und persönlichen Bedürfnisse sogar besser als den älteren, weil sie es von Anfang an gelernt haben. So geraten die jungen Mitarbeitenden zur Abwechslung mal in die Rolle des Vorbildes, während sie in praktischen Arbeitshandgriffen ja meist eher den erfahreneren Kräften nacheifern. Auch dieser Rollenwechsel tut beiden Seiten gut.

Die beschriebenen Maßnahmen dienen allerdings nicht nur dem Teambuilding. Indem die Aufmerksamkeit der Mitarbeitenden auf ihr eigenes Befinden gelenkt wird, werden sie darauf vorbereitet, sich später bei fachlichen Fragen aktiv mit eigenen Lösungsansätzen einzubringen. Eine agile Führungskraft fragt am Anfang eines Workshops nicht: „Was erwartest du dir von diesem Workshop?" mit der dahinter stehenden Bedeutung: „Was muss ich tun, damit du zufrieden bist?", sondern: „Wenn dieser Workshop morgen vorbei ist und ein guter Workshop gewesen ist, was hast du persönlich dazu beigetragen?"

Entscheidungsfindung in selbstführenden Organisationen

Entscheidungen werden laut Frédéric Laloux in evolutionären Unternehmen weder „par ordre du mufti", noch durch Konsens oder Abstimmung herbeigeführt, sondern durch einen sogenannten Beratungsprozess. Jeder Mitarbeitende darf jede Entscheidung treffen (auch über große Ausgaben oder die Erschließung neuer Arbeitsfelder). Jeder Mitarbeitende darf für von ihm identifizierte Probleme oder neue Anforderungen selbst Lösungen entwickeln. Er muss sich aber den Rat von Mitarbeitenden, die sich mit dem Thema auskennen, und von Mitarbeitenden, die von der Entscheidung betroffen sind, einholen. Weil jeder Mitarbeitende mal Berater und mal Entscheider ist, nehmen alle den Prozess sehr ernst. Bei großen Entscheidungen, die alle betreffen, arbeiten Beispielunternehmen mit Blogeinträgen oder Artikeln im Intranet, in denen der Lösungsvorschlag vorgestellt und von allen Mitarbeitenden kommentiert werden kann. Entscheidungen werden auf diese Weise sehr zügig getroffen. Ein Beispiel für einen konkret definierten Beratungsprozess ist das sogenannte Governance Meeting aus der Organisationstheorie der Holokratie:

Zu Beginn des Meetings werden in einer Blitzlichtrunde Probleme bzw. neue Herausforderungen gesammelt. Zum Beispiel könnte ein Teammitglied sagen: „Regelmäßig beschweren sich die Bewohner unserer Wohngruppe der Behindertenhilfe, dass das Frühstück zu spät fertig ist." Diese Herausforderung wird nun nach klaren Regeln, für deren Einhaltung ein neutraler Moderator sorgt, wie folgt bearbeitet:

1. Das Teammitglied, das die Herausforderung eingebracht hat, präsentiert in wenigen Worten einen Lösungsvorschlag.

2. Die anderen Teammitglieder können Verständnisfragen stellen. Ausschließlich Verständnisfragen! In ganz kurzen Redebeiträgen!

3. Jedes Teammitglied erhält die Möglichkeit, in einem Satz auf den Lösungsvorschlag zu reagieren: „Ich finde den Lösungsvorschlag gut/nicht gut, weil …", „Ich schlage eine alternative Lösung vor, weil …", „Ich gebe zu bedenken, dass …"

4. Die Person, die das Problem eingebracht hat, präzisiert oder ändert ihren Lösungsvorschlag auf Basis der Reaktionen.

5. In einer Einwandrunde bekommen die anderen Teammitglieder letztmalig die Gelegenheit, ihre Einwände zu äußern. Als Einwand gilt an dieser Stelle aber keine abweichende persönliche Meinung oder diffuse Skepsis mehr. Ein Einwand ist ausschließlich die auf Fakten basierende Befürchtung, dass der Lösungsvorschlag dem Unternehmen schaden könnte.

6. Zuletzt gibt der Initiator eine zukünftige Vorgehensweise vor, die schriftlich festgehalten wird.

In unserer Branche erlebe ich häufig eine große Skepsis gegenüber neuen Herangehensweisen – auf allen Hierarchieebenen. Ob eine neue Formulierung in den Stellenanzeigen ausprobiert oder eine andere Reihenfolge der Tagesabläufe in der Kita eingeführt werden soll – oft setzen sich die Zweifler durch, und die Idee verschwindet wieder in der Schublade. Nichts stört die Generation Z mehr als das! Durch regelmäßige Governance Meetings kann diese entwicklungshemmende und nachwuchsfeindliche Skepsis aufgelöst werden. Denn durch diese Gesprächsform lernen Mitarbeitende, selbst vermeintlich kleine Probleme frühzeitig anzusprechen und selbstständig Lösungen zu suchen. Sie lernen, dass es einen Raum gibt, um eigene Meinungen und Einwände auszusprechen, und dass diese manchmal, aber nicht immer berücksichtigt werden können. Sie lernen, zwischen Meinung und Einwand zu unterscheiden. Sie lernen, Neuem mit einem grundsätzlichen Wohlwollen zu begegnen. Jede Idee darf und soll ausgesprochen und getestet werden.

Um zu neuen Formen der Entscheidungsfindung zu kommen, gibt es auch eine schöne Übung namens „Delegation Poker". Damit handeln die agile Führungskraft und ihr Team aus, wie die Verantwortung neu verteilt werden soll. Denn es gibt nicht den einen perfekten Weg, der für alle agilen Teams und Unternehmen funktioniert. Wichtig ist allein die Absicht, auch dem Team ausgewählte Entscheidungen zuzutrauen und Entscheidungskompetenzen zu übertragen oder es ernsthaft und nicht nur der Form halber in Entscheidungsprozesse mit einzubeziehen. Delegation Poker wurde laut verschiedener Online-Quellen erstmals Ende

2010 auf einer Konferenz eingesetzt und unter anderem von Jurgen Appelo, dem Autor des Buches *Management 3.0: Leading Agile Developers, Developing Agile Leaders* (Addison-Wesley Verlag, 2010), weiterentwickelt. Jedes Teammitglied sowie auch die Führungskraft erhält ein Set aus sieben Karten mit den Nummern 1 bis 7. Jede Nummer steht dabei für eine Verhaltensweise:

1. Die Führungskraft entscheidet alleine und teilt ihre Entscheidung dem Team mit.
2. Die Führungskraft entscheidet alleine und begründet ihre Entscheidung vor dem Team.
3. Die Führungskraft holt sich den Rat ihres Teams ein und trifft dann aber die Entscheidung.
4. Führungskraft und Team entscheiden gemeinsam.
5. Die Führungskraft berät das Team und lässt es dann entscheiden.
6. Die Führungskraft lässt das Team entscheiden und fragt nur noch nach dem Ergebnis.
7. Die Führungskraft lässt das Team entscheiden.

Abbildung: Karten für das Entscheidungspoker

Grundsätzlich tendieren klassische Führungskräfte zu den Verhaltensweisen mit den niedrigeren Nummern, während agile Führungskräfte auch Ansätze mit höheren Nummern wagen. Doch auch in agilen Teams gibt es Entscheidungen, die die Führungskraft alleine trifft. Um auszuhandeln, welche das sind, trägt die Führungskraft beim Delegation Poker verschiedene Szenarien vor und bittet das Team um eine Einschätzung: „Wie soll diese konkrete Entscheidung eurer Meinung nach am besten getroffen werden?" Als Beispiele können folgende Szenarien oder aber auch aktuelle Praxisfälle aus dem Unternehmen dienen:

- Eine Stelle im Team ist neu zu besetzen und drei Bewerber stehen dafür zur Verfügung.
- Das Unternehmen soll ein neues Logo bekommen und es liegen verschiedene Entwürfe dafür vor.
- Zwei pflegerische oder pädagogische Fachkräfte, die beide Kinder haben, möchten in denselben Sommerferienwochen frei nehmen. Damit die Station oder Wohngruppe ausreichend besetzt ist, kann aber nur eine Fachkraft frei bekommen.

5 Jedes Teammitglied hält nun eine Karte mit einer Nummer hoch, die für seine Einschätzung in dieser Angelegenheit steht. Wer soll entscheiden: Die Führungskraft alleine, Führungskraft und Team gemeinsam oder das Team alleine? In einer *kurzen* Runde erläutert jeder (oder bei größeren Teams erläutern einige ausgewählte Personen) in einem Satz die persönliche Einschätzung. Danach fragt die Führungskraft noch einmal nach der Einschätzung und die Teammitglieder können sich entscheiden, ob sie bei der erstgenannten Zahl bleiben oder eine andere Karte auswählen.

Ein finales Ergebnis könnte lauten, dass vier Teammitglieder meinen, bei Neueinstellungen sollte das Team nach Beratung durch die Führungskraft die Entscheidung für einen Bewerber fällen (Nummer 5), da das Team schließlich am engsten mit dem neuen Kollegen zusammenarbeiten muss. Ein Teammitglied meint, Führungskraft und Team sollten gemeinsam entscheiden (Nummer 4), und zwei Teammitglieder meinen, die Führungskraft sollte alleine entscheiden und ihre Entscheidung aber vor dem Team begründen (Nummer 2). Begründung: Nur die Führungskraft habe den Überblick, welche Kompetenzen vielleicht für zukünftig entstehende Aufgaben im Team nützlich wären oder auch von anderen Teams gebraucht werden könnten.

Vor Durchführung der Übung sollte geklärt werden, was das Ziel ist, damit keine falschen Erwartungen entstehen. Möchte die Führungskraft sich nur einen Eindruck verschaffen, bei welchen Themen das Team gerne mehr mitreden würde, ohne daraus unmittelbar Konsequenzen abzuleiten? Oder geht es wirklich schon darum, die Verantwortung neu zu verteilen? Und was bedeutet es, dass Führungskraft und Team eine Entscheidung gemeinsam treffen (Nummer 4)? Ist hier eine Mehrheitsentscheidung oder ein einstimmiger Konsens gemeint? Egal wie, das Delegation Poker eröffnet völlig neue Sichtweisen.

Vergütung in selbstführenden Organisationen

In evolutionären Unternehmen gibt es laut Frédéric Laloux keine Prämien für einzelne Mitarbeitende oder Teams. Alle Mitarbeitenden werden an Gewinnen beteiligt. Gehaltserhöhungen werden durch die Mitarbeitenden selbst vorgeschlagen und begründet. Ein jedes Jahr neu zusammengesetztes Gehaltsgremium aus Mitarbeitenden vergleicht, bewertet und entscheidet. Zu hohe, aber auch zu niedrige Gehaltserhöhungsforderungen werden offen angesprochen. Bei einem Beispielunternehmen geben sich pro Jahr drei Viertel der Mitarbeitenden mit einer Inflationsanpassung zufrieden, ein Viertel fordern und bekommen eine Gehaltserhöhung. Durch die Gewinnbeteiligung erhalten alle Mitarbeitenden in den meisten Jahren 16 oder 17 Monatsgehälter. Ein solcher Ansatz lässt sich in der Wirtschaft leichter umsetzen und in tarifgebunden Unternehmen der Sozial- und Gesundheitswirtschaft eher schwieriger, doch mit Buurtzorg werden wir gleich eine Organisation aus unserer Branche kennenlernen, der es gelingt, das starre Thema Vergütung aufzubrechen.

Leistungsmanagement in selbstführenden Organisationen

Leistungsanforderungen werden in evolutionären Unternehmen, so beschreibt es Frédéric Laloux, nicht durch Druck von oben transportiert. Motivation entsteht vielmehr durch die gegenseitige Verantwortung für die Kollegen im Team. Sie entsteht auch durch den Vergleich mit den Leistungen anderer Teams im Unternehmen. Und dadurch, dass jeder Mitarbeitende über Schulungen und Softwarelösungen Einblicke in die Markt- und Konkurrenzsituation, die Finanzierung und Geldströme des Unternehmens erhält und die Auswirkungen seiner Arbeit selbst erkennen kann. Zu wenig Leistung, aber auch Überarbeitung werden offen angesprochen. Talente und Spezialisierungen prägen sich ganz natürlich aus. Wie dieser Ansatz zum Leistungsmanagement im Sozial- und Gesundheitswesen umgesetzt werden kann, lernen wir gleich ebenfalls am Beispiel Buurtzorg sowie auch am Beispiel der DiaCom Altenhilfe in Eschwege.

Eine häufige Frage lautet: Wird denn bei so viel Freiheit überhaupt noch gearbeitet? Die Antwortet lautet: Ja. Und zwar, indem gemeinsam klare Ziele gesteckt werden. Es geht nicht mehr darum, wie lange Mitarbeiter anwesend sind oder in welcher Reihenfolge sie ihre Aufgaben erledigen, ob sie sich Hilfe von außen holen oder ganz neue Prozesse ausprobieren, sondern dass ein am Anfang der Woche definiertes Arbeitsziel am Ende der Woche erreicht ist.

Beispiel:

Angenommen, in einer Jugendwohngruppe ist es üblich, dass ein Sozialarbeiter jeden Nachmittag mit den aus der Schule heimkehrenden Bewohnern gemeinsam einkaufen geht und kocht. New Work würde es ihm nun ermöglichen, andere Abläufe auszuprobieren – ohne eine Vorgesetzte zu fragen: Vielleicht ein ganzer Wocheneinkauf an einem einzigen Tag? Vielleicht eine Aufteilung in Teams: Die einen kaufen ein, die anderen kochen? Vielleicht am Sonntag für die ganze Woche vorkochen und das Essen einfrieren? Vielleicht hat der Sozialarbeiter einen Freund, der gerne kocht und es freiwillig zweimal die Woche für die Gruppe übernimmt? Wichtig ist nicht, wie die Aufgabe ausgeführt wird, sondern dass das Ziel „die Bewohner haben jeden Tag etwas Gesundes zu essen“ erreicht wird. Und dass die Menschen, die von dem neuen Prozess betroffen sind, Gelegenheit haben, ihre Einwände zu artikulieren.

Auf diese Weise finden Teams neue Lösungen und übernehmen schon junge Mitarbeitende Verantwortung für die Weiterentwicklung des Unternehmens. Das funktioniert allerdings nur, wenn alle den Sinn hinter diesem neuen System verstehen. Und wenn die Mitarbeitenden sehen, dass sie zwar einerseits mehr Freiheiten, dafür aber auch andererseits mehr Verantwortung bekommen.

Das agile Führen und Arbeiten hat durchaus seine Stolpersteine. So sollte es nicht zum Selbstzweck eingeführt werden, nach dem Motto: „Weil es alle machen, machen wir es jetzt auch, und dann sind wir zukunftsfähig." Auch ist nicht alles, wo „agil" draufsteht, automatisch gut. Ich habe selbst den einen oder anderen „agilen" Coach erlebt, der Unternehmen beibringen wollte, agil zu arbeiten, und dabei so unstrukturiert vorging, dass ich mich gefragt habe, wie er seine eigene Arbeit schafft. Frédéric Laloux betont: Agilität heißt nicht Chaos! Sie basiert auf klar beschriebenen Zielen, Rollen und Prozessen. Andererseits kann aber auch eine Gruppe, die scheinbar chaotisch arbeitet, am Ende ein gutes Ergebnis erzielen.

Beispiel:

Stellen wir uns das überspitzte Beispiel eines Pflegeteams vor, das völlig planlos durch die Zimmer läuft, hier mal einen Blutdruck misst, da mal ein Essen reicht, dort mal die Zähne putzt. Das bei anderen Patienten diese Tätigkeiten zu völlig anderen Tageszeiten oder in völlig anderer Besetzung durchführt, von der normalen Zimmer-Zuständigkeit oder Pausengestaltung abweicht, dann mal zusammensteht und Witze erzählt und letztendlich zwei Stunden später als sonst die Arbeit für beendet erklärt. Der Stationsleitung stehen die Haare zu Berge. Doch angenommen, am Ende des Tages haben alle Patienten gegessen, ihre Medikamente bekommen, ihre Vitalwerte gemessen, wurden zu ihren Untersuchungen gebracht und die Dokumentation ist erledigt. Zusätzlich haben die Teammitarbeiter Spaß gehabt, weil sie freier in ihrer Arbeitsgestaltung waren, und den Patienten geht es psychisch gut, weil die Pflegekräfte bessere Laune hatten. Der agilen Führungskraft wäre es in diesem Fall egal, wie das Ergebnis zustande gekommen ist. Hat das Team gewürfelt, „Kopf oder Zahl" oder „Sching, schang, schong" gespielt, um die Aufgaben und Patienten zu verteilen und zu priorisieren? Spielt keine Rolle, Hauptsache, das Ergebnis entspricht den Erwartungen.

Ganzheitlichkeit in selbstführenden Organisationen

Evolutionäre Unternehmen suchen aktiv Methoden, die dazu führen, dass Mitarbeitende nicht nur Zahnrädchen im Getriebe sind, sondern ganzheitlich am Arbeitsplatz wahrgenommen werden. Denn nur so können laut diesem Organisationsmodell Motivation und Engagement in die Arbeitswelt zurückkehren. Frédéric Laloux führt den Bürohund oder den Unternehmenskindergarten mit regelmäßigen Besuchen der Kinder am Arbeitsplatz an – Mitarbeitende lernen sich dadurch auf andere Art und Weise kennen, und das wirkt sich auch auf die Zusammenarbeit und Leistungsfähigkeit aus. Zahlreiche weitere Veränderungen sind denkbar: lockere Bewerbungsgespräche ohne Anzug und Krawatte, ein gemeinsam verfasstes Manifest für wertschätzenden Umgang miteinander, gemeinsames, kostenloses Yoga, Meditation oder Singen während der Arbeitszeit, kostenlose Coaching-Angebote für alle Mitarbeitenden (auch für die Reinigungskräfte!) oder ein Schweigetag, an dem die Kommunikation unter Mitarbeitenden, aber sogar auch zwischen Mitarbeitenden und Klienten wortlos geschieht.

Evolutionäre Unternehmen führen wöchentliche Vollversammlungen mit Diskussionsgruppen zu Themen wie Fehlerkultur ein oder Begrüßungsrunden für neue Mitarbeitende, bei denen jeder dem neuen Kollegen einen Gegenstand übergibt, der einen guten Wunsch zum Start symbolisiert. Auch der offene Umgang mit privaten Terminen in der Dienstzeit kann Wunder wirken. Mitarbeitende in evolutionären Unternehmen dürfen selbstständig Dienste tauschen oder Sabbaticals planen. Vieles ist denkbar, nur eines nicht: oberflächliche Teambuilding-Maßnahmen wie ein Bowlingabend, an dem doch alle im professionellen Distanzmodus bleiben, im Anzug und Kostüm erscheinen, Mineralwasser trinken und nach einer Stunde Anwesenheitspflicht so schnell wie möglich wieder verschwinden.

Der Mensch im Mittelpunkt – ein Ansatz, der im Sozial- und Gesundheitswesen eigentlich Standard sein sollte. Lange war er unser Alleinstellungsmerkmal gegenüber anderen Branchen. Auch wenn es mancher Pflegekraft so vorkommt, als wäre sie eher eine Hochleistungspflegemaschine, so muss man doch einmal positiv sagen, dass zumindest in sozialen Trägern der Wohlfahrt das Verständnis für menschliche Krisen und Katastrophen auch im Leben der Mitarbeitenden größer ist als in Unternehmen der Wirtschaft. Wenn nun eine agile Unternehmensphilosophie bedeutet, den Mitarbeitenden als fühlendes Wesen zu akzeptieren und ihn sogar aufgrund seiner Emotionalität als besonders kompetent einzuschätzen, dürfte uns das eigentlich nicht verunsichern.

Was uns aber durchaus einschüchtern sollte, ist die Tatsache, dass andere Branchen im Zuge der Agilität nun auch entdecken, dass wertgeschätzte Mitarbeitende mit einer intrinsischen Motivation viel besser arbeiten als Mitarbeitende, die mit Erfolgsprämien und Co. extrinsisch belohnt werden. Unser Alleinstellungsmerkmal wird uns aus den Händen gerissen und wir lassen es geschehen! Und noch dazu gelingt es agilen Unternehmen durch professionelles Marketing viel besser, diesen Ansatz zu transportieren. In Sozial- und Pflegeeinrichtungen bleibt es dagegen meist bei dem Spiegelstrich „sinnstiftende Tätigkeit" in der Rubrik „Wir bieten" einer Stellenanzeige. Das muss sich dringend ändern.

Mitarbeitergespräche in selbstführenden Organisationen

Mitarbeitende in evolutionären Unternehmen, so schlägt es Frédéric Laloux beispielhaft vor, reflektieren selbst anhand einer Liste mit Fragen ihre Leistungen und Ziele. In lockerer Atmosphäre (auf der Wiese im Park sitzend) geben die Teammitglieder dem Mitarbeitenden ein Feedback: „Was schätze ich besonders an der Zusammenarbeit mit dir?", „In welchem Bereich könntest du dich verändern und wachsen?" Die Antworten werden auf Papier festgehalten und dem Mitarbeitenden überreicht. In einem Vier-Augen-Gespräch mit einem vertrauten Kollegen reflektiert jeder Mitarbeitende: „Was nimmst du aus diesen Gesprächen mit? In welche Richtung möchtest du dich weiterentwickeln?"

Unternehmensleitbilder in selbstführenden Organisationen

Mitarbeitende wünschen sich sinnstiftende Unternehmensziele, sodass sie wissen, wofür sie arbeiten. Das hat Frédéric Laloux beobachtet, und auch wir merken es an den vielen Quereinsteigern in unseren Sozial- und Pflegeeinrichtungen, die nach Jahren in der Wirtschaft in unsere Branche wechseln möchten – eben wegen der sinnstiftenden Tätigkeiten, die hier möglich sind. Doch Unternehmensleitbilder bestehen, auch bei uns, heutzutage oft aus hohlen Floskeln, und am Ende weiß jeder, dass die Gewinnmaximierung oder – im Sozial- und Pflegebereich – die Refinanzierung durch das Sozialversicherungs- und Gesundheitssystem über allem stehen. Die typischen Antworten von Unternehmensleitbildern im Sozial- und Gesundheitswesen auf die Frage „Was ist unser Geschenk an die Welt?" lauten: Wir bieten sinnstiftende Tätigkeiten, Pflege und Betreuung, Nächstenliebe und Gemeinnützigkeit. Diese Antworten reichen allerdings nicht aus, wenn Sie sich zum evolutionären Unternehmen weiterentwickeln möchten. Es
5 geht um visionäre, weltverändernde Ziele, die unsere gebeutelte Gesellschaft zu einem besseren Ort machen. Um etwas Neues, was so noch nicht ausprobiert wurde. Dabei herrscht eine Philosophie des Teilens: Erfolgsrezepte für neue Wege werden gerne und offen weitergegeben.

Die Rolle der Führungskräfte in selbstführenden Organisationen

Die Geschäftsführung ist in evolutionären Unternehmen nicht mehr für Prognosen, Planung und Kontrolle zuständig. Sie entwickelt, so steht es in *Reinventing Organizations*, stattdessen eine Vision für das Unternehmen und reduziert Prozesse. Für sie gelten dieselben Regeln wie für alle anderen auch (z. B. der Beratungsprozess bei Veränderungen, der Wortanteil bei Meetings). Die Führungskraft ist das öffentliche Gesicht des Unternehmens. Sie stellt permanent sicher, dass es keinen Rückfall in alte Vorgehensweisen mit Regeln, Kontrollsystemen und Entscheidungen auf höherer Ebene gibt. Sie ist ein Vorbild für die evolutionäre Weltsicht und ein solches Verhalten. Dadurch, dass sie nicht mehr in Gremien herumsitzen und über Jahreszielen brüten muss, hat sie mehr Zeit, um sich im operativen Bereich blicken zu lassen und wieder mehr Bezug zu den Mitarbeitenden an der Basis herzustellen. Agile Führungskräfte (auch hochrangige!) verschanzen sich nicht hinter geschlossenen Bürotüren auf der Etage mit der besten Aussicht. Sie bewegen sich unter ihren Mitarbeitenden, bieten offene Sprechstunden, lassen sich auf Social Media-Profilen in die Karten schauen und stellen ihren Schreibtisch mitten ins Großraumbüro. In einem Wort: Sie sind für ihre Mitarbeitenden greifbar.

Budgets in selbstführenden Organisationen

Laut Frédéric Laloux ist die herkömmliche Budgetplanung in Unternehmen umständlich, unrealistisch und unzuverlässig. Selbstführende Organisationen verzichten deshalb weitgehend auf Budgetplanung und Zielvorgaben und nutzen diese nicht zur Kontrolle oder Mitarbeiterbewertung. Wenn Budgets unbedingt notwendig sind, werden die Teams nach einer realistischen Einschätzung gefragt und diese wird von der Geschäftsführung unangezweifelt übernommen. Oder es werden drei Kostenschätzungen von unterschiedlichen Personen eingeholt (eine Schätzung der Geschäftsführung, eine detaillierte Preiskalkulation des Teamleiters, der das Projekt betreut, und eine Preiskalkulation einer Teamleiterin, die mit dem konkreten Projekt oder Kunden bisher nichts zu tun, aber ähnliche Projekte bereits umgesetzt hat). Für einen möglichst belastbaren Kostenvoranschlag werden die drei Ergebnisse zusammengeführt.

Es wird also eher auf die sogenannte Schwarmintelligenz vertraut als auf die Expertise Einzelner, selbst wenn die Einzelnen berufserfahren sind. Das hat auch den Vorteil, dass Spezialwissen nicht an Personen gebunden bleibt und bei ihrem Ausscheiden verloren geht, sondern grundsätzlich auf mehrere Schultern verteilt wird. Manche agilen Unternehmen wenden diese Methode standardmäßig für den Wissenstransfer an: Projektleiter bleiben bei ihnen nie länger als drei Jahre „im Amt“. Während dieser Zeit ist es ihre Aufgabe, einen Nachfolger auszuwählen und anzulernen, sodass er nahtlos übernehmen kann. So entsteht eine Kultur des „Wissen-Teilens“ und der ständigen persönlichen Weiterentwicklung.

Fehlerkultur in selbstführenden Organisationen

Nicht zuletzt herrscht in evolutionären Unternehmen eine andere Fehlerkultur als in traditionellen Unternehmen. Ein Beispiel dafür ist der „Fail Award" – ein Wanderpokal, der unternehmensintern für den größten Patzer der Woche vergeben wird. Interessant daran ist, dass Mitarbeitende sich nur selbst dafür nominieren können. Es wird also keine „Lästerkultur" gefördert, sondern ein neuer, offener, selbstkritischer Umgang mit Fehlern, die als Teil des Lernprozesses und Chance für eine Weiterentwicklung betrachtet werden.

Wenn ich die Idee des „Fail Awards" vorstelle, werden meist skeptische Stimmen laut: In unserer Branche können wir uns doch gar keine Fehler erlauben! Eine Pflegekraft, die einen Fehler macht, hat unter Umständen ein Menschenleben auf dem Gewissen. Dennoch können und müssen wir uns auch im Sozial- und Gesundheitswesen eine Fehlerkultur erlauben. Denn Fehler passieren auch hier, das lässt sich gar nicht verhindern. Schon gar nicht in Zeiten des Personalmangels. Ob Tabletten auf einer unterbesetzten Station im Pflegeheim vertauscht werden oder Manipulationen bei der Vergabe von Organen unbemerkt bleiben – alles schon passiert und in den Medien breitgetreten. Das Einzige, was jetzt hilft, ist, den Fehler nicht umsonst gewesen sein zu lassen, sondern daraus zu lernen. In deutschen Krankenhäusern ist nicht selten der Oberarzt noch der „Halbgott in Weiß", dem niemand widersprechen oder Fehler unterstellen darf. Agile Unternehmen brechen solche ungesunden Traditionen auf.

Fragen, die sich Unternehmen stellen sollten, die agil arbeiten möchten

- Welches Thema aus dem Werkzeugkasten des agilen Organisationsmodells inspiriert uns am meisten? Was ist unser erster Schritt und welches sind unsere Meilensteine hin zu mehr Agilität?
- Welches Projekt oder welcher Arbeitsbereich eignet sich am besten, um Agilität auszuprobieren und anderen Arbeitsbereichen Lust darauf zu machen?

- Welche „Musterbrecher" gibt es in der Belegschaft, die Lust auf einen agilen Experimentierraum haben könnten?
- Gibt es Arbeitsbereiche, zu denen Agilität auf keinen Fall passt?
- Wie sorgen wir dafür, dass die agil arbeitenden Einheiten an den Rest des Unternehmens anschlussfähig bleiben?
- Wie sorgen wir dafür, dass das Bestreben nach mehr Agilität nicht an einer einzelnen Führungsperson festgemacht wird und einschläft, sobald diese Person das Unternehmen verlässt?
- Wie kann eine hierarchisch orientierte Geschäftsführung davon überzeugt werden, zumindest begrenzte Räume für agiles Arbeiten zu schaffen?
- Wie gehen wir damit um, wenn sich trotz eines Vorstoßes in Richtung agile Unternehmenskultur die Traditionalisten durchsetzen?

Übrigens gibt es höchstwahrscheinlich kein einziges Unternehmen, das bereits vollständig und in allen Bereichen auf der agilen Ebene der Zusammenarbeit angekommen wäre. Während das eine schon innovative, individualisierte Dienstleistungen anbietet, dafür aber in Sachen Gehaltsstruktur noch eher altmodisch streng nach Tarif bezahlt, setzt das andere noch auf eine altbewährte Dienstleistung, schult seine Führungskräfte aber bereits in „Agile Leadership". Wichtig ist, dass etwas in Bewegung gerät. Dass man sich der verschiedenen Enden des evolutionären Spektrums bewusst wird und als Unternehmen einordnet: Wo befinden wir uns und wo wollen wir hin?

Wie neue Formen der Zusammenarbeit auch im Sozial- und Gesundheitswesen funktionieren können

Nun könnte man urteilen: alter Hut. Es ist doch – besonders im Sozial- und Gesundheitswesen – jetzt schon gar keine Zeit mehr dafür da, dass die Führungskraft jeden Arbeitsschritt kontrolliert. Die Teams sind ohnehin auf sich alleine gestellt. Das mag sein, aber das ist nicht mit Agilität gemeint. Notgedrungene Eigenständigkeit ist etwas anderes als die bewusste Entscheidung der Unternehmensleitung, ihre Teams zum selbstorganisierten Arbeiten zu befähigen. Erst wenn Sie einmal in einem agilen Unternehmen hospitiert haben, werden Sie merken, was es für einen enormen Unterschied macht, wenn Führungskräfte ihre Mitarbeitenden dazu ermutigen, das Unternehmen aktiv mitzugestalten. Rufe ich als Fachkraft, wenn ein Fehler passiert ist, sofort nach der Teamleitung und weise alle Schuld von mir? Gehe ich in Deckung und hoffe, dass der Fehler niemandem auffällt? Oder mache ich von mir aus darauf aufmerksam, suche nach Gründen (auch bei mir selbst) und biete Lösungsvorschläge zur Vermeidung solcher Fehler in Zukunft an? Lege ich das Infoblatt zur neuen Arbeitgebermarkenbotschaft meines Unternehmens desinteressiert in die Schublade, weil ich denke, da habe ich eh nichts mit zu tun, oder verstehe ich mich selbst als Unternehmensbotschafter, der dazu beitragen kann, das Image meines Arbeitgebers in der Öffentlichkeit zu stärken? Verstecke ich mich, wenn neue Aufgaben und Projekte zu verteilen sind, oder melde ich mich freiwillig, weil ich mich auch als Hilfs- oder Fachkraft dafür verantwortlich fühle, die Vision, für die mein Unternehmen steht, voranzutreiben? Die Generation Z passt in einen mitarbeiteraktivierenden Kontext viel besser hinein und wirkt mit ihren ständigen Verbesserungsvorschlägen und „wilden Ideen" plötzlich gar nicht mehr so fremdkörperartig wie in einem traditionellen Unternehmen.

Ein Argument ist immer schnell zur Hand: New Work sei ja schön und gut, lasse sich aber in Sozial- und Pflegeeinrichtungen leider nicht umsetzen. Wie soll eine Erzieherin Homeoffice machen? Was würde die Patientin auf der Palliativstation sagen, wenn ihr Pfleger zwischendurch mal eben im Pausenraum kickern ginge und man das Klackern des Balls bis in die Sterbezimmer hörte? Diesen Skeptikern lassen sich inzwischen konkrete Beispiele vorzeigen, die beweisen, dass sie eben doch umsetzbar ist, die evolutionäre Weltsicht in Unternehmen und Organisationen des Sozial- und Gesundheitswesens. Zu den Anwendungsfällen zählt Frédéric Laloux die Evangelische Schule Berlin Zentrum, die Heiligenfeld Kliniken oder die Organisation Resources for Human Development (RHD), die in den USA Sozialarbeit macht. Im Folgenden werden die evolutionären Konzepte des ambulanten Pflegedienstleisters Buurtzorg aus den Niederlanden und der Diacom Altenhilfe in Eschwege vorgestellt.

Best Cases – Recruitment bei Buurtzorg

Die Pflegekräfte kommen von ganz allein

Jeder, der sich mit New Work und Agilität beschäftigt, stolpert über kurz oder lang über Buurtzorg, eine Organisation aus den Niederlanden, die ambulante Pflege anbietet. Unabhängige Pflegeteams und qualitativ hochwertige Pflege bei niedrigem Kostenlevel sind ihr Markenzeichen. Der Name spricht sich „Bürt-Sorg“ und bedeutet „Nachbarschaftshilfe“. Und warum ist Buurtzorg bereits zum wiederholten Male zum besten Arbeitgeber der Niederlande gekürt worden? Nicht, weil man sich dort als Ziel gesetzt hätte, das agilste und coolste Unternehmen der Branche zu werden. Das Ziel ist stattdessen ein gesellschaftliches, sinnstiftendes: „Wir wollen erreichen, dass unsere Klienten so lange wie möglich selbstständig leben können.“ Die agile Unternehmenskultur ist dabei nur ein Mittel zum Zweck, wirkt aber trotzdem attraktiv auf Bewerber.

Wie funktioniert das Modell Buurtzorg?

Das Anliegen des Gründers Jos de Blok war es, den Verwaltungsapparat hinter der Pflege abzuschaffen und die Prozesse zu „entindustrialisieren“. In seiner Organisation gibt es kein Organigramm und keine Hierarchien, keine Pflegedienst- oder Regionalleitungen, sondern nur ambulante Pflegeteams aus jeweils zwölf Fachkräften, die den gesamten Arbeitsprozess selbstständig steuern: die Kundenakquise, die Mitarbeitergewinnung, das Arbeitszeitmodell, die Tourenplanung, die Pflege, die Finanzen, das Qualitätsmanagement. Die Mitarbeitenden zahlen sich sogar ihr Gehalt selber aus.

Im Frühjahr 2019 arbeiteten 14.000 Pflegekräfte in 1.000 Teams für Buurtzorg und es gab nur eine sehr schlanke Verwaltung aus 50 Mitarbeitenden. Sie verstehen sich als Berater und können bei Problemen angerufen werden, stellen Informationen zur Verfügung und befähigen die Teams zur eigenen Entscheidungsfindung. Dem zugrunde liegt eine Software, in der alle Prozes-

5

se und auch die Finanzen wie Kosten und Einnahmestrukturen transparent für alle zugänglich sind und Wissen und Erfahrungen geteilt werden können. Alle Mitarbeitenden haben dafür ein Tablet.

Wie kann das Konzept konkret im Arbeitsalltag umgesetzt werden?

Die Buurtzorg-Pflegekräfte aktivieren den Patienten und sein Umfeld. Das kostet anfangs viel Zeit, reduziert aber mittelfristig die Arbeit und die Kosten. Sie schauen, welche Tätigkeiten der Patient noch selbst erledigen kann, und üben diese mit ihm, bis es klappt. Sie sprechen Nachbarn an, machen sie mit dem Klienten bekannt und fragen, ob sie sich vorstellen könnten zu helfen. Des Weiteren wird geschaut, welche Freunde oder Angehörigen welche Aufgaben noch übernehmen können. Selbst Angehörige, die vorher gesagt haben: „Ich kann meinen Partner nicht pflegen, weil er so viel wiegt", lassen sich darauf ein, wenn sie wissen, dass sie wirklich nur das machen müssen, was sie möchten, und so lange sie es schaffen. Das Modell ist sehr flexibel. Vielleicht kann die Nachbarin morgens die Stützstrümpfe anziehen helfen, am Abend kommt zum Ausziehen eine Pflegekraft. Der Pflegedienst wird als Partner im Leben betrachtet, vergleichbar mit dem früheren Modell der Gemeindeschwester.

Besteht nicht die Gefahr, dass die Mitarbeitenden diese Freiheit ausnutzen?

5

Die Motivation der Pflegekräfte steigt laut der Erfahrung von Buurtzorg, wenn sie selbst mehr Verantwortung für das eigene Tun übernehmen dürfen und merken, dass ihnen vertraut wird. Sie erleben das als Wertschätzung – genauso wie das sehr positive Kundenfeedback nach dem Motto: „Das ist ja toll, wie Sie uns ganzheitlich helfen!" Bei Buurtzorg herrscht keinesfalls Anarchie. Die Niederländer sagen: Es gibt keine bessere Kontrollinstanz als das eigene Team. Dadurch, dass die Rollen wechseln und eine Woche der eine und in der nächsten Woche jemand anders für die Dienstplanung zuständig ist, kann auch keiner benachteiligt werden. Es kann sich auch niemand mehr bei Problemen zurückziehen und sagen: „Da müssen wir wohl mal den Chef rufen."

Wie läuft das Recruiting bei Buurtzorg?

Es gibt keine Personalabteilung, die das übernehmen könnte. Stellenanzeigen werden aber ohnehin nur in Ausnahmefällen geschaltet. Niederländische Pflegekräfte möchten einfach gerne bei Buurtzorg arbeiten und kommen von ganz allein. Alle haben sich danach gesehnt, dass endlich die lange festgefahrenen und offensichtlich nicht funktionstüchtigen Strukturen in der Pflege aufgebrochen werden würden. Und nun, wo es soweit ist, wollen sie dabei sein.

Lässt sich das niederländische Konzept 1:1 auf Deutschland übertragen?

Erste Träger wie die Sander Pflege GmbH im Münsterland und ein Unternehmen in Freiburg haben das Buurtzorg-Konzept nach Deutschland geholt – mit gemischtem Erfolg. Das liegt an den gesellschaftlichen Rahmenbedingungen. Man sagt: „In Holland gibt es keine Gardinen." Das soll bedeuten:

Die Menschen sind enger in ihrer Nachbarschaft verwurzelt, sie leben mehr miteinander. Das Ehrenamt hat dort einen ganz anderen Stellenwert als bei uns. Hierzulande ist es etwas aufwendiger, Nachbarn, Freunde und Angehörige zu motivieren, bei der Pflege zu helfen. Anfang 2019 arbeiteten vier Sander Pflege-Standorte nach dem Buurtzorg-Prinzip, wie Geschäftsführer Gunnar Sander auf dem 15. Contec Forum in Berlin berichtete. Bei Problemen halfen zwei deutsche Coaches und einmal im Monat ein Coach aus den Niederlanden. Es ließ sich schon absehen, dass die Patienten- und Mitarbeitendenzufriedenheit signifikant gestiegen war, auch wenn es noch keine Zahlen zur langfristigen Evaluation gab.

„In den Niederlanden haben Pflegekräfte einen Bachelor-Abschluss. Die ersten zehn Pflegekräfte, die ich dort kennengelernt habe, wären hierzulande exzellente Leitungskräfte gewesen", berichtete Gunnar Sander in seinem Vortrag. „Man könnte nun denken, dass Pflegekräfte mit einem Ausbildungsabschluss oder Pflegehelfer das mit der Selbstorganisation vielleicht nicht so gut hinkriegen. Aber ich kann nun aus der Erfahrung sagen: Es klappt! Gerade da, wo die Qualifikation fehlt, entwickeln sich oft die größten Potenziale. Die Probleme, die man als Pflegedienstleitung früher hatte, wenn jemand wegen Krankheit ausgefallen war, gibt es nicht mehr. Die Teams regeln das!"

Von einigen Baustellen wusste der New Work-Pionier dennoch zu berichten. Mit dem Backoffice und der IT klappe es noch nicht ohne Probleme und die Kosteneinsparungen von 30 Prozent wie die Niederländer erreiche man auch noch nicht. Aber es werde immer besser. „Wir suchen gerade nach weiteren Lizenzpartnern und müssen dringend unsere Software und Hardware-Ausstattung weiterentwickeln. Eine offene Frage ist, ob wir in Deutschland noch besser mit dem Buurtzorg-Modell arbeiten könnten, wenn wir eine höhere Vergütung zahlen könnten. Die Niederlande geben doppelt so viel Geld pro Kopf für die Pflege aus als Deutschland. Die Pflegekräfte verdienen demnach auch mehr", so Gunnar Sander auf dem 15. Contec Forum.

„Wir brauchen außerdem eine einfachere Abrechnung im SGB V. Die Buurtzorg-Pflegekräfte in den Niederlanden müssen nicht nach verordneten Einzelleistungen abrechnen. Es geht auch nicht um die Pflegestufe. Sie rechnen nach Stunden ab. Sie arbeiten nicht profitorientiert, sondern sollen eine sozialverträgliche Rendite von drei Prozent erwirtschaften. Dadurch konnte auch die Deckelung der Leistungen abgeschafft werden, weil ohne Profitdenken auch wirklich nur das Notwendige gemacht wird. Das verhandeln wir gerade mit den Krankenkassen und dem Medizinischen Dienst (MDK). So weit wie die Niederlande, wo der MDK komplett abgeschafft wurde und sogar auch schon Pflegeheime nach dem Buurtzorg-Prinzip arbeiten, sind wir noch nicht!"

Doch nicht nur Buurtzorg, das große Vorbild und viel zitierte Beispiel, sondern auch andere Unternehmen der Sozial- und Gesundheitswirtschaft haben sich auf den Weg in die Zukunft gemacht

– etwas stiller und unauffälliger vielleicht. Sie machen vor, dass es möglich ist, auch in unserer Branche neu zu denken. Leider sind mir keine Beispiele aus dem pädagogischen Kontext bekannt, obwohl auch hier viel Potenzial für neue Ansätze gegeben ist.

Best Cases – Die DiaCom Altenhilfe

Auf dem Weg zum agilen Altenhilfe-Träger

Mithilfe einer Organisationsberatung will die DiaCom Altenhilfe in Eschwege zur agilen Organisation werden: Mit sich selbstorganisierenden Teams und Führungskräften, die wieder Zeit für Strategie und Supervision haben. Agilität ist dabei auch ein Mittel, um die Arbeitgeberattraktivität zu steigern. Über den Case berichtet Organisationsberater Andreas Kenk.

Aus welcher Motivation heraus helfen Sie Unternehmen in die Agilität?

Ich bin Diplom-Psychologe und war selbst vier Jahre lang Geschäftsführer einer Sozialstation. Dabei ist mir aufgefallen, dass die Berufung, das Helfen, der Dreh- und Angelpunkt für viele Mitarbeitende und Führungskräfte ist. Wirtschaftliche Faktoren und die notwendige Marktbeobachtung werden auf Teamleitungsebene häufig ausgeblendet. Eine systematische Führungskräfteentwicklung wie in der Wirtschaft findet erst in Ansätzen statt. Fortbildungen werden zwar angeboten, aber die Teilnahme ist nicht verpflichtend und das Interesse zu häufig gering ausgeprägt. Und selbst Führungskräfte, die an Fortbildungen teilnehmen, werden in der Regel nicht darin geschult, über den Tellerrand hinauszuschauen. Ich sehe Pflegedienstleitungen, die sich erst vor zwei, drei Jahren als solche qualifiziert haben und nicht dazu angeregt wurden zu schauen: Was passiert am Pflegemarkt? Was bedeutet das für uns? Welche Trends und Entwicklungen müssen wir im Auge behalten und wie stellt sich unser Arbeitsfeld in den nächsten drei bis fünf Jahren dar? Was müssen wir unseren Mitarbeitenden anbieten, damit sie mit dem Fortschritt mithalten können?

Wie ist Ihr Ansatz in der Organisationsentwicklung?

Ein Organisationsentwicklungsprozess betrifft häufig die gesamte Organisation, denn die Prozesse und Abläufe in einem Unternehmen sind alle miteinander verzahnt. Das ist der Grund, aus dem es keine Lösungsansätze von der Stange geben kann. Ich finde individuell und zusammen mit den Verantwortlichen der Organisation heraus, wo der Schuh drückt. Daraus entwickeln sich dann die eigentlichen Organisationsentwicklungsprojekte, die mit Zielen und Zwischenzielen, Maßnahmen und Schritten hinterlegt sind. Anfangs bin ich oft mehrmals im Monat im Unternehmen, mache zum Beispiel Führungskräftetrainings, sensibilisiere für die Notwendigkeit der Weiterentwicklung und sorge dafür, dass die Mitarbeitenden eingebunden werden. Mit der Zeit wird es weniger, dann komme ich zu halbjährlichen

Auswertungsworkshops, zur gezielten Unterstützung oder auch zum Coaching. Das Projekt wird von mir aber in jedem Fall so lange begleitet, bis die Ziele nachweislich erreicht werden konnten. Wenn ich jedoch merke, dass sich nichts tut und der Prozess trotz aller Anstöße nicht vorangeht, die Unterstützung von der obersten Führungsebene fehlt oder das Commitment im Unternehmen zu klein ist, ziehe ich mich durchaus auch zurück. Es ist bisher erst einmal vorgekommen, aber in einem solchen Fall ist es wichtig, dem Kunden zu spiegeln, dass seine Organisation (noch) nicht bereit für die Weiterentwicklungen ist.

Wie läuft es bei der DiaCom Altenhilfe?

Dort wurde ich eigentlich nur für ein einmaliges Training zum Thema „Beraten statt verkaufen" gebucht. Im Verlauf dieses Trainings wurde jedoch deutlich, dass die Teamleitungen ihre Arbeit, die sie zu bewältigen hatten, immer weniger bewältigen konnten – aus verschiedensten Gründen. Wir haben uns dann gemeinsam gefragt: Wie können wir konstruktiv mit diesem Problem umgehen und es lösen? Der Anstoß zur Organisationsentwicklung kam in der DiaCom Altenhilfe also aus der Mitte heraus. Die Sensibilisierung für das Themenfeld „Weiterentwicklung" war dadurch schon initiiert, die 18 Teamleitungen waren an Bord. Und der Geschäftsführer Torsten Rost ist zum Glück ein Mensch, der offen für Innovationen ist. Denn ohne das oberste Management geht es nicht. Bereits während des Trainings haben wir damit begonnen, über die Rolle, Verantwortlichkeiten und Aufgaben im Rahmen von Führung zu sprechen und haben diese Diskussion in weiteren Workshops vertieft. Die Teamleitungen erhielten Werkzeuge vermittelt, die sie in die Lage versetzen sollten, einheitlich zu führen, Besprechungen zielführend und effizient zu gestalten, konstruktives Feedback zu geben oder motivierende Mitarbeitergespräche zu führen.

Im nächsten Schritt haben die Teamleiter nun die Aufgabe, einen Workshop in ihren Teams mit dem Ziel zu organisieren, die Mitarbeitenden dafür zu sensibilisieren, dass die Arbeitsplanung, Arbeitsorganisation und Arbeitserledigung sich weiterentwickeln muss. Dabei wird es darauf ankommen, dass sie die Weiterentwicklung als etwas Sinnvolles für sich erkennen können und deshalb motiviert werden, sich am Veränderungsprozess zu beteiligen. Danach werden wir uns zusammensetzen, um die Erfahrungen auszuwerten, daraus zu lernen und die nächsten Schritte zu planen. Nicht nur die Teamleiter, sondern auch die Pflegedienstleiterinnen, die Einrichtungsleiterinnen sowie der Geschäftsführer werden dabei sein.

Wie wollen Sie die Arbeitsbelastung für die Teamleitungen senken?

Durch einen Ansatz aus der agilen Führung: Die Teamleitungen geben ihre Entscheidungskompetenz in vielen Bereichen an ihre Teams zurück, zum Beispiel bezogen auf das Verordnungsmanagement. Maßgeblich für diese Idee war unter anderem die Erkenntnis einer Teamleitung. Sie stellte fest, dass im Verlauf der Zeit Verantwortlichkeiten zunehmend von den Fachkräften auf die Teamleitungen übergegangen waren, die Fachkräfte in der

Vergangenheit deutlich mehr Aufgaben und damit verbundene Verantwortung inne gehabt hatten. Diese Erkenntnis teilten alle anderen Anwesenden.

In Zukunft bekommen die Teams einen Rahmen vorgegeben bzw. setzen sich diesen Rahmen teilweise selbst. Innerhalb dieses Rahmens müssen sie selbstständig entscheiden. So bleibt der Führungskraft wieder mehr Zeit für die eigentlichen Führungs- und Managementaufgaben, die sich mit der Weiterentwicklung des Rahmens ebenfalls verändern und weiterentwickeln. Damit das gelingen kann, werden die Teamleitungen zu Themen wie Controlling durch Kennzahlen, kundenorientierte und effiziente Tourenplanung oder Konfliktbearbeitung im Team sowie Teamentwicklung geschult werden. Die Teamleitungen werden also zu „kleinen PDLs" ausgebildet, zumindest was den Bereich Planung und Auswertung auf Basis von Kennzahlen, Führungswerkzeuge und Teamentwicklung angeht. Mittelfristig ist es Ziel, dass auch die Fachkräfte die Zusammenhänge zwischen dem kennen, was sie planen und tun, und dem, was es betriebswirtschaftlich zu erreichen gilt. Viele Sozialstationen haben bereits softwarebasierte Planungs-, Auswertungs-, Controlling- sowie Reportingtools. Nur können die Teamleitungen und Mitarbeitenden bisher nur eingeschränkt damit umgehen, weil das bisher auch nicht notwendig war. Wenn sie nun die relevanten Kennzahlen kennenlernen und selbst einschätzen können, wie gut sie gerade unterwegs sind und wann sie reagieren müssen, arbeiten sie erstens effektiver, effizienter und lernen, ihre Arbeit ohne die Führungskraft richtig einzuschätzen und zu optimieren. Zum Beispiel können diejenigen, die eine Pflegetour zusammen fahren, sich darüber austauschen, wie die Tour effizienter gestaltet werden könnte, und das dann auch umsetzen. Die Teamleitung kontrolliert nur noch ab und zu. Das steigert das Selbstwertgefühl, motiviert und macht die Arbeitszusammenhänge wieder sichtbar. Jeder wird Stück für Stück wieder mehr für sein Tun, das miteinander verzahnte Arbeiten und die Notwendigkeit des Abstimmens und Zusammenarbeitens verantwortlich.

Welche Herausforderungen gibt es in einem solchen Prozess?

In der Regel muss zu Beginn die mittlere Führungsebene für die Idee gewonnen werden. Diese Ebene hat vordergründig betrachtet am meisten zu verlieren: Macht, Status, Privilegien, möglicherweise auch Gratifikationen und Boni. In der DiaCom Altenhilfe war das ein echter Glücksfall, denn hier ging der Impuls zur Veränderung genau von der kritischen Ebene der Teamleitungen aus. Wenn dem nicht so ist, bedarf es einer Motivations- und Sensibilisierungsinitiative mit dem Ziel, die Mehrheit der mittleren Führungsebene davon zu überzeugen, dass der Weiterentwicklungsprozess nicht nur für das Team oder die Organisation, sondern auch für sie selbst Sinn macht und sie davon profitieren. Ist diese Mehrheit erst einmal zusammen, entsteht die Neugier bei den anderen von ganz allein. Um die Pioniere zu gewinnen, versuche ich individuell zu verstehen, was einen Teamleiter motiviert. Das ist bei jedem unterschiedlich. Der eine freut sich, wenn das Ziel „weniger Arbeit" lautet, der andere zieht Motivation daraus, wenn er an etwas Neuartigem mitwirken darf.

Die Initiierung von Veränderungsprozessen erzeugt bei allen Beteiligten immer wieder auch Ängste. Das ist völlig normal und sollte zugelassen werden. So kann es beispielsweise sein, dass Teamleitungen und PDLs denken: Welche Rolle und Verantwortlichkeiten habe ich noch, wenn die Fachkräfte mir meine Arbeit abnehmen? Neulich hat eine Teamleitung ganz erschrocken gefragt: „Muss ich dann etwa in meinem Alter wieder in die Pflege zurück?" Natürlich nicht. Wandel im Team funktioniert nicht ohne Moderation, ohne engmaschige Begleitung und Feedback und nicht ohne Impulse. Das ist die neue Rolle der Teamleitung. Ich nenne sie gerne „Ermöglicher". Dazu kommen die Aufgaben, die ohnehin bei der Führungskraft liegen sollten, es aber in der Realität nicht immer tun, wie Qualitätssicherungsbesuche nach § 37 Abs. 3 SGB XI.

Auch die Fachkräfte haben Befürchtungen. Sie denken: Wenn meine Teamkollegen meine Leistung durch Planungstools und Kennzahlen überwachen können, werde ich dann zur „gläsernen Pflegekraft"? Nahezu 100 Prozent sagen am Anfang: „BWL interessiert mich nicht, sonst wäre ich ja Buchhalter geworden." Aber wenn sie merken, dass sie über die Zahlen ihre eigene Arbeit beurteilen können und Wertschätzung für Verbesserungsvorschläge erfahren, sind sie schnell bei der Sache. Das Wertschätzungsmoment ist ein wichtiges Element. Teamleitungen lernen bei mir, häufiger gezieltes Feedback zu verrichteter Arbeit zu geben, auch Lob. Mit der schnöden Frage: „Wie ist es gelaufen? Ist alles ruhig geblieben?" lässt sich Weiterentwicklung nicht voranbringen.

Doch auch bei denjenigen, die anfangs begeistert sind, kommt es zum typischen Tal, das in jedem Veränderungsprozess auftritt. Man merkt plötzlich, wie viel Durchhaltevermögen notwendig ist. Einer der ersten Lernschritte ist häufig zu erkennen, dass man gerade nicht alle mitnimmt. Ich sehe dann die Augenroller und höre das Stöhnen der Vordenker, die sich von den langsameren, vermeintlich veränderungsunwilligeren Kollegen gebremst fühlen. Das sind die Momente, wo die Aufbruchsstimmung kippen kann. Diese Situation dann behutsam aufzugreifen, bringt die Gruppe voran. Ich als Externer darf – wenn es die Dramaturgie erlaubt – auch mal deutlich werden: Merken Sie, was hier gerade passiert ist?

Ist das Buurtzorg-Modell ein Vorbild für Sie?

Ich glaube, wenn die Digitalisierung weiter voranschreitet, wird Buurtzorg als Modell hierzulande an Attraktivität gewinnen. Nachbarschaftshilfe könnte in Zukunft dann zum Beispiel digital über eine App so organisiert werden, dass jeder eingeben kann, wie viele Stunden an welchem Tag er Zeit hat. Und die App sucht dann die Einzeleinsätze heraus, die dazu passen. Ehrenamt kann so auf neue Beine gestellt werden. Kassenseitig kommt ebenfalls Bewegung ins Spiel. Und von der gesetzgeberischen Seite kann möglicherweise auch in den nächsten Jahren noch einiges erwartet werden, das den Veränderungsprozess beflügelt.

Ist Organisationsentwicklung auch ein Thema, um die Arbeitgeberattraktivität zu steigern?

Selbstverständlich. Ich habe zusammen mit der Freiburger Forschungsstelle für Arbeitswissenschaften in zwei Sozialstationen eine Befragung zur psychischen Belastung am Arbeitsplatz durchgeführt, nachdem ich dort einen Organisationsentwicklungsprozess abgeschlossen hatte. Die Ergebnisse waren so signifikant besser als in der Gesamtstichprobe aller anderen Vergleichseinrichtungen (Pflegeeinrichtungen), dass der Studienleiter dreimal nachgerechnet hat, ob das denn stimmen kann. Solche Ergebnisse kann man im Employer Branding prima einsetzen. Buurtzorg als Organisation ist in den Niederlanden auch deshalb in so kurzer Zeit so groß geworden, weil das selbstverantwortliche Arbeiten in autonomen Teams für potenzielle neue Mitarbeitende so attraktiv ist.

Welche Methoden enthält der Werkzeugkasten für agiles Arbeiten, den Sie zur Verfügung stellen?

Im ersten Schritt üben wir strukturierte Dienstbesprechungen ein. Im nächsten Schritt sitze ich dann in realen Meetings und mache Vorschläge, wie sie effizienter durchgeführt werden können. In den realen Meetings merken die Führungskräfte nämlich, dass es gar nicht so einfach ist, die Theorie auch in die Praxis umzusetzen. Der Aufbau einer Feedbackkultur, die nicht nur in der Hochglanzbroschüre beschrieben wird, Teamentwicklungsmaßnahmen, Controlling über Kennzahlen sowie die oben beschriebene Konfliktlösung im Team sind weitere Methoden, in denen sowohl die Teamleitungen, aber auch die Mitarbeitenden geschult werden, wenn dadurch der Veränderungsprozess unterstützt werden kann oder die Mitarbeitenden davon profitieren.

Für kleinere Organisationen kann es auch ratsam sein, zwei- bis dreimal im Jahr Meetings für alle Mitarbeiter durchzuführen. Sie müssen wissen, wo die Reise hingeht. Der transparente Umgang mit neuen Informationen bedeutet für viele ein Signal der Wertschätzung: Welche neuen gesetzlichen Vorgaben müssen beachtet werden, welche Trends gibt es auf dem Markt, welche Ziele hat die Organisation? Bei einem meiner Kunden werden diese neu eingeführten Gesamtmeetings rege in Anspruch genommen, 85 Prozent der Mitarbeiter erscheinen, obwohl die Teilnahme freiwillig ist. Dadurch entsteht Zusammenhalt.

Wie bekommt man die Organisationsentwicklung im laufenden Betrieb hin?

Das lässt sich regeln. Zum ersten Workshop kommt die Teamleiterin, während der stellvertretende Teamleiter auf Station die Stellung hält, beim zweiten Workshop ist es umgekehrt. Um die Teams einzubinden, wählt man die Übergabezeit zwischen 13 und 15 Uhr für ein Meeting. Die Einführung im laufenden Betrieb hat ihre Vorteile. Denn es entstehen regelmäßig Situationen, an denen ich aufzeigen kann, was man im agilen Unternehmen anders angegangen wäre. Zum Beispiel: Wenn eine Station voll ist oder ein ambulantes Pflegeteam mehr Klienten nicht versorgen kann, warum warten dann alle darauf, dass die Geschäftsführung den Riegel vorschiebt? Anstatt als Team zu sagen: „Jetzt ist Schluss, mehr schaffen wir nicht." In einem Unternehmen haben wir gerade darüber diskutiert, ob das die Geschäftsführerin oder die Teamleiter entscheiden sollen. Dabei ist es ganz klar: Die Geschäftsführung ist viel zu weit weg vom Pflegealltag, um das einschätzen zu können. Zum agilen Arbeiten gehört auch, nein sagen zu lernen und dieses „Nein" dann auch fachlich gegenüber der Geschäftsführung vertreten zu können.

Ist Agilität eine Frage des Alters? Lässt sich der Nachwuchs eher dafür begeistern?

Nein, es ist eine Typfrage. Ich kann wirklich nicht sagen, dass die Jüngeren automatisch mitziehen. Wenn die berufserfahreneren Mitarbeiter erkennen, dass ihnen die neuen Arbeitsmethoden Entlastung bringen oder ihr Team dadurch stärker zusammenwächst, sind sie oft schneller bereit. Ungeachtet dessen wäre es sehr sinnvoll, die Ausbildungsgänge im Sozial- und Gesundheitswesen weiterzuentwickeln. Schon der Nachwuchs muss mit Themen wie Führung, Konfliktbewältigung im Team und Steuerung über Kennzahlen in Kontakt kommen. Doch das Curriculum ist leider häufig noch das von vor 20 Jahren.

Welche Tipps haben Sie für unsere Branche, um in Sachen agiles Arbeiten weiterzukommen?

Hinterfragt einfach alles. Gerade auch Dinge, die scheinbar in Stein gemeißelt sind. Versteht, dass ihr euch intern verändern müsst, wenn ihr attraktiv für den Nachwuchs und Bewerber werden wollt. Agilität im Äußeren bedeutet dabei auch Agilität in den Köpfen, im Inneren. Ohne diese funktioniert das mit der Agilität im Unternehmen oder im Team, also im Äußeren nicht. Erklärt das auch dem Betriebsrat. Der muss mit an Bord sein. Was auch wichtig ist: Innovation und Weiterentwicklung kosten Geld. Wer etwas Neues ausprobieren will, muss ein Budget dafür einkalkulieren. Und Zeit. In zwei oder drei Jahren kann man einiges bewirken.

Zu einem modernen Arbeitsumfeld, das die Generation Z attraktiv findet, gehören neben der agilen Unternehmenskultur und den Methoden des New Work auch neue Technologien, die den Arbeitsalltag erleichtern. Arbeitgeber im Sozial- und Gesundheitswesen, die hier ganz vorne mit dabei sind und Neues ausprobieren, können dieses Engagement sehr gut für die Unternehmenskommunikation nutzen und Medienberichterstattung dadurch erzielen. Und sie können beim Nachwuchs punkten.

„Smart“ arbeiten: Keine Berührungsängste gegenüber Pflegerobotern

BWL-Professorin Dr. Anja Lüthy von der TH Brandenburg hält es für einen Fehler, dass die Branche es bisher weitgehend versäumt, in neue Technologien zu investieren. Im Interview stellt sie einige konkrete Ideen vor.

Warum ist smartes Arbeiten zeitgemäß?

Die jungen Leute, die jetzt auf den Arbeitsmarkt kommen, sind im Gegensatz zu ihrer Elterngeneration digital aufgewachsen. Sie spielen Onlinespiele, seit sie vier Jahre alt sind. Sie waren etwa sieben Jahre alt, als das erste iPhone 2007 auf den Markt kam. Sie chatten, seit sie schreiben können, via Handy, Notebook oder PC mit ihren Freunden. Als Teenager bestellen sie sich Pizza per Mausklick, diktieren ihre Checklisten ins Handy und freuen sich, wenn ihr gesprochenes Wort plötzlich geschrieben auf dem Bildschirm steht. Diese jungen Leute sind erstaunt bis genervt, dass man sich zwar online im Fitnessstudio anmelden, aber weder zur Wahl gehen noch – zumindest bei den allermeisten Stadtverwaltungen – den Führerschein beantragen kann. Apps sind ihre ständigen Begleiter, die ihr Leben sehr erleichtern.

5

Wenn diese Vertreter der Generation Z nun einen Arbeitsplatz antreten, wollen sie dort natürlich auch – wie sie es aus ihrem Privatleben kennen – „smart“ arbeiten. Sie wollen Apps nutzen und so viel wie möglich per Mausklick und in der Cloud, papierlos, digital und online erledigen. Darüber hinaus haben sie keine Berührungsängste mit Robotern, die ihnen im Alltag ja schon beim Staubsaugen helfen und sie bei monotonen Tätigkeiten entlasten können.

Dieses smarte Arbeiten ist, was die technologischen Voraussetzungen angeht, heute durchaus möglich und kostenmäßig überschaubar. Einrichtungen des Sozial- und Gesundheitswesens zögern bisher, hier zu investieren. Die Geschäftsführer, die Einrichtungen heute leiten und das Sagen haben, sind in der Regel noch „digitale Skeptiker“ oder sogar „digitale Analphabeten“ und lehnen Investitionen in neue Technologien ab. Ich denke, dass das ein Fehler ist, gerade in Zeiten des demografischen Wandels und des Nachwuchsmangels. Es wird Unternehmen – übrigens aller Branchen – nicht gelingen, genügend neue junge Mitarbeiter für sich zu begeistern, wenn sie keine modernen Arbeitsplätze zu bieten haben, an denen die neuen Technologien selbstverständlich sind.

Haben Sie realistische Beispiele dafür, was heute schon möglich ist?

Junge Mitarbeitende wünschen sich, wenn sie in einem Unternehmen starten, eine App mit Informationen zum Unternehmen. Diese Mitarbeiter-App, die das Intranet (falls vorhanden) ersetzt, soll es ihnen ganz leicht machen, relevante Unternehmensinfos rasch vom Smartphone abzurufen. Zum Beispiel die Telefonnummern und Mailadressen mit Fotos der Kollegen, Qualitätsmanagement-Handbücher, Speisepläne der Kantine, Grundrisspläne des

Geländes oder Online-Formulare für Krankmeldungen oder Urlaubsanträge. Das Onboarding, also die Mitarbeiterbindung in einem sehr frühen Stadium, verläuft, unterstützt von einer solchen Mitarbeiter-App, viel schneller und reibungsloser. Und zwar sowohl für die Neuen als auch für die Paten, die ihnen bei der Einarbeitung zur Seite stehen. Und die herkömmlichen Einarbeitungsmappen könnten entsorgt werden.

Ein zweites Beispiel für „smartes Arbeiten“ sind Technologien und Roboter, die Pflegende bei ihrer Arbeit unterstützen, damit sie mehr Flexibilität und mehr Zeit am Patientenbett haben. Im ärztlichen Bereich gibt es bereits seit Jahren Roboter, die Operationen unterstützen (https://bit.ly/2NPRY9M). In der Altenhilfe sind Roboter im Einsatz, die mit Senioren Memory spielen (https://bit.ly/2jYkmxK) oder durch das Aussehen einer Kuscheltier-Robbe den Zugang zu Demenzkranken ermöglichen (https://bit.ly/2jY1hMb). Auch die Pflegedokumentation am Tablet und telemedizinische Anwendungen setzen sich immer mehr durch, zum Beispiel die Televisite, bei der die Ärztin für Patienten auf einem Bildschirm zu sehen und zu sprechen ist (https://bit.ly/2lxfNuQ). Der nächste Schritt wären Roboter, die Patienten aus dem Bett heben oder ihnen Medikamente bringen, wie zum Beispiel MOXI, der logistisch unterstützt (https://bit.ly/2jVjV7g), und virtuelle Krankenschwestern, die auf einem Tablet sämtliche Fragen zu einer Krankheit beantworten können (https://bit.ly/2jYmwxm).

Wie kann es Arbeitgebern im Sozial- und Gesundheitswesen gelingen, smartes Arbeiten einzuführen?

Zunächst muss sich die Haltung bei denjenigen verändern, die heute die Entscheidungen über Investitionen in neue Technologien fällen und an dem Hebel sitzen, der smartes Arbeiten ermöglicht. Solange die Überzeugung herrscht, dass der Einsatz neuer Technologien nicht zu Erleichterungen für die Belegschaft, zu rascheren Prozessen und zu höherer Mitarbeiterzufriedenheit führt, wird nicht investiert werden. Die, die heute schon in smartes Arbeiten investieren, werden jedenfalls keine großen Mühen haben, gutes, junges Personal zu finden.

Hoffentlich setzt sich bald die Ansicht durch, dass in Zeiten des Pflegenotstands alle zur Verfügung stehenden Möglichkeiten ausgeschöpft werden müssen, um das Personal zu entlasten und zu unterstützen. Ich bin der festen Überzeugung, dass die Bereitschaft, smart zu arbeiten, bei den Mitarbeitern aller Berufs- und Altersgruppen vorhanden ist. Sie haben verstanden, dass ihnen mehr Zeit für Patienten zur Verfügung steht, wenn beispielsweise Apps, Roboter oder Caregiver sie unterstützen. Darum ist es auch eine gute Idee, wenn die Teams aller Berufsgruppen selbst anfangen, eine „Wir arbeiten smart“-Strategie zu erarbeiten und aufzulisten, wie smartes Arbeiten sie entlastet und unterstützt. Diese Strategie kann bis zum Jahr 2030 fortgeführt und aktualisiert werden, bis die „digitalen Skeptiker“ im Ruhestand sind und von „digitale Experten“ abgelöst werden, die smartes Arbeiten ganz selbstverständlich forcieren werden.

New Work für die Generation Z: Ideen und Grenzen

Zwei wichtige Dinge möchte ich nochmals betonen: Grundsätzlich sind durch die Bank alle Ansätze des New Work Faktoren der Arbeitgeberattraktivität für die Generation Z. Dennoch sollte kein Unternehmen agiles Arbeiten und agile Führung nur einführen, um damit den Nachwuchs zu begeistern. Dafür wurde das Modell nicht entwickelt. Agilität ist der Versuch, Mitarbeiter und Unternehmen dazu zu befähigen, in einer sich immer schneller verändernden Welt zurechtzukommen. Für die Generation Z, die die Welt gar nicht mehr anders als unbeständig kennt, ist agile Führung oder agile Arbeit die natürliche Form des beruflichen Miteinanders. Klassischen, hierarchischen Unternehmensformen steht sie nicht nur skeptisch gegenüber, weil sie aus der Generation der Eltern stammen und junge Leute nun mal gerne gegen Althergebrachtes rebellieren. Sondern weil sie das unbestimmte
5 Gefühl hat, dass diese traditionellen Unternehmensformen einfach nicht mehr zu der Welt passen, die sie tagtäglich erleben.

Das bedeutet aber im Umkehrschluss nicht, dass jeder junge Mensch automatisch agil arbeiten kann oder gerne agil arbeitet. In einem agilen Team kann man sich schlechter verstecken als in einem traditionellen Unternehmen. Denn agiles Arbeiten erfordert Selbstständigkeit, die Bereitschaft, Verantwortung zu übernehmen, die Fähigkeit, Unsicherheiten auszuhalten, ohne zu verzagen. Und das sind ja nicht eben Eigenschaften, die mit der Generation Z assoziiert werden. Manchmal sind es sogar eher die älteren Mitarbeitenden, die sagen: „Ich habe nur noch zehn Jahre bis zur Rente und fürchte mich nicht mehr vor Konsequenzen. Ja, lasst uns was Neues ausprobieren!" Was die Generation Z angeht, so erlebe ich häufig eine Mischung: Grundsätzlich finden sie New Work und Agilität toll und blühen in einer solchen Unternehmenskultur regelrecht auf. Doch an dem Punkt, an dem es darum geht, die echte, letzte Verantwortung zu übernehmen, da ziehen sie sich zurück. Sie wollen das Beste aus beiden Welten: das freundschaftliche, selbstbestimmte Miteinander im agilen Unternehmen, solange alles gut läuft, aber Hierarchie und einen Vorgesetzten, der den Kopf hinhält, wenn etwas schiefgegangen ist. Ihnen klarzumachen, dass das eine nur mit dem anderen geht, Freiheit mit Verantwortung, ist eins der wichtigsten Ziele in Bezug auf die Kombination New Work und Generation Z.

Dennoch gibt es Methoden, die besonders auf die jungen Leute zugeschnitten sind oder sich besonders leicht im Ausbildungsumfeld umsetzen lassen. Die Innovationsberatung quäntchen+glück aus Darmstadt, die Unternehmen in Sachen Agilität coacht, zeigt auf ihrer Webseite, wie die neue Unternehmenskultur nach außen hin sichtbar werden kann. Mitgründer Jan-Kristian Jessen nannte New Work auf dem HR Barcamp 2019 „ein System, das auf Vertrauen basiert, und nicht auf Kontrolle". Gleichzeitig gab er aber auch zu: „Die Leute müssen schon Lust auf Arbeiten haben. Sonst funktioniert das System nicht." Auf der Webseite qundq.de werden alle Mitarbeitenden mit liebevollen Portraits und fantasievollen Positionsbezeichnungen vorgestellt (https://bit.ly/2lyJag7), die mit den trockenen Mitarbeiterzitaten auf mancher Internetpräsenz aus dem Sozial- und Gesundheitswesen so gar nichts gemeinsam haben. Über Jessen heißt es dort zum Beispiel: 5

„Jan ist Datenwächter, Projekt-Jongleur und Finanzminister. Kaum jemand hat seinen Überblick oder sein Organisationstalent – und niemand seine Begeisterung für Zahlen. Als Mitgründer von quäntchen+glück ist er von Beginn an dabei und Impulsgeber für einige der quäntigsten Format-Einführungen: Urlaubsflatrate, quämp, Speedback oder Sparrings. Und ganz nebenbei hat er (mehr oder weniger freiwillig) den DSGVO-Hut auf. Danke, dass du immer ein offenes Ohr, klasse Kommunikationstipps und die trockensten Witze auf Lager hast."

In einer Rubrik „Dinge, die wir an Jan-Kristian mögen" schreiben die Kollegen etwa: „Eigentlich heißt er ja JK. Ich weiß auch nicht, warum das hier falsch steht" oder „Jan ist super entspannt und strukturiert". Das ließe sich doch auf Webseiten im Sozial- und Gesundheitswesen ganz einfach übertragen! Der Generation Z gefällt es garantiert.

Die kompletten 32 New Work-Formate, die bei „quäntchen+glück" in Anwendung sind, hat die Innovationsberatung zu einem netten Quartett-Spiel zusammengefasst, welches man gegen eine Spende bestellen kann (https://bit.ly/2kqMTfz). Dazu gehört zum Beispiel das „Quäntchen-TV", ein geschlossener Instagram-Kanal für Berichte an Kollegen im Homeoffice oder in Elternzeit. Oder der „Hackathon" unter dem Motto „Wenn's ein Problem gibt, mach 'ne Party draus!" Alle Mitarbeitenden treffen sich dann zu einem Überstunden-Abend, um bei Pizza und Bionade gemeinsam an der Lösung zu arbeiten. Drittes Beispiel: das „Bewerbergrillen". Damit das Team entscheiden kann, ob ein Kandidat passt, brutzelt man einfach zusammen Würstchen. Wie wäre es, wenn Sie sich das Quartett einmal bestellen und in einer Projektwoche mit Ihren Auszubildenden überlegen, welche der Methoden man wie auf Sozial- und Pflegeeinrichtungen übertragen kann?

Idee: Fortbildungsprogramm von Azubis für Azubis

Lassen Sie Ihre Auszubildenden als Projekt ein eigenes „Fortbildungsprogramm von Azubis für Azubis" für ihre Klasse organisieren und umsetzen. Jeder Azubi bietet im Laufe eines Ausbildungsjahrs eine einstündige Einführungsveranstaltung zu einem frei wählbaren Thema an, mit dem er sich besonders gut auskennt. Das kann eine Fähigkeit sein, die konkret mit dem Beruf zu tun hat, es kann aber auch zum Beispiel eine Gesangsstunde, ein Judo- oder Programmierkurs sein. Denn es ist ein Irrglaube, dass uns nur Fähigkeiten, die wir konkret im Arbeitsalltag anwenden können, weiterbringen würden. Eine Pflegekraft kann auch indirekt davon profitieren, dass sie im Gesangsunterricht ihre Stimme kräftigt und dadurch selbstbewusster im Umgang mit Angehörigen oder Ärzten wird. Oder davon, dass sie in Grundzügen versteht, wie die Pflegedoku-App für den Tablet programmiertechnisch aufgebaut ist, um eine innere Abwehrhaltung dagegen aufzulösen. Ein Team, das aus anderen Zusammenhängen gewohnt ist, voneinander zu lernen, tut sich leichter mit gegenseitiger konstruktiver Kritik auch im Arbeitsalltag.

Auch die Methode der „Schülerstation", die in vielen Ausbildungsstätten schon eingesetzt wird, passt in diesen Zusammenhang: Die Pflegeschüler im letzten Ausbildungsjahr übernehmen für eine

Woche oder länger im Alleingang und unter laufendem Betrieb eine Station und können dort neue Ideen ausprobieren.

Das Klinikum Bielefeld hat im Frühjahr 2019 ein informatives Video dazu veröffentlicht: https://bit.ly/2lVSzi3. Offenbar wirkt die Methode auch super gegen den Generationenkonflikt, denn alle Beteiligten haben gemeinsam Spaß, auch wenn das Fachpersonal „den einen oder anderen Rüffel vom Nachwuchs einstecken" muss. „Man rückt schon enger zusammen. Die Gruppendynamik reißt irgendwie jeden mit", sagt Johannes, der im Krankenhaus der Pfeifferschen Stiftungen in Magdeburg an einer Schülerstation teilgenommen hat, im Blog „SOZIALE BERUFE kann nicht jeder" (https://bit.ly/2k1ttxl).

In Magdeburg dauert die Schülerstation sogar drei Wochen und wurde schon 2013 als langjährig bewährter „Höhepunkt der Ausbildung" und „Feuertaufe" gefeiert. Ein ganzes Jahr lang bereiten sich die Auszubildenden auf das Projekt vor, erarbeiten einen Projektantrag, Dienstpläne, das Notfallmanagement und gemeinsame Ziele für ihr Experiment. Auch Routineangelegenheiten werden neu aufgerollt und anders gedacht: „Für die Pflegevisite am Bett haben die Schüler diesmal extra einen Fragebogen erarbeitet. Jeder Projektantrag in jedem Jahr ist anders", erklärt die Schulleiterin der Krankenpflegeschule im Blogartikel. Bei der Schülerstation werde definitiv nicht jedes Jahr dasselbe Programm abgespult.

Der Ansatz ist richtig und absolut im Sinne der Agilität, jedoch bleibt die „Schülerstation" bisher leider viel zu oft ein Ausnahmeprojekt, bei dem die Verantwortlichen froh sind, wenn es wieder vorbei ist, ohne dass irgendwelche Katastrophen eingetreten sind. Viel zu selten werden die vom Nachwuchs neu entwickelten Ideen in den Stationsalltag des gesamten Hauses übernommen. Im agilen Unternehmen würde ein solches Projekt von denselben Personengruppen in kürzeren Abständen mehrmals hintereinander durchgeführt werden, um sich mit jedem Durchlauf zu verbessern und eingefahrene Strukturen nachhaltig aufzubrechen.

Beispiel:

Pionierarbeit leistet hier das Altenheim Friedrichsburg in Münster. In der *FAZ* vom 17.06.2019 berichtet Britta Beeger unter dem Titel „Pflegekräfte? Haben wir genug!", dass die Einrichtung im Oktober 2018 ihr Ausbildungskonzept umgestellt habe: „Die 23 Auszubildenden kümmern sich nun – unter Anleitung – selbst um eine gesamte Etage. Sie waschen die Bewohner, versorgen je nach Lernstand aber auch Wunden und geben Medikamente. Und sie schreiben ihren Dienstplan selbst. Bewohner und ihre Angehörigen zu überzeugen war nicht leicht, sagt Einrichtungsleiterin Susanne Bönninghoff. Auch die Heimaufsicht sei skeptisch gewesen. Doch jetzt laufe es und die Auszubildenden seien begeistert, von Beginn an so viel Verantwortung zu bekommen. Das mache sich auch in den Bewerberzahlen bemerkbar." Schülerstation ist hier nicht nur ein befristetes Projekt, sondern gelebter Arbeitsalltag und Attraktivitätsmerkmal im Azubi-Marketing.

Wer solche neuen Methoden ausprobiert, wird irgendwann auch an ihre Grenzen stoßen. In einem echten Organisationsentwicklungsprozess werden Sie eine Unternehmensberatung an der Seite haben, die in solchen Fällen moderiert. Oder aber – idealerweise – Geduld und den festen Glauben daran, dass Selbstführung funktioniert und die Mitarbeitenden eigenständig Lösungen finden werden. Vom Nachwuchs ist das vielleicht an manchen Stellen noch zu viel verlangt. Und die Erkenntnis, dass nicht alles Bewährte grundsätzlich schlecht ist, ist ganz heilsam für die Generation Z, die die Grenze zwischen machbarem New Work und völlig unrealistischen Umsturzerwartungen leicht mal überschreitet. „Bei uns ist ständig Change angesagt. Immerzu ändert sich alles und man muss sich wieder anpassen", klagte eine junge Teilnehmerin beim HR Barcamp 2019 über ihren agilen Arbeitgeber, „und das ist super anstrengend. Ich frage mich oft: Können wir denn nicht mal fertig sein?"

Ich habe Start-up-Gründer gesehen, die mit 15 Leuten im Großraumbüro anfingen und bei inzwischen 79 Mitarbeitenden zugeben müssen, dass man sich mit so vielen Leuten in einem Loft wirklich nicht mehr konzentrieren kann. Und dass die Kommunikation dann auch nicht mehr wie gewünscht durch die fehlenden Wände gefördert wird – im Gegenteil. Jeder hat seinen Kopfhörer auf und hört Musik, während er arbeitet, um nicht gestört zu werden.

Beispiele für Herausforderungen des agilen Arbeitens

Es gibt in einem Unternehmen eine Pinnwand für Zusatzaufgaben, die neben dem Alltagsgeschäft zu erledigen sind. Die Verabredung lautet: Jeder, der mit seiner Hauptaufgabe gerade nicht weiterkommt und ein Zeitfenster erübrigen kann, nimmt sich eine Zusatzaufgabe von der Pinnwand und bearbeitet diese. Leider sind es immer dieselben Kollegen, die freiwillig Zusatzaufgaben annehmen, während andere sich gar nicht engagieren, solange sie keine konkrete Anweisung von ihrer Führungskraft erhalten. Oder alle Zusatzaufgaben bleiben an der Pinnwand hängen, weil sich niemand dazu verpflichtet fühlt.

Kollegen kommen nicht pünktlich zu den häufigen Kurzmeetings, die in agilen Unternehmen üblich sind. Dadurch kann der für diese Meeting-Form essenzielle zügige Gesprächsablauf und letztendlich der gesamte agile Arbeitsablauf nicht eingehalten werden. Die im agilen Unternehmen übliche Art, Probleme zu kommunizieren („Ich möchte dich bitten, unser tägliches 9-Uhr-Meeting zu priorisieren, weil wir sonst nicht weiterkommen“), trägt keine Früchte. Da es keine hierarchische Struktur gibt, fühlt sich niemand verantwortlich, den unpünktlichen Kollegen abzumahnen oder gar zu kündigen.

Junge Kollegen, die eben noch für agile Arbeitsformen und Mitbestimmung durch den Nachwuchs brannten, machen eine 180-Grad-Wende, sobald sie selbst die erste Karrierestufe erklommen haben. Wer erst mal Vorteile gegenüber niedrigeren Hierarchieebenen erreicht hat, beginnt sich darüber zu definieren und möchte sie nicht mehr aufgeben.

In einem anderen Unternehmen, das seinen Mitarbeitenden die Urlaubsplanung völlig frei überließ, baten sie die Personalleitung recht bald um ein paar klare Grundregeln, an die sie sich halten könnten, damit es nicht völlig durcheinander gehe.

Merke: Gegen Regeln haben die Jungen gar nichts einzuwenden, und sei es nur, um sich daran reiben und dagegen auflehnen zu können. Wichtig ist, dass sie die Grenzen selber ausloten dürfen, bevor sie freiwillig etwas ändern oder sich sogar auf die Arbeitsbedingungen früherer Generationen einlassen.

Diese These unterstützt auch ein Versuch mit neuen Arbeitszeitmodellen in der Pflege (https://bit.ly/31HvhMy) der Diakonie Thüringen. Nach einer Testphase, in der die Mitarbeitenden ihre Schichtsysteme und Dienstpläne nach eigenem Gutdünken gestalten durften, kehrten manche Teams freiwillig wieder zum altbewährten Dreischichtsystem zurück – nur jetzt zufriedener. Im Idealfall aber steht am Ende ein Kompromiss aus alt und neu, ein weiterentwickeltes System, mit dem alle Generationen gut leben können.

5 Frédéric Laloux, der Autor von *Reinventing Organizations*, würde sagen: Entweder ganz oder gar nicht. Ein bisschen Organisationsentwicklung führt nirgendwo hin. Ich denke: Wenn es darum geht, das Unternehmen zukunftsfähig zu machen, hat er Recht. Wenn es um Nachwuchsgewinnung geht, muss man das Ziel nicht gleich ganz so hoch hängen, sondern kann es tatsächlich auch erstmal mit einzelnen Maßnahmen versuchen und diese im Azubi-Marketing kommunizieren.

Damit die Generation Z das Gefühl hat, bei ihrem Arbeitgeber ginge es nicht zu wie bei den eigenen Eltern im Büro, muss man das Rad nicht komplett neu erfinden, sondern es braucht manchmal einfach nur einen cooleren Namen und einen kleinen neuen Dreh. Das ist dann auch gut, um die alteingesessenen Mitarbeitenden mitzunehmen, denen man vermitteln kann: Wir stellen hier nicht komplett alles auf den Kopf, was ihr kennt.

Was bei Jan-Kristian Jessen „Quämp" heißt (Wortspiel aus „Camp" und „Quäntchen"), heißt bei älteren Semestern „Klausurtagung": Das ganze Team fährt zusammen weg, um ungestört für zwei Tage am Stück über strategische Fragestellungen zu sprechen. Gut, beim Quämp gibt es Schlafsäle in der Jugendherberge und bei der Klausurtagung gibt es ein Tagungshotel, aber sonst ist es dasselbe in Grün. Jedenfalls nichts, was man nicht auch mal ausprobieren könnte. Ein Mitarbeitergespräch heißt im New Work à la quäntchen+glück „Speedback" und dauert nicht eine Stunde, sondern 10 Minuten und wird im Speed-Dating-Modus abgewickelt: Fünf Minuten rede ich, fünf Minuten redest du, und gegenseitig sagen wir uns in wertschätzendem Ton, was wir aneinander toll finden und was uns aneinander nervt. Jedes Teammitglied speed-dated jedes andere, und das einmal im halben Jahr. Und schon wird aus einer altbewährten Methode etwas Neues, womit sich die Generation Z begeistern und die Generation X entstauben lässt.

Mit Smartphone schon im Mutterleib?

Fassen wir zusammen: Zur Steigerung der Arbeitgeberattraktivität für die Zielgruppe Generation Z und zur Modernisierung des Ausbildungsmarketings gibt es unzählige Richtungen und Möglichkeiten, die das Sozial- und Gesundheitswesen nicht einmal ansatzweise ausreizt. Trotz der neuen Wege bleibt die Nachwuchsgewinnung aufwendig und durchaus kostenintensiv. Auch der Zeitfaktor kommt hinzu: Personelle Ressourcen werden dringend benötigt, an der einen oder anderen Neueinstellung in der Personalabteilung und Öffentlichkeitsarbeit führt kein Weg vorbei. Einfach ist das alles nicht, aber ein Argument lasse ich nicht gelten: Der demografische Wandel und das marode Sozial- und Gesundheitssystem trügen alleine die Schuld am Nachwuchs- und Fachkräftemangel und als Träger, in der Opferrolle, könne man da absolut überhaupt nichts machen. Den Gegenbeweis habe ich hoffentlich in diesem Fachratgeber angetreten.

Ein Blick in die Zukunft muss zum Schluss noch sein, auch wenn die Gegenwart eigentlich schon herausfordernd genug ist. Denn er bestätigt noch einmal, dass die Vogel-Strauß-Taktik nicht hilft. Die Bedürfnisse und Verhaltensweisen der jungen Generationen sind kein Unwetter, das vorbeiziehen wird und ausgesessen werden kann. Sie werden sich beim Wechsel von der Generation Z zur Generation Alpha noch einmal potenzieren, so wie sie es beim Wechsel von der Generation Y zur Generation Z bereits getan haben. Also lassen Sie uns einen kleinen Blick in die Zukunft wagen.

6

Auf der Gravity+ 2019, einer Tagung rund um Employer Branding und Arbeitgeberattraktivität, skizzierte Prof. Dr. Anja Lüthy von der TH Brandenburg eine Welt, in der ein Generation Zler in sein iPhone spricht: „Siri, suche einen gut bezahlten Pflegejob, in dem ich nur 20 Stunden die Woche arbeiten muss!“ Woraufhin Apples virtuelle Assistentin Siri den jungen Menschen mit dem Chat Bot eines passenden Arbeitgebers verbindet. Der Chat Bot schlägt ihm daraufhin drei Termine für ein Vorstellungsgespräch vor, ohne dass eine Bewerbungsmappe den Besitzer gewechselt oder ein Personaler zum Telefon gegriffen hätte.

Definition: Chat Bot

Ein Chat Bot ist ein technisches Dialogsystem, bei dem eine Software mittels Textbausteinen und künstlicher Intelligenz Fragen, die ein Kunde oder eine Bewerberin per Messaging Dienst stellt, automatisch beantwortet.

Alternativ vermittelt Siri ein sofortiges Videobewerbungsgespräch per Cammio oder Talentcube. Ein Szenario, das so futuristisch gar nicht mehr ist. „Ich habe die Videobewerbung in Krankenhäusern ausprobiert", erzählte Lüthy, „Man glaubt es erst nicht, aber nach drei mal 45 Sekunden Videoantwort weiß man genau, wer zum Unternehmen passt und wer nicht."

Die Studien „Understanding Generation Alpha" und „Understanding Generation Alpha – Jetzt kommen die Eltern zu Wort" der globalen Kommunikationsagentur Hotwire von 2018 beobachtet einige Trends in der digitalen Welt, die Auswirkungen auf das Berufsorientierungsverhalten des ganz jungen Nachwuchses haben werden. Ein Trend, auf den die Hotwire-Studie hindeutet, ist tatsächlich die oben bereits beschriebene Steuerung von Geräten über Sprachbefehle. Der Generation Z ist zwar bereits die Touch-Bedienung von mobilen Endgeräten ins Blut übergegangen. Bevor sie sprechen lernen, können Kinder heute Videos auf dem Handy aktivieren oder Fotos zur Seite wischen. Der Umgang mit Apples Siri, Amazons Alexa oder Google Home sind dagegen bisher noch nicht in der breiten Masse der Minderjährigen angekommen. Sie werden das aber möglicherweise mit der Generation Alpha tun. Für Arbeitgeber bedeutet das zum Beispiel, dass dann auch ein Online-Bewerbungsformular mit Sprachbefehlen nutzerfreundlich bedienbar sein und der Berufsberatungs-Chat Bot mit Audionachrichten umgehen können muss.

Laut „Understanding Generation Alpha – Jetzt kommen die Eltern zu Wort" wissen die Eltern der Generation Alpha erstmals nicht mehr, auf welchen digitalen Kanälen sich ihre Kinder überhaupt herumtreiben. Die Generation Y konnte auf Facebook noch überwacht werden, weil es keine anderen sozialen Netzwerke gab. Die Eltern der Generation Z geben sich wenigstens Mühe, Dienste wie Snapchat oder Tik Tok anzusehen, um zu verstehen, wie ihre Kinder digital ticken. Doch die Generation Alpha schafft es, online komplett unterzutauchen oder die Eltern mit Profilen in bekannten digitalen Kanälen in die Irre zu führen, während sie sich heimlich anderswo aufhalten. Wird es ihr auch gelingen, sich den Personalmarketing-Maßnahmen von Arbeitgebern in digitalen Kanälen gänzlich zu entziehen? Oder werden Arbeitgeber den Eltern gezwungenermaßen einen Schritt voraus sein und die Generation Alpha immer wieder aufspüren? Werden die Eltern digital dazulernen, wenn der Trend zur Online-Überwachung von Kindern und Jugendlichen aus Amerika nach Europa schwappt?

Nicht nur die jungen Generationen entwickeln sich weiter, auch ihre Mütter und Väter tun das. Wir haben es auch in Zukunft mit Helikopter-Eltern zu tun, die bis weit ins Jugend- und Erwachsenenalter Einfluss auf ihre Kinder nehmen – und somit auch auf Berufsorientierung und Berufswahl. Doch während sich die Eltern der Generation Y noch über Printanzeigen in der Tageszeitung erreichen ließen, werden spätestens die Eltern der Generation Alpha genau wie ihre Kinder so gut wie ausschließlich in digitalen Kanälen unterwegs sein. Es sind eben nur andere Kanäle als die der Kinder. Diese Tabelle zeigt, wie sich die Kanalauswahl mit den Generationen verschiebt:

Generation	**Kanäle, um Jugendliche zu erreichen**	**Kanäle, um ihre Eltern zu erreichen**
Generation Y	Facebook	Printzeitung
Generation Z	Instagram, Snapchat	Onlinezeitung, Facebook
Generation Alpha	???	Instagram, Facebook

Die Mütter und Väter der Generation Alpha bilden auch die erste Elterngeneration, die in großer Mehrheit offen auf digitale Kanäle und Anwendungen reagiert. Skepsis gegenüber der Digitalisierung, sozialen Netzwerken und der „always on"-Mentalität nimmt immer mehr ab. Laut „Understanding Generation Alpha – Jetzt sprechen die Eltern" sagen rund 80 Prozent der jungen Eltern zwischen 20 und 25 Jahre, dass sich die Fähigkeiten und das Wissen, das ihre Kinder bei der Beschäftigung mit Technologie erwerben, sich positiv auf deren spätere berufliche Karrieren auswirken werden. In der Generation Alpha erwarten also nicht mehr nur die Kinder, sondern auch ihre Mütter und Väter, dass Arbeitgeber moderne Technologien im Arbeitsalltag anwenden, also „smart" arbeiten.

Ich könnte weitermachen mit dem Trend zur Gesundheits-App für das Smartphone, die anders als Playstation und Wii versucht, Kinder zu einer anderen Lebensweise zu animieren (mehr Sport, mehr frische Luft). Das Handyspiel Pokémon Go hat zu seinen Hoch-Zeiten im Mai 2018 immerhin 147 Millionen aktive Spieler auf die Straßen der Welt gebracht. Schlichte Zahnputz-Apps gibt es auch, und möglicherweise hier einen Ansatz für Arbeitgeber, eines Tages die Generation Alpha zu erreichen. Oder wir könnten über den smarten Badezimmerspiegel sprechen, den Wirtschaftswissenschaftler Prof. Christian Scholz in seinem Buch beschreibt: Die Chefin kann darüber schon vor dem Zähneputzen mit ihrem Mitarbeiter eine Videokonferenz durchführen. Doch Schluss mit der Zukunftsmusik, stellen wir uns erst einmal der Gegenwart. Mit der Generation Z haben wir im Sozial- und Gesundheitswesen vorerst genug zu tun.

Quellen und weiterführende Informationen

Literatur

Appelo, Jurgen: Management 3.0: Leading Agile Developers, Developing Agile Leaders (Addison-Wesley Verlag, 2010)

Hellmann, Wolfgang/Hoefert, Hans-W.: Das Krankenhaus im demografischen Wandel: Theoretische und praktische Grundlagen zur Zukunftssicherung (Gesundheitswesen in der Praxis) (medhochzwei Verlag, 2012)

Hesse, Gero: Perspektivwechsel im Employer Branding: Neue Ansätze für die Generationen Y und Z (SpringerGabler, 2015)

Kring, Wolfgang: Die Generation Z erfolgreich gewinnen, führen, binden (NWB Verlag, 2019)

Laloux, Frédéric: Reinventing Organizations – Ein Leitfaden zur Gestaltung sinnstiftender Formen der Zusammenarbeit (Vahlen Verlag, 2015)

Lehwald, Andrea: Krankenhaus-Pflegepersonal finden und binden (Schlütersche, 2019)

Mangelsdorf, Martina: Von Babyboomer bis Generation Z: Der richtige Umgang mit unterschiedlichen Generationen im Unternehmen (Gabal Verlag, 2015)

Riederle, Philipp: Wer wir sind, und was wir wollen: Ein Digital Native erklärt seine Generation (Knaur Verlag, 2013)

Riederle, Philipp: Wie wir arbeiten, und was wir fordern: Die digitale Generation revolutioniert die Berufswelt (Droemer Verlag, 2017)

Robbins, Alexandra/Wilner, Abby: Quarterlife Crisis: Die Sinnkrise der Mittzwanziger (Ullstein Verlag, 2003)

Roedenbeck, Maja: Geschichten von der Quarterlife Crisis (Schwarzkopf & Schwarzkopf Verlag, 2003)

Roedenbeck Schäfer, Maja: Personalgewinnung in der Pflege – Innovative Ideen einfach umgesetzt (Elsevier Verlag, 2014)

Scholz, Christian: Generation Z: Wie sie tickt, was sie verändert und warum sie uns alle ansteckt (Wiley Verlag, 2014)

Twenge, Jean M.: Me, My Selfie and I: Was Jugendliche heute wirklich bewegt (Mosaik Verlag, 2018)

Studien und Statistiken

„A generation without borders – Embracing Generation Z" von OC&C Strategy Consultants
www.occstrategy.com/media/1806/a-generation-without-borders.pdf (zuletzt aufgerufen am 05.08.2019)

Azubi-Recruiting Trends 2019 von u-form Testsysteme
www.testsysteme.de/studie (zuletzt aufgerufen am 23.07.2019)

azubi.report 2018 von ausbildung.de
www.talentplatforms.de/wp-content/uploads/azubi-report-2018-studie-von-ausbildung-de.pdf (zuletzt aufgerufen am 15.08.2019)

McDonald's Ausbildungsstudie 2017
https://karriere.mcdonalds.de/docroot/jobboerse-mcd-career-blossom/assets/documents/McD_Ausbildungsstudie_2017.pdf (zuletzt aufgerufen am 02.09.2019)

Ranking der größten sozialen Netzwerke und Messenger nach der Anzahl der monatlich aktiven Nutzer (MAU) im Januar 2019, Statista-Umfrage
https://de.statista.com/statistik/daten/studie/181086/umfrage/die-weltweit-groessten-social-networks-nach-anzahl-der-user/ (zuletzt aufgerufen am 16.06.2019)

Statistiken zu Instagram, statista.com, 18.03.2019
https://de.statista.com/themen/2506/instagram/ (zuletzt aufgerufen am 15.08.2019)

„Understanding Generation Alpha – Jetzt kommen die Eltern zu Wort" von Hotwire
www.hotwireglobal.com/feature/understanding-generation-alpha-2-de (zuletzt aufgerufen am 15.08.2019)

Snap Inc., 2. Quartalsbericht 2019, zitiert nach futurebiz.de
www.futurebiz.de/artikel/snapchat-statistiken-nutzerzahlen/ (zuletzt aufgerufen am 15.08.2019)

Trend Report „Das fordern Schüler_innen" von Trendence Institut GmbH, 2019
www.trendence.com/reports/arbeitsmarkt/forderungen-schueler-unternehmen (zuletzt aufgerufen am 15.08.2019)

Verzeichnis der anerkannten Ausbildungsberufe 2018, Bundesinstitut für Berufsbildung
www.bibb.de/dokumente/pdf/verzeichnis_anerkannter_ausbildungsberufe_2018.pdf (zuletzt aufgerufen am 15.08.2019)

Artikel

Beeger, Britta: Pflegekräfte? Haben wir genug!, Frankfurter Allgemeine Zeitung, 17.6.2019

Bojanowski, Axel/Diekmann, Florian/Duhm, Lisa/Fokken, Silke/Gebauer, Matthias/Schneider, Anna-Sophie: Die Schwarzen getroffen?, Spiegel Online, 24.05.2019
www.spiegel.de/politik/deutschland/rezo-video-die-youtube-angriffe-auf-die-cdu-im-spiegel-faktencheck-a-1268973.html (zuletzt aufgerufen am 15.08.2019)

Böwing-Schmalenbrock, Melanie/Lex, Tilly: Geht heute wirklich alles schneller? Übergänge von der Schule in Ausbildung und Studium im Kohortenvergleich (Deutsches Jugendinstitut München, 2015)

Diugos, Cornelia: Umsatzbringer Twitch: Das Gaming Portal wird zum Geheimtipp für Marketer, t3n.de, 04.09.2018
https://t3n.de/magazin/umsatzbringer-twitch-gaming-portal-geheimtipp-fur-246456/ (zuletzt aufgerufen am 16.08.2019)

Fuest, Benedikt: Ü13-Regel für TikTok manövriert die Eltern in ein neues Dilemma, Welt Online, 01.03.2019
www.welt.de/wirtschaft/webwelt/article189584913/TikTok-Jetzt-bekommen-Eltern-ein-Problem.html (zuletzt aufgerufen am 15.08.2019)

Gorges, Sabrina: Tadel vom Nachwuchs: Beim Projekt Schülerstation sind die Pflegeazubis die Chefs, blog.soziale-berufe.com
https://blog.soziale-berufe.com/2013/06/20/tadel-vom-nachwuchs-beim-projekt-schulerstation-sind-die-pflegeazubis-die-chefs-20-6-13/ (zuletzt aufgerufen am 03.09.2019)

Kasang, Marco: Kein Plan – nirgends, Der Spiegel 15/2019 https://magazin.spiegel.de/SP/2019/15/163279523/ (zuletzt aufgerufen am 27.04.2019)

Knabenreich, Henner: Azubi-Recruiting Trends 2019: Per Google zum Ausbildungsplatz, personalmarketing2null.de, 21.06.2019 https://personalmarketing2null.de/2019/06/azubi-recruiting-trends-2019-google-ausbildungsplatz/ (zuletzt aufgerufen am 15.08.2019)

Kühn, Alexander: Michel, Oma Heidrun ⊠ und ihr Start-up, Spiegel Online, 26.07.2019 www.spiegel.de/plus/start-up-creatica-design-15-jaehriger-leitet-unternehmen-mit-grossmutter-a-00000000-0002-0001-0000-000165101006 (zuletzt aufgerufen am 15.08.2019)

Leischer, Claudia: Talentsuche bei Instagram, Wirtschaftswoche Digital, 19.04.2019 www.wiwo.de/erfolg/management/social-recruiting-talentsuche-bei-instagram/24236372.html (zuletzt aufgerufen am 15.08.2019)

Leitlein, Hannes, et al.: „Ist sie die Antwort?“, Zeit 14/2019 www.zeit.de/2019/14/jana-highholder-youtube-videos-glaube-jugendliche-evangelische-kirche (zuletzt aufgerufen am
7 15.08.2019)

Maas, Marie-Charlotte: Ende und Anfang, Unispiegel 13.04.2019 www.spiegel.de/spiegel/unispiegel/d-163327165.html (zuletzt aufgerufen am 27.04.2019)

Ullah, Robindro: TikTok – wer klopft da an die Recruiting Tür?, HR in Mind 16.11.2018 www.hrinmind.de/posts/tiktok-wer-klopf-da-an-die-recruiting-tur/ (zuletzt aufgerufen am 15.08.2019)

Links

https://die-generation-z.de/
Blog des österreichischen Wirtschaftswissenschaftlers und Generation Z-Experten Christian Scholz

Autorenvorstellung

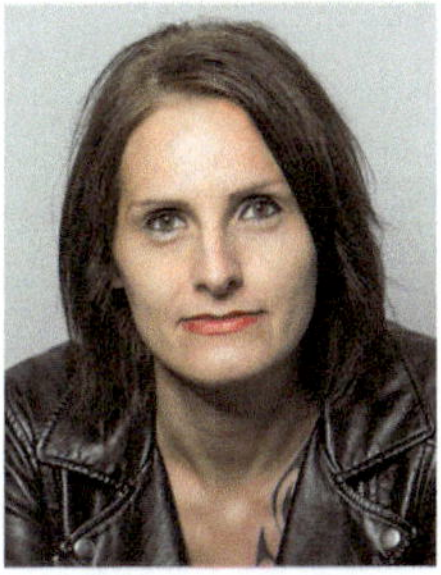

© Laurin Schmid

Maja Roedenbeck Schäfer verantwortet seit 2011 hauptberuflich als Projekt- und Teamleiterin das Karriereportal der Diakonie Deutschland und betreut als Referentin die Themen Personalmarketing, Recruiting und Employer Branding für den Wohlfahrtsverband. Nebenberuflich schreibt sie Sach- und Fachbücher unter anderem zum Thema Personalgewinnung. Bei Walhalla erhältlich: „Wie die Anwerbung von ausländischen Fachkräften gut gelingen kann" (2018) und „Recruiting to go für Sozial- und Pflegeeinrichtungen" (2017).

Seit 2014 ist Roedenbeck Schäfer außerdem als Dozentin zu den Themen Nachwuchs- und Personalgewinnung unter anderem für die Quadriga Hochschule und das Fortbildungsprogramm des WALHALLA Fachverlags tätig. Über ihr Spezialgebiet bloggt sie unter: recruiting2go.de

Als Speakerin referierte sie unter anderem auf den Social Recruiting Days, der Zukunft Personal Europe, dem Hauptstadtkongress Medizin und Gesundheit und dem Personalmanagementkongress.

Mehr Informationen unter: maja-roedenbeck.de

Stichwortverzeichnis

8

8